리더십
학습노트
66계명
誠 命

KB194862

리더십
학습노트
66계명
誡 命

리더십 훈련을 위한 66개의 키워드
LEADERSHIP

한국사마천학회 김영수 지음

창해

리더, 리더십과 '삼련(三鍊)'

리더십이 위기를 맞이했다. 리더가 위태롭다. 리더십이 파멸에 이르렀다. 이런저런 말들이 많다. 모두 아니다. 번지수를 잘못 짚었다. 리더를 잘못 선택한 업보일 뿐이다. 리더가 되어서는 안 될, 리더의 자질을 갖추지 못한, 리더가 될 수도 없는 자를 막중한 자리에 앉힌 결과 애꿎은 리더십이 또 문젯거리로 소환되었을 따름이다. 요컨대 리더를 보고, 리더를 고르는 우리의 안목과 식견이 가장 중요한 문제다.

우리 사회의 고질적인 병폐의 하나가 부패한 기득권 세력이 견고한 카르텔을 만들어 기득권을 지키기 위해 감도 안 되는 리더를 만들어내는 것이다. 리더를 키우고 훈련시키는 것이 아닌 한 번 써먹고 버리는 일회용으로, 그것도 급조해낸다. 여간 큰일이 아니다. 리더는 타고나는 존재가 아니라 훈련되고 단련되어야 하는 존재임을 또 한 번 실감하고 있다. 이런저런 생각 끝에 현재 나름 리더 자리에 있는 사람, 리더가 되고자 하는 인재, 리더와 리더십 문제에 깊은 관심을 가지고 있는 사람들이 스스로 리더십을 훈련하기 위한 학습노트를 구상해보았다. 리더십 학습노트는 오래전부터 틈틈이 메모하고 준비한 문제들이었지만 이번에 편치 않은 마음으로 정리하여 리더십 66계명이란 이름을 붙였다.

한 분야를 오래 공부하다 보면 관심을 가지고 연구한 주제에 관해 나름의 큰 명제 내지 원칙 같은 것이 따라 나오거나 끌어낼 수 있다. 리더와 리더십이란 주제를 공부하면서 필자가 이끌어낸 가장 중요한 원칙은 바로 앞에서 말한 대로 '리더는 훈련(訓鍊)과 단련(鍛鍊)의 산물'이란 것이다. 때로는 '혹독한 시련(試鍊)'도 거친다.

필자는 이를 리더가 되기 위해 거치는 '삼련(三鍊)'으로 부른다. 훈련은 내부의 자기활동이며, 시련은 외부로부터 오는 충격과 호된 경험이다. 이 과정이 단련이다. 그리고 시련과 단련은 훈련이 빠져서는 제대로 될 수 없다. 이를 거쳐 리더는 사회에 필요한 바람직한 리더십을 장착하게 되는데, 필자는 그것을 '단단한 망치'에 비유하곤 한다. 리더십 발휘는 망치로 쇠를 두드리는 것과 비슷하기 때문이다. 강하고 질긴 쇠를 만들려면 망치가 단단하지 않으면 안 된다. 조직을 단단하게 만들려면 조직을 이끄는 리더가 누구보다 단단해야 한다(이 점에 착안하여 필자는 《리더의 망치》라는 책을 출간한 바 있다).

이 '삼련'에서 핵심은 훈련이다. 시련은 사람마다 다르기 때문에 시련의 혹독함 여부에 따라 단련의 정도가 달라진다. 이 '삼련'의 관계와 그를 통해 얻을 수 있는 망치(리더십)의 종류를 도식화하면 이렇다.

- 훈련(일시)=솜방망이
- 훈련(지속)=단련과 고무망치
- 시련+훈련(지속)=단련과 나무망치
- 시련+단련+훈련(지속)=쇠망치
- 훈련+시련+단련+훈련=황금망치

그리고 이 모든 과정의 기본이자 주춧돌은 지속적인 훈련이다.

역사를 보면 나름 성공한 거의 모든 리더가 끊임없는 훈련과 혹독한 단련을 거쳤고, 뛰어난 리더는 예외 없이 훈련과 단련, 그리고 때로는 생사를 넘나드는 시련을 거쳤다. 이 '삼련'의 과정에는 자기수양(自己修養, self-cultivation)과 인성도야(人性陶冶, human nature)가 반드시 포함된다. 즉, 리더가 갖추어야 할 가장 기본 바탕인 인격을 닦아야 한다. 그 과정은 1, 2년에 끝나지 않는다. 성군의 대명사

6

순(舜)임금은 20년 넘게 다양한 후계자 훈련을 거쳤고, 하나라의 시조 우(禹)임금은 13년에 걸친 치수사업에서 성과를 내야만 했다. 우임금은 이 과정에서 아버지 곤(鯀)이 치수에 실패하여 처형당하는 시련을 겪었다. 주 문왕(文王)은 7년 동안 유리성(羑里城)에 갇혀 있으면서 큰아들을 삶은 인육탕(人肉湯)을 다 마셔야 했다.

춘추시대 최초의 패주 제나라 환공(桓公)은 정쟁의 와중에 망명했다가 관중(管仲)이 쏜 화살에 맞아 죽을 위기를 넘기고 남다른 리더십으로 관중과 포숙이란 당대 최고의 인재를 거두었다. 진(晉)나라 문공(文公)은 8개국을 돌며 19년 망명 끝에 패주가 되었다. 폭군으로만 알려진 진시황(秦始皇)도 9살까지 외국에서 살다 13세에 왕이 되었으나 여불위(呂不韋)의 위세와 음란한 생모를 숨 죽여 지켜보며 언젠가 경영할 자신의 제국을 시뮬레이션하며 《한비자(韓非子)》 등을 읽는 등 깊이 있는 공부에 몰두했다.

영어권에서 한 해에 출간되는 리더십 관련 책이 무려 250종 이상이라고 한다. 그래서 혹자는 리더십 관련 책은 그 내용이 그 내용이라 읽지 않아도 그만이고, 읽을 필요도 없다는 극언도 서슴지 않는다. 그럼에도 불구하고 리더는 리더십과 관련한 훈련의 하나로 리더십과 관련한 책을 읽고, 자신에게 필요한 자질을 갈고 닦아야 할 필요가 있다.

요컨대 리더는 공부하지 않으면 안 된다. 리더의 훈련에서 가장 중요한 것이 공부다. 공부도 단순한 공부가 아닌 깊이 있는 공부여야 한다. 읽기와 쓰기, 그리고 깊은 생각이 함께 하는 차원 높은 공부여야 한다. 무엇보다 역사공부를 빼놓아서는 안 된다. 성공한 리더와 실패한 리더의 차이는 딱 거기서 갈라진다. 한 고조(高祖) 유방(劉邦)이 역사상 명군으로 평가받는 까닭은 정권 초기에 과거 역사를 정리하여 성공과 실패의 원인을 탐구하고 그 교훈을 받아들였기 때문이다. 당 태종(太宗)은 역사를 자신의 언행을 비추는 거울, 즉 '역사의 거울(사감史鑑)'로 표현했다. 이런 리더들이 있었기에 두 왕조가 모두 300년 가까이 버틸 수 있었다.

초한쟁패의 데자뷔와도 같았던 중국 현대사 벽두를 장식한 공산당의 모택동(毛澤東, 마오쩌둥 1893~1976)과 국민당의 장개석(蔣介石, 장제스 1887~1975) 사이에 벌어진 치열한 내전의 결과도 역사에 대한 정확한 인식과 역사공부가 갈랐다는 이야기가 전한다. 1949년, 절대 우세에 있었던 장개석을 중국 대륙에서 내몰고 북경에 입성한 모택동의 낡은 가죽가방에는 두 종류의 역사책이 들어 있었다고 전한다. 사마천(司馬遷, 기원전 145~기원전 약 90)의 《사기(史記)》와 사마광(司馬光, 1019~1086)의 《자치통감(資治通鑑)》이었다.

역사가들이 남긴 많은 역사서 중에서 《사기》는 단연 발군이다. 필자는 영화 〈반지의 제왕〉에 나오는 '절대반지'에 비유하여 《사기》를 '절대 역사서'라 부른다. 리더에게는 곁에 늘 두고 읽고 참고해야 하는 교과서이자 필독 참고서와 같은 역사서이다. 수많은 생생한 사례와 폐부를 찌르는 통찰력은 타의 추종을 허용하지 않는다. 주옥같은 명언으로 묘사된 스토리텔링의 보물창고이기도 하다. 흥미롭고, 재미있고, 심각하다. 수준 높고 차원 다른 언어의 마르지 않는 샘이다. 그 깊이는 타의 추종을 불허한다. 수천 년 역사의 명장면을 연출했던 다양한 리더와 리더십이 명언과 고사성어를 통해 되살아난다.

필자는 오랫동안 《사기》를 '리더와 리더십의 교과서'로 부르면서 이 보물창고에서 리더에게 도움이 될 수 있는 사례들을 오늘날에 맞게 각색하여 전달해왔다. TV 강의를 비롯하여 기업, 공공기관, 도서관 강의 등을 통해《사기》속 다양한 리더와 리더십을 알기 쉽게 소개했다. 물론 책을 통해서도 전달해왔다.《성공하는 리더의 역사공부》를 비롯하여 《리더의 망치》,《리더와 인재》,《정치, 역사를 만나다》가 그것들이다. 이번에는 지금까지의 책과는 조금 다르게 '사마천의 인간탐구'라는 큰 주제에 딸린 리더십에 주목하여 리더가 읽으면서 스스로 학습해보는 학습노트로서의 66계명을 만들었다. 역사 사례와 필자의 생각, 그리고 관련한 명언명구들을 읽고 써본 다음 자신의 생각을 남기는 형식으로 꾸몄다. 빈 공간에 자신의 진솔한 생각을 채워 보기 바란다. 이 학습, 즉 훈련이 끝나면 모르긴 해도 꽤 단단한 망치 하나를 얻지 않을까 한다. 그 망치로 먼저 자신을 두드려 보고, 이어 나와 함께 하는 사람들도 두드려서 모두 단단하고 질긴 명검(名劍)이 되길 바래본다.

리더는 끊임없이 진화해야 한다. 그러려면 현상에 안주해서는 안된다. 역사와 현인들의 어깨를 딛고 앞 사람이 보지 못한, 볼 수 없었던, 보려고 하지 않았던 새로운 세상을 보아야 한다. 그리고 나 자신의 어깨 위에 미래 세대를 올려놓을 수 있는, 미래 세대가 오를 수 있는 사다리가 되어야 한다. 시대적 한계를 돌파하라!

리더는 타고나는 존재가 아니다. 리더는 정해져 있지 않다. 리더라는 자리는 늘 그곳에 있지만 그 자리에 앉을 리더는 늘 그 사람이 아니다. 누구든 앉을 수 있지만 아무나 앉을 수 없다. 또 아무나 앉아서도 안 되는 자리이다. 모두가 리더가 될 수 있고 리더인 세상이다. 그렇다고 모두가 리더로 인정받는 것은 결코 아니다. 동한시대의 정론가 왕부(王符, 약 85~약 163)는 정치 평론서 《잠부론(潛夫論)》(〈충귀忠貴〉)에서 이런 명언을 남겼다.

"덕이 그 임무와 어울리지 못하면 그 화는 가혹할 수밖에 없고, 능력이 그 자리와 어울리지 않으면 그 재앙이 클 수밖에 없다."

"덕불칭기임(德不稱其任), 기화필혹(其禍必酷) ; 능불칭기위(能不稱其位), 기앙필대(其殃必大)."

왕부가 말하는 '덕'이란 곧 '바른 사람'을 가리킨다. 사람이 되지 못한 자가 일을 맡으면 그 화가 엄청날 수밖에 없다는 뜻이다. 필자가 존경해마지 않는 춘추시대 정나라의 정치가 정자산(鄭子産, ?~기원전 522)은 "나는 배운 다음 벼슬한다는 말은 들었어도, 벼슬한 다음 배운다는 말은 듣지 못했다"고 했다. '배운 다음'이란 '사람이 된 다음'이란 뜻이다.

태어났다고 다 같은 사람이 아니듯, 리더라고 다 같은 리더가 아니다. 노력하고 공부하고 수양하여 사람다운 사람, 덕을 갖춘 리더라야 리더로서 자격을 인정받는 것이다. 아무쪼록 이 학습노트가 쓸 만한 단단한 망치로 변신할 수 있는 훈련노트로 도움이 되길 바란다.

2023년 1월 25일 처음 쓰고 몇 차례 다듬어 8월에 마무리하다.
2024년 1월 29일 출간을 위해 다시 다듬고, 10월 24일 다시 읽고 다듬다.
2025년 1월 마지막으로 다듬다.

뱀의 다리 1_이 책은 리더를 위한 두 방면, 즉 리더십과 인재를 쓰는 '용인(用人)'에 관한 글들 중 리더십 부분만 골라 정리한 것이다. 리더와 조직의 성패 및 운명에 결정적인 작용을 하는 '용인'에 관해서는 따로 모아 '용인 66계명'으로 정리했다. 이 책에 이어 출간할 계획이다.

뱀의 다리 2_66개 각 계명의 끝에 붙인 위인과 명사들의 명언이나 격언은 휴넷에서 만들어 공개한 명언집 시리즈에서 인용했다.

차례

리더십 학습노트 66계명

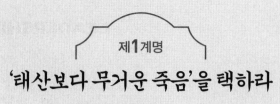

제1계명

'태산보다 무거운 죽음'을 택하라

인고유일사(人固有一死).
사람은 누구나 한 번은 죽는다. -〈보임안서〉

스티븐 코비(Stephen Covey, 1932~2012)의 세계적인 명저《성공하는 사람들의 8번째 습관》에 다음과 같은 대목이 있다.

[나는 서울의 청와대에서 김대중(1924~2009) 전 대통령과 그의 보좌관들에게 강연하는 영광을 누렸다. 강연이 끝나 갈 무렵 김 대통령이 내게 물었다.

"코비 박사, 당신은 정말로 당신이 강연하는 것을 믿습니까?"
나는 이 느닷없는 질문에 깜짝 놀랐다. 잠시 후 나는 말했다.
"예, 믿습니다."
그는 다시 물었다.

"그것을 어떻게 압니까?"

"나는 내가 가르치는 원칙들을 스스로 실천하려고 노력합니다. 나는 부족한 것도 많고 실수도 자주 하지만, 항상 그 원칙으로 돌아갑니다. 나는 그 원칙들을 믿고, 그 원칙들에 의해 고무되고, 그 원칙에 의존합니다."

그는 대답했다.

"내게는 그 설명으로는 부족한 듯합니다."

"말씀해 보시죠."

"당신은 그 원칙들을 위해 죽을 각오가 되어 있습니까?"

"무슨 말씀인지 알겠습니다."

그는 내게 하고 싶은 말이 있었다. 그는 자신이 겪은 오랜 박해의 세월을 들려주었다. 그는 국외로 추방되고 투옥되었을 뿐 아니라, 현해탄에서 돌이 채워진 포대에 씌워져 바다로 던져지기 직전 CIA 헬기에 의해 목숨을 건진 일을 비롯해 수차례 암살을 모면했다.

그는 군사정권으로부터 협력하라는 압력을 받았다고 말했다. 심지어 대통령직도 제안받았지만 독재정권의 꼭두각시가 될 것이 뻔하기 때문에 거절했다고 털어놓았다. 협력하지 않으면 살해하겠다고 위협하는 그들에게 이렇게 말했다고 한다.

"그러면 나를 죽여라. 그러면 나는 한 번만 죽으면 된다. 하지만 당신들에게 협력하면, 나는 살아 있는 동안 매일 100번은 죽을 것이다."

그는 오랜 시련과 고통의 기간 동안 가족들이 보여 준 신뢰와 지원, 개종한 크리스천으로서의 신앙, 국민들과 민주주의에 대한 신념에 대해 이야기했다. 또한 모든 사람의 가치와 잠재능력, 그리고 자기표현의 권리에 대한 믿음을 말했다. 그는 감옥에 있을 때 신념과 확신과 다짐을 담아 사랑하는 가족들에게 보낸 편지를 엮어서 만든 책을 내게 선사했다.]

사마천은 필생의 목표이자 업보와 같았던 역사서 《사기》를 미처 완성하지 못한 상태에서 황제에게 직언하다 괘씸죄에 걸려 옥에 갇힌다. 그때 그의 나이 마흔여섯이었다. 일이 꼬여 이듬해에는 반역죄에 몰려 사형을 선고받는다. 물론 무고였다. 마흔일곱이었다. 옥리들이 가하는 육체적 고문과 울분이 겹쳐 사마천의 육신과 정신 상태는 만신창이 되었다.

혹독한 시련을 이겨내고 위대한 생사관을 체득한 사마천.

사마천은 자살을 수없이 생각했다. 억울하게 사형을 당하느니 스스로 목숨을 끊는 쪽이 낫다고 생각했기 때문이다. 당시 자결은 자존심을 지키기 위한 보편적 선택으로 죄악시 되지 않았다. 미완성의 역사서《사기》가 이를 막았다. 마흔여덟의 사마천은 사형보다 더 치욕스럽다는 '궁형'을 자청하고 사형을 면한다. 《사기》를 끝내기 위해서였다.

사마천은 구차한 삶을 선택했다. 하지만 그 선택은 위대한 죽음을 예비하기 위한 참다운 용기에서 비롯된 처절하고 장엄한 선택이었다. 사마천은 이때의 심경을 친구 임안(任安)에게 보낸 편지 〈보임안서〉에서 다음과 같이 말한다.

"사람은 누구나 한 번 죽지만 어떤 죽음은 태산보다 무겁고 어떤 죽음은 새털보다 가볍습니다. 죽음을 사용하는 방향이 다르기 때문입니다."

"인고유일사(人固有一死), 혹중우태산(或重于泰山), 혹경우홍모(或輕于鴻毛), 용지소추이야(用之所趨異也)."〈보임안서〉

레바논계 미국의 예술가이자 시인인 칼릴 지브란(1883~1931)은 "가장 강인한 정신력은 지독한 고통 속에서 탄생하고, 위대한 인물은 상처로 얼룩져 있다"고 했고, 프랑스의 시인 라퐁텐(1621~1695)은 "기다림과 인내가 강요와 분노보다 더 많은 것을 이룬다"고 했다.

존엄한 인간으로서 우리는 자신이 추구하는 목표의 차원을 끊임없이 높여나가야 한다. 인간으로서 지켜야 할 숭고한 존엄성을 자신의 일이나 사업을 통해 달성할 수 있다면 더 이상 바랄 것이 없을 것이다. 이를 위해서라면 어떤 고통도 극복할 수 있다.

우리의 죽음이 의미를 가지려면 삶의 질이 담보되어야 한다. 보다 높은 차원의 삶을 선택하고 이를 위해 최선의 노력을 다하는 것, 이것이 바로 위대한 죽음을 선택하는 길이다. '태산보다 무거운 죽음과 새털보다 가벼운 죽음'이 갈라지는 경계는 사마천의 말대로 '그 죽음을 사용하는 방향', 즉 '삶의 질'이 놓인 바로 그곳이다. 사마천은 발분하여 끝내《사기》를 완성함으로써 '태산보다 무거운 죽음'을 완성했다.

• 인고유일사(人固有一死), 혹중우태산(或重于泰山), 혹경우홍모(或輕于鴻毛), 용지소추이야(用之所趨異也).

리더십 학습노트

내가 생각하는 생사관은?

■ 죽음을 망각한 생활과 죽음이 시시각각으로 다가옴을 의식한 생활은 두 개가 서로 완전히 다른 상태이다. 전자는 동물의 상태에 가깝고, 후자는 신의 상태에 가깝다. – 톨스토이(1828~1910)

■ 삶은 경력이 아니라 사명이다. 모든 교육과 지식의 목적은 자기 자신을 찾고, 자신의 이름으로 자신을 위해 삶의 사명을 완수하는 것이다. – 스티븐 코비(1932~2012)

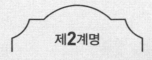

제2계명

왜, 무엇 때문에 기다리는가를 잊지 말라

삼년불언(三年不言),
3년을 말하지 않다. ─〈초세가〉

역사는 그 자체가 인내요 기다림이지만 반드시 기억하고 있다가 시도 때도 없이 망각에 묻혀 가는 우리의 무심함을 자극한다. 만족스럽지 않거나 잘못된 결과가 나오면 다시 반복한다. 역사 스스로 만족할 때까지. 역사는 그 자체로 뒤끝이며, 갚지 못한, 갚지 않은, 갚고 싶지 않은 빚을 독촉하는 채권자와 같다. 역사는 인간 본성의 탯줄이기도 하다. 역사에 의미 있는 자취를 남긴, 기다린 사람들이 바로 그 탯줄을 붙들고 있다. 이런 점에서 우리의 삶은 역사와 판박이다.

기다린 사람들이 모두 의미 있는 족적을 남긴 것은 아니다. 고통속에서 죽어간 사람들, 멸시 속에서 사라진 사람들도 숱하게 많았다. 또 고통을 견디지 못하고 자포자기한 사람들은 더 많았다. 죽

리더에게 기다림은 필수불가결이다. 기다리는 시간이 곧 리더십을 훈련하는 시간이다. 초나라 장왕은 이 이치를 잘 알았던 리더다.

고 나서야 가까스로 인정받고 명성이 알려진 사람은 그 수를 헤아리기 힘들 정도다. 당사자의 비운이자 시대의 비운이자 역사의 비운이다. 우리는 그들이 기다림 속에서 보여주었던 처절한 용기와 치열한 준비를 보면서 지금 이 시대가 우리에게 주는 시련을 극복할 수 있는 용기와 방법을 찾는 고귀한 선물을 받을 수 있다.

기다림은 당장 내일을 위한 기다림이 있고, 몇 날 몇 달 뒤를 위한 기다림이 있으며, 기약 없는 기다림도 있다. 작게는 한 개인의 운명을, 크게는 역사에 변화를 주고 역사를 바꾸기까지 했던 기다림은 대개 물리적 시간으로 짧게는 수년 길게는 수십 년, 심지어 평생이 걸렸다. 때로는 죽음으로도 종결되지 못했고, 심지어 몇 세대가 지나고 나서야 그 가치를 평가받기도 했다. 어느 것이 되었건 그 기다림은 예외 없이 보다 나은 미래를 위한 기다림이었음을 훗날 역사가 여실히 입증했고, 지금도 입증하고 있고, 앞으로 더욱더 실감나게 입증되어 나갈 것이다.

《사기》에는 때를 기다린 많은 사람들의 이야기가 펼쳐져 있다. 사마천은 그들이 그 기다림을 통해 무엇인가를 성취했느냐 아니냐를 떠나 그 기다림 속에 고스란히 녹아 있는 한 인간의 울분과 고뇌, 인욕과 성취의 생생한 삶의 역정, 즉 앞서 말한 시련과 단련 그리고 지독한 훈련을 보여준다.

춘추시대 장강 이남의 강대국 초나라의 장왕(莊王, ?~기원전 591)은 왕으로 즉위하고 3년이 지나도록 정치는 뒷전으로 물리고 술과 여자에 빠져 살았다. 보다 못한 신하 오거(伍擧)가 장왕을 찾아와 다음과 같은 수수께끼를 냈다.

"3년을 날지도 울지도 않는 새가 있다면 대체 그 새는 어떤 새입니까?"

순간 장왕의 눈빛이 달라졌다. 그것도 잠시, 술잔을 들이킨 다음 애첩을 품으로 끌어당기며 느릿느릿 대답한다.

"3년을 날지 않았다면 장차 날았다 하면 하늘을 찌를 듯이 날 것이며, 3년을 울지 않았다면 울었다 하면 사람을 놀라게 할 것이다. 무슨 말인지 알았으니 그만 물러가도록 하오."

다시 몇 달이 지났지만 장왕은 여전히 향락에서 헤어나지 못하는 것처럼 보였다. 곁에서 장왕을 모시던 대신 소종(蘇從)이 참다못해 장왕에게 바른말로 충고했다. 이번에는 오거처럼 돌려서 말하는 돌려까기 수수께끼가 아닌 돌직구였다. 장왕은 대뜸 이렇게 되물었다.

"만약 그대 말을 듣지 않겠다면?"

"이 몸이 죽어 군주가 현명해진다면 무엇을 더 바라겠습니까?"

그 뒤로부터 장왕은 놀이를 중단하고 나랏일에 힘을 쏟기 시작했다. 장왕은 3년 동안 놀고먹은 것이 아니었다. 은밀히 조정의 상황과 신하들을 꼼꼼하게 살피고 있었다. 마침내 자리에서 떨치고 일어난 장왕은 자신에게 바른말로 충고한 오거와 소종을 재상으로 발탁함으로써 백성의 지지를 받았다. 초나라의 국력은 하루가 다르게 강해져 단숨에 정나라 등을 정벌하여 천하의 패자가 되었다. 이상이 저 유명한 '날지도 않고 울지도 않는다'는 '불비불명(不飛不鳴)'의 스토리다. (〈골계열전〉, 〈초세가〉 ; 《한비자》 〈유로〉)

많은 리더들이 잘 기다릴 줄 모른다. 일의 결과는 물론 진행 상황까지도 일일이 체크하고 심지어 사사건건 간섭하려 한다. 리더의 고충을 모르는 바는 아니지만 리더는 기다릴 줄 알아야 한다. 기다려서 큰 지장이 없다면 1분, 1시간, 하루의 기다림이 주는 효과는 상상외로 크다.

누구든 때를 기다릴 줄 알아야 한다. 그리고 기다림 속에는 늘 상황의 변화를 주시하는 예리한 눈빛이 번득이고 있어야 한다. 준비하지 않는 기다림은 부질없는 시간낭비에 지나지 않는다. 높이 날기 위해 새가 날개를 가다듬고, 멀리 뛰기 위해 개구리가 몸을 한껏 움츠리듯 모든 일에는 만반의 준비가 있어야 한다. 리더는 닭이 되어서는 안 된다. 독수리가 되어야 한다. 독수리는 때로 닭보다 낮게 날지만 닭은 영원히 독수리처럼 높이 날 수 없다.

성공할 확률을 높이는 것도 중요하지만, 실패할 확률을 줄이는 일도 그 못지않게 중요하다. 준비에서 판가름 난다. 그래서 '한번 날았다 하면 반드시 하늘까지 이르러야' 할 것이다. 이것이 한비자가 말한 '날았다 하면 반드시 하늘을 찌르는' '비필충천(飛必沖天)'이다.

- 삼년불언(三年不言).
- 불비불명(不飛不鳴).
- 비필충천(飛必沖天).

리더십 학습노트
나는 기다려 본 적 있는가? 무엇을 왜, 얼마나 기다렸나?

■ 흥미롭게도 혹독한 역경을 딛고 성공한 사람들은 예외 없이 헝그리 정신을 가지고 있으면서도 겸허하다. 그들에게는 몇 가지 공통점이 있다. 밑바닥 생활이 길었다는 것, 자신에게 힘이 없다는 사실을 잘 안다는 것, 그리고 운 좋게 성공할 수 있었기 때문에 앞으로는 세상을 위해, 그리고 다른 사람들을 위해 살려는 것이다. 그렇게 성공한 사람들은 자연스럽게 인생 또한 좋은 방향으로 흘러가게 마련이다. – 경영학의 구루, 자칭 사회생태학자 피터 드러커(1909~2005)

제3계명

공과 사의 구분은 리더십의 알파요 오메가다

선국가지급이후사구야(先國家之急而後私仇也).

나라의 급한 일이 먼저이고
사사로운 원한은 나중이다. -〈염파인상여열전〉

도가(道家) 계통의 저서이자 병법서이기도 한 《헐관자(鶡冠子)》라는 책에 보면 "사사로운 마음을 없애고 공적인 마음을 세우는 것은 예의를 갖춘 신하의 덕이다"라는 내용이 나온다. 바로 '사(私)를 없애고 공(公)을 세운다'는 '폐사입공(廢私立公)'의 출처다. 옛날에도 공과 사의 구분이 한 사람의 됨됨이나 관료(공직자)의 자질을 판단하는 기준이었다.

'복지부동(伏地不動)'이란 네 글자가 모르는 사람이 없을 정도로 유행어가 되어 입에 오르내린 적이 있다. '바짝 엎드린 채 눈알만 굴린다'는 뜻의 '복지동안(伏地動眼)'이란 말까지 곁가지를 치고 나올 정도니 우리 사회, 특히 공직사회 전반에 무사안일(無事安逸)의 불량한 풍조가 얼마나 널리 퍼져 있는지를 말해준다. 여기에 사리 사욕(私利私慾)의 기풍이 겹치면 나라가 뿌리째 흔들린다.

중국 전국시대 권력가들 사이에서는 '식객(食客)'으로 불리는 천하의 유능한 인재들을 자기 밑에 줄줄이 거느리는 풍조가 유행했다. 이런 권력가들 가운데서도 조나라의 평원군(平原君), 초나라의 춘신군(春申君), 위나라의 신릉군(信陵君), 제나라의 맹상군(孟嘗君)이 '4공자'로 불리면서 명성을 떨쳤다. 이들은 적게는 수백에서 많게는 수천 명의 식객을 거느리며 위세를 떨쳤다.

조나라에 조사(趙奢, 생졸 미상)라는 세금 징수관이 있었다. 권력가 평원군의 집에서 세금을 내지 않자 조사는 평원군 밑에서 일하는 사람 아홉을 법대로 처형했다. 평원군은 화가 나서 그를 죽이려 했다. 조사는 평원군에게 이렇게 말했다.

"당신은 조나라의 귀공자입니다. 그런 당신의 집을 그대로 두고 세금을 내지 않게 한다면 법이 피해를 입게 됩니다. 법이 침범을 당하면 나라가 약해집니다. 나라가 약해지면 제후들이 시비를 걸어올 것입니다. 제후들이 싸움을 걸어오면 나라가 없어질 지도 모릅니다. 그렇게 되면 당신이 부귀를 누릴 수 있겠습니까? 당신이 귀한 존재임에도 불구하고 법에 따라 나라에 세금을 낸다면 위아래 모두가 평안해집니다. 위아래가 평안해지면 나라가 강해집니다. 나라가 강해지면 조나라는 튼튼해집니다. 당신은 귀하신 권력자입니다. 천하인들 어찌 당신을 가볍게 여길 수 있겠습니까?"〈염파인상여열전〉

조사의 말인즉 지도층이 솔선수범해야 한다는 지극히 당연한 논리이며, 기본적인 소양만 갖춘 사람이라면 누구나 할 수 있는 말이다. 그런데도 왜 이렇게 절절하며 마음 한구석이 찡할까? 권세에 기죽지 않고 '공공을 받들고 법을 지키는' '봉공수법(奉公守法)'하는 당당한 말단 관리의 모습이 신선한 충격이다. 평원군은 조사를 왕에게 추천했고, 왕은 그에게 국가의 세금을 총괄하는 일을 맡겼다. 그는 일을 잘 해냈다. 조사는 훗날 나라가 위기에 처하자 장수로 나서서 큰 역할을 하기도 했다.

무슨 일을 하건 공과 사의 경계를 명확하게 긋기란 여간 어렵지 않다. 정실(情實) 관계를 따져 일을 처리하는 풍토가 만연한 우리 경우에 공사의 한계는 불분명하기 일쑤다. 사회적 운동의 하나로서 벌여나가야 할 각종 개혁 항목에서 맨 앞자리를 차지해야 할 것이 바로 '폐사입공'이다.

힘 있고 책임이 무거운 자리에 있는 리더는 특별히 공사 구분에 엄격해야 한다. 세금 징수원에 지나지 않았던 조사는 실세 평원군에게 이 점을 당당히 충고했다.

우리 공공기관 입구에 많이 붙거나 걸렸던 '선공후사(先公後私)'도 공직자의 공적인 정신자세를 강조하기 위한 구호였다. 언제부터인지 이 구호가 거의 사라지고 보이지 않는다. 다시 되살려야 할 꼭 필요한 구호가 아닐까?

어떤 면에서 우리는 끊임없이 공과 사의 경계선상에서 선택을 강요(?)받으면서 살아간다고 해도 지나친 말이 아니다. 리더의 판단이나 결정에 사심이나 사욕이 개입되면 그 악영향은 조직의 크기에 비례해서 커지기 때문에 공사 구분은 철저한 훈련을 통해 체질화시키지 않으면 안 된다.

"한 사람의 이익을 위해 천하 사람이 결코 손해볼 수 없다!"(〈오제본기〉)

"종불이천하지병이이일인(終不以天下之病而利一人)!"

이 천고의 명언은 전설시대 요임금이 자신의 자리를 아들이 아닌 민간에서 발탁한 순에게 물려주면서 남긴 말이다.

"나라의 급한 일이 먼저이고 사사로운 원한은 나중이다."(〈염파인상여열전〉)

"선국가지급이후사구야(先國家之急而後私仇也)."

자신을 오해하여 늘 불만을 터뜨리는 명장 염파(廉頗, 생졸 미상)에 대해 인상여(藺相如, 생졸 미상)는 위와 같이 말했고, 이를 전해들은 염파는 크게 뉘우치며 가시나무를 등에 지고 인상여를 찾아와 진심으로 사과했다. 두 사람은 목숨을 내놓을 정도의 우정 '문경지교(刎頸之交)'의 사이가 되어 위기에 처한 조나라를 지켜냈다. 모두 공사 구분의 귀중한 사례가 아닐 수 없다. 정신적으로 리더가 어떤 태도와 자세를 장착하고 있느냐에 따라 조직의 성패가 결정 난다. 공사 구분은 그 처음이자 끝이다.

- 선국가지급이후사구야(先國家之急而後私仇也).
- 종불이천하지병이이일인(終不以天下之病而利一人).
- 폐사입공(廢私立公).
- 선공후사(先公後私).
- 문경지교(刎頸之交).

리더십 학습노트
내가 생각하는 공사 구분의 경계는?

■ 나는 내가 싫어하는 사람을 승진시키는 걸 주저하지 않았다. 오히려 정말 뭐가 사실인지를 말하는 반항적이고 고집 센, 거의 참을 수 없는 타입의 사람들을 항상 고대했다. 만약 우리에게 그런 사람들이 충분히 많고 우리에게 이들을 참아낼 인내가 있다면 그 기업에 한계란 없다. – IBM 창업자 토마스 왓슨(1874~1956)

제**4**계명

태산은 단 한 줌의 흙도 마다하지 않는다

태산불양토양(泰山不讓土壤),
하해불택세류(河海不擇細流).

태산은 단 한줌의 흙도 마다하지 않으며,
강과 바다는 자잘한 물줄기를 가리지 않는다. −〈이사열전〉

때는 기원전 237년 전후, 야심차게 동방 6국에 대한 정벌 전쟁을 펼치고 있던 진나라에 특별한 사건이 하나 터져 소동이 일었다. 약 10년 전인 기원전 246년부터 진나라는 한나라 출신의 수리 전문가인 정국(鄭國, 생졸 미상)이란 인물을 기용하여 농지에 물을 대는 대규모 수로를 건설해왔다. 그런데 이 일이 진나라의 국력을 고갈시키려는 한나라의 계책이었다는 사실이 드러났다. 말하자면 정국이 간첩 노릇을 해왔다는 것이었다. 진왕(秦王, 훗날 진시황)은 이를 역이용하여 진나라 관중(關中) 지역의 농경지를 확대하여 진나라의 농업 생산량을 크게 늘리는 계기로 삼았다. 정국이 만든 수로는 정국거(鄭國渠)라 불렀다(정국거 유지는 지금도 남아 있다).

이 정도 선에서 마무리될 것 같던 정국 사건이 엉뚱한(?) 방향으로 전개되기 시작했다. 진나라의 수구 기득권층인 왕족과 대신들이 정국을 비롯한 외국 출신들의 빈객(賓客)들은 하나 같이 진나라를 이간질 하려 온 자들이니 모조리 내쫓아야 한다며 들고일어난 것이다. 외국 출신의 인재들이 오랫동안 득세하면서 자신들의 기득권을 **빼앗거나** 침범하고 있다고 생각했기 때문이다. 이렇게 해서 역사적으로 잘 알려진 '외국 출신의 객을 내쫓으라'는 '축객령(逐客令)'이 내려졌다. 기원전 237년의 일이었다.

당시 진왕의 객경(客卿, 외국 출신에게 주는 고위 자문직)으로 있던 초

'간축객서'를 통해 인재를 두루 포용할 줄 알아야 강한 리더가 될 수 있다고 강조한 이사.

나라 출신의 이사(李斯, ?~기원전 208)도 당연히 축출 대상에 올랐다. 이사는 진왕에게 〈축객령에 대해 아뢰는 글〉이라는 뜻의 〈간축객서(諫逐客書)〉를 올려 이 명령을 철회하게 했다. 이 글에서 이사는 진나라가 부국강병을 이룰 수 있었던 것은 국적과 신분 심지어는 민족까지 초월하는 완전 개방된 인재정책 덕분이라면서 이렇게 말했다.

"태산은 한 줌의 흙도 사양하지 않았기에 그렇게 높은 것이고, 강과 바다는 자잘한 물줄기를 가리지 않기에

그렇게 깊은 것입니다."

"태산불양토양(泰山不讓土壤), 고능성기대(故能成其大) ; 하해불택
세류(河海不択細流), 고능취기기심(故能就其深)."(〈이사열전〉)

춘추시대 여러 제후국들 중에서 가장 뒤떨어졌던 진나라가 천하
를 통일할 수 있었던 가장 큰 원동력은 놀라울 정도로 개방적인 인
재기용 정책 때문이었다. 진나라는 국적, 신분, 종족, 나이를 따지
지 않는 '사불문(四不問)' 정책을 지금으로부터 약 2,600여 년 전인
목공(穆公. ?~기원전 621) 때 이미 실천한 바 있다. 활짝 열린 이런 포
용력을 이사는 태산과 강, 그리고 바다를 끌어다 기가 막힌 비유로
진왕을 설득했다. 진왕은 이사의 글에 느끼는 바가 있어 '축객령'을
거두었다.

'축객령'을 바로 거둔 그 진왕이 훗날 천하를 통일하는 진시황이
다. 우리가 그저 폭군으로만 알고 있던 진시황의 진면목을 보여주
는 귀한 사례다. 진시황은 인재의 중요성을 제대로 알고 인재를 품
을 줄 아는 그런 리더였다(물론 통일 이후 진시황의 변질된 리더십과는 구별
해야 한다).

학연을 따지고, 출신지를 가리고, 혈연을 들추고, 심지어 종교까
지 들추면서 좋은 인재를 얻을 수는 없다, 결코! 알량한 학력(學歷)
에 현혹되어 학력(學力)과 실력(實力)을 밀쳐두어서는 인재가 오지
않는다. 이런저런 자격(資格)에 눈이 팔려 인격(人格)을 놓쳐서는 진
짜 인재를 잡아둘 수 없다. 리더의 품은 비어 있어야 한다. 일본의

소설가 시바 료타로(1923~1996)는 그의 대표적인 역사소설 《항우와 유방》에서 이를 '허(虛)의 리더십'이라 불렀다.

　사실 리더십의 완성은 현실적으로는 올바르고 유능한 인재 기용에서 끝난다. 조직의 성공과 실패, 나아가 한 나라의 흥망성쇠도 결국은 어떤 인재를 어떻게 기용하느냐로 판가름 난다. 특정한 계층이나 이념 따위에 집착하는 배타적이고 폐쇄적인 인재관이나 그런 정책으로는 절대 성공할 수 없음을 역사는 너무 잘 보여준다. 비유하자면 자기 논에 물대는 식의 용인(用人)으로는 좋은 인재를 결코 얻을 수 없다. 선입견과 좁은 시야를 극복한 포용력은 리더가 갖추어야 할 가장 기본적인 자질이다. 태산과 바다처럼 말이다.

• 태산불양토양(泰山不讓土壤), 고능성기대(故能成其大) ; 하해불택세류(河海不擇細流), 고능취기기심(故能就其深).

리더십 학습노트
나의 포용력은 어느 정도라고 생각하나?

■ 인재가 있다는 소문이 들리면 난 앞뒤 가리지 않고 그에게 달려가 도움을 청할 것이다. 인재를 얻을 수만 있다면 그의 비위를 맞추기 위해 염치를 무릅쓰고 아부하는 일조차 마다하지 않겠다. – 나폴레옹(1769~1821)

제5계명

인간과 사물의 본질을 통찰하는 리더십

견미이지청탁(見微而知淸濁),

미세한 것을 보고 맑고 흐린 것을 안다. -〈송미자세가〉

리더는 사물과 인간에게서 나타나는 현상 너머의 본질을 꿰뚫어 보는 힘을 길러야 한다. 당연히 공부와 훈련을 통해서다. 역사를 통해 리더와 리더십을 깊게 연구한 중국의 역사가 허탁운(許倬雲, 1930~) 선생은 이를 '계기(契機)를 예견(豫見)하는 리더십'으로 표현했다. 계기란 '어떤 일이 일어나거나 변화하도록 만드는 결정적인 원인이나 기회'를 가리키는 단어다. 말하자면 어떤 일 속에 잠재 내지 잠복되어 있는 낌새와 같은 것이다. 리더는 바로 그 낌새를 직관하여 앞으로 일어날 상황을 예견할 줄 알아야 한다는 지적이다.

리더는 자신이 하고 있는 일에 대한 정확한 인식과 그 일의 가치에 대한 심사숙고가 반드시 필요하다. 그래야만 '계기를 예견'하는 리더십을 기를 수 있다. 먼저 사마천이 보여준 통찰력의 경지를 감

은나라 말기의 현자 기자(箕子)는 주(紂) 임금이 식사 때 은나라에서는 나지 않는 상아로 만든 젓가락을 서슴없이 쓰는 것을 보고 은나라의 멸망을 예견했다. 이것이 '견미이지청탁'으로 '계기를 예견하는' 리더십이기도 하다.

상해본다. 사마천은 《사기》 130권 중 최고의 명편으로 꼽는 〈화식열전〉에서 정치와 경제의 함수관계를 지적하면서 정치를 다음과 같이 다섯 등급으로 나누고 있다. 참고로 원문을 함께 제시해둔다.

"가장 좋기로는 자연스러움을 따르는, 즉 (백성의 활동을) 그냥 내버려 두는 것이고, 그다음은 이익으로 이끄는 것이며, 그다음은 가르쳐 깨우치는 것이고, 그다음은 가지런히 바로잡는 것이며, 가장 못나기로는 백성들과 다투는 것이다."

"고선자인지(故善者因之), 기차이도지(其次利道之), 기차교회지(其次教誨之), 기차정제지(其次整齊之), 최하자여지쟁(最下者與之爭)."

이 대목은 지금까지도 정치가와 리더십의 수준을 비판할 때 자주 인용되고 있다. 국민을 갈라치기하는 정치가, 조직 구성원과 싸우는 리더야말로 최악이다. '계기를 예견할' 줄 아는 리더는 특별한 경우나 상황이 아닌 한 싸우지 않는다. 사마천은 또 백성들을 다스리는 본질에 대해서 다음과 같은 통찰력을 보여준다.

"한 왕조를 세운 고조는 가혹한 정치를 버리고 너그러운 통치를 실행했다. 간교함을 억누르고 중후함을 제창하여 배를 삼킬 만한 큰 고기조차 빠져나갈 수 있을 정도로 법망을 너그럽게 했다. 그 결과 관리의 치적이 실수 없이 더 좋아졌고, 백성들은 편안하고 즐거웠다. 이렇게 볼 때 나라의 안정은 도덕의 힘에 있는 것이지 냉혹한 법령에 의존하는 것이 아니다."(〈혹리열전〉)

구성원들이 공인한 사회적 규범으로서 자발적으로 지켜야만 가치가 있는 예(禮, 윤리도덕)와 타율적 강제 규범으로서의 법(法)이 갖는 차이점을 통찰한 다음 대목도 두고두고 곱씹어봐야 한다. 이 대목은 특히 법을 다루고 있거나 관련한 일을 하는 사람이라면 정말 새겨들어야 할 통찰이다. 원문을 함께 인용해둔다.

"무릇 예는 아직 나타나기 전에 금하는 것이며, 법은 나타난 뒤에 시행하는 것이다. 법의 시행과 효용은 쉽게 보이지만 예가 금하는 것이 무엇인지는 알기 어렵다."(〈태사공자서〉)

"예금미연지전(禮禁未然之前), 법시이연지후(法施已然之後) ; 법지소위용자이견(法之所爲用者易見), 이예지소위금자난지(而禮之所爲禁者難知)."

기업은 물론 모든 단체와 조직에서의 '문화'가 강조되고 중시되는 시대다. 조직의 목표와 목적을 구현하기 위한 수준 높은 의식과 자발적 참여가 훌륭한 문화를 만들어낸다. 타율적 규제와 강제력을 동원한 참여 강요로는 제대로 된 자기 문화를 정착시킬 수 없다.

거듭 말하지만 리더는 타고나는 존재가 아니라 훈련하고 훈련받는 인재다. 리더는 독보적인 존재가 아니라 수많은 인재들 중 하나이다. 리더는 모든 일을 혼자 처리하는 독단적 결정자가 아니라 많은 인재의 도움을 필요로 하는 사람이다. 이를 인정하고 공부하고 생각하여 '계기를 예견하여' 모든 상황을 제대로 바르게 대처하는 사람이 실력 있는 리더로 인정받는다.

- 견미이지청탁(見微而知淸濁).
- 고선자인지(故善者因之), 기차이도지(其次利道之), 기차교회지(其次敎誨之), 기차정제지(其次整齊之), 최하자여지쟁(最下者與之爭).
- 예금미연지전(禮禁未然之前), 법시이연지후(法施已然之後) ; 법지소위용자이견(法之所爲用者易見), 이예지소위금자난지(而禮之所爲禁者難知).

리더십 학습노트
나의 미래를 위해 구체적인 계획을 세워 보았나?
세웠다면 어떤 계획을 세웠는가?

■ 경영자는 시간을 알려주는 사람이 아니라, 시계를 만드는 사람이다. 한 번만 시간을 알려주는 사람보다는, 그가 죽은 뒤에도 계속 시간을 가르쳐 줄 수 있는 시계를 만드는 사람이 훨씬 가치 있는 일을 하는 사람이다. 뛰어난 아이디어를 가졌거

나 카리스마적인 지도자가 되는 것은 '시간을 알려주는 것'이고, 한 개인의 일생이나 제품의 라이프 사이클을 뛰어넘어 오랫동안 번창할 수 있는 기업을 만드는 것은 '시계를 만드는 것'이다. – 경영 컨설턴트 짐 콜린스(1958~), 《Built to Last 성공하는 기업들의 8가지 습관》 중에서

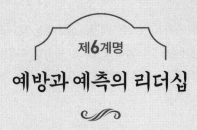

제**6**계명

예방과 예측의 리더십

편작불능치불수침약지질(扁鵲不能治不受針藥之疾).
편작이라도 침과 약을 거부하는 환자는 치료할 수 없다. -《염철론鹽鐵論》

'계기를 예견하는' 리더십은 예측과 예방의 리더십과 연결된다.
경영 이론에 '코코넛 리스크(Coconut Risk)'란 것이 있다. 코코넛은 다
익으면 무게가 2, 3kg이나 나간다. 익은 코코넛을 따러 나간 농부가
종종 다 익어 떨어지는 코코넛에 맞아 심하면 사망하는 일까지 있
다(코코넛 나무의 키는 20미터가 넘기 때문이다). 여기서 나온 용어가 '코코
넛 리스크'다. 위험이나 사고가 아주 심각한 결과를 초래하는 경우
를 가리킨다. 즉, 기업에 닥치는 이런저런 위기나 사고들 중에서 대
단히 심각한 상황을 '코코넛 리스크'로 표현한다. 기업은 이런 위기
관리를 사전에 잘 준비하고 대처하라는 경고의 메시지이기도 하다.
 독일의 대문호 괴테(1749~1832)는 "실수를 저지르려 할 때마다 그
실수가 전에 범했던 실수라는 것을 깨닫는다"고 하면서, "훌륭한 인

간이 되기 위해서는 나이를 먹는 것이 필요하다"고 말했다. 나이를 먹는다고 실수를 하지 않는 것은 아니다. 누구 못지않은 경험과 능력을 가지고도 말도 안 되는 실수를 연발하는 리더들이 적지 않다.

위기 상황에 대한 리더의 인식 차이는 궁극적으로 리더의 질적인 등급을 결정하는데, 이와 관련하여 중국 고대의 명의 편작(扁鵲, 기원전 407~기원전 310)과 관련한 다음의 민간설화는 시사하는 바가 크다(편작과 더불어 명의로 꼽히는 화타華佗가 주인공으로 나오는 설화도 있다). 이 설화에서 죽은 사람도 살린다는 명의 편작은 의사의 등급을 세 등급으로 나누고 있는데, 이를 리더의 질적인 등급으로 치환시켜도 전혀 손색이 없다. 설화를 한번 보자.

편작이 위(魏)나라를 방문하여 왕을 만났다. 천하에 이름난 명의가 오자 위왕은 편작의 의술이 어느 정도인지 궁금해서 편작의 3형제 가운데 누가 가장 의술이 뛰어난가를 물었다. 편작의 3형제는 모두 의사였다. 위왕의 질문에 편작은 기다릴 것도 없다는 듯 큰형님이 가장 뛰어나고, 작은형님이 그다음이며 자신의 의술은 가장 밑이라고 답했다. 뜻밖의 대답에 놀란 위왕이 그런데 왜 당신의 의술이 가장 유명하냐고 묻자 편작은 이렇게 말했다.

"큰형님은 병이 생기기 전에 예방하며, 작은형님은 병이 나타난 초기에 치료합니다. 따라서 큰형님의 명성은 거의 알려지지 않을 수밖에 없고, 작은형님은 동네 정도에서만 이름이 알려져 있을 정도입니다. 저는 뜸을 뜨고 찌르고 째야 하는 중병만 치료합니다. 사람들은 저의 이런 모습을 보기 때문에 제 의술이 뛰어나다고 착각하는 것이고, 그래서 유명해진 것일 뿐입니다."

리더들도 거의 비슷하다. 위기가 닥치면 온 조직을 뒤집어 놓을 듯이 호들갑을 떨며 수습하는 리더가 있는가 하면, 위기 초반에 차분히 대응하여 최소한의 손실로 수습하는 리더도 있다. 물론 위기를 예측하여 미연에 방지하는 예방의 리더십을 발휘하는 탁월한 리더도 있다. 한편 편작의 전기를 남긴 사마천은 편작의 행적을 소개한 다음 여섯 가지 불치병을 거론했는데, 환자 대신 리더로 바꾸어도 절묘하게 통하는 명언 중의 명언이다. 한번 소리 내어 읽어보자.

"성인이 병의 징후를 예견하여 명의로 하여금 일찌감치 치료하게 할 수 있다면 어떤 병도 고칠 수 있고, 몸도 구할 수 있다. 사람들은 병이 많다고 걱정하고, 의사는 치료법이 적다고 걱정한다. 그래서 여섯 가지 불치병이 있다고들 한다.

첫째는 교만하여 도리를 무시하는 불치병이다.
둘째는 몸(건강)은 생각 않고 재물만 중요하게 여기는 불치병이다.
셋째는 먹고 입는 것을 적절하게 조절하지 못하는 불치병이다.
넷째는 음양이 오장과 함께 뒤섞여 기를 안정시키지 못하는 불치병이다.

다섯째는 몸이 극도로 쇠약해져 약도 받아들이지 못하는 불치병이다.

여섯째는 무당의 말을 믿고 의원을 믿지 않는 불치병이다.

편작의 여섯 가지 불치병은 정도의 차이는 있어도 우리 주위의 적지 않은 리더들이 앓고 있는 병이기도 하다. 편작의 무덤이다.

이런 것들 중 하나라도 있으면 병은 좀처럼 낫기 어렵다."

사람의 몸에도, 인간사 모든 일에도 징후가 있다. 조짐이라고 하고 우리말로 낌새라 한다. 앞서 말한 '계기'도 비슷하다. 리더가 조금만 주의하고 살피면 낌새를 알아차릴 수 있다. 예측하고 예견할 수 있다. 다가올 일을 예측하여 그에 대비할 수만 있다면 하는 일에서 성공할 수 있다. 미래에 대한 예측을 가능하게 하는 것은 무엇인가? 바로 과거다. 과거에 대한 반성과 분석이 뒤따라야만 현상을 진단하고 미래를 예측할 수 있다. 리더에게 역사공부를 권하는 까닭이다. 관련하여 역사가 사마천은 다음과 같은 명언을 들려준다.

"지나간 앞일을 잊지 않아야 훗날의 스승이 될 수 있다."(〈진시황본기〉)

"전사지불망(前事之不忘), 후사지사야(後事之師也)."

"그 처음과 끝을 탐구하고 그 흥망성쇠를 보되 사실에 근거하여

결론을 지었다."(〈태사공자서〉)

"원시찰종(原始察終), 견성관쇠(見盛觀衰), 논고지행사(論考之行事)."

역사를 공부하면 현재를 진단하고 미래를 예측하는 통찰력을 기를 수 있다. 그래서 역사는 'Back to the Future'다! 과거로 가는 역사의 타임머신을 타면 미래를 예견할 수 있다. 리더의 역사공부는 선택이 아닌 필수라는 점을 또 한 번 강조한다.

- 편작불능치불수침약지질(扁鵲不能治不受針藥之疾).
- 전사지불망(前事之不忘), 후사지사야(後事之師也).
- 원시찰종(原始察終), 견성관쇠(見盛觀衰), 논고지행사(論考之行事).

리더십 학습노트
나의 예측이 어느 정도 정확하다고 생각하나?

■ 현재가 과거와 다르길 바란다면 과거를 공부하라. – 스피노자(1632~1677)
■ 지난가을 조금 풍년이 들어 백성의 식량이 약간 넉넉해졌기에 내가 밤낮 걱정할 일이 조금 줄었다고 할 수 있다. 그러나 불안한 생각은 기근이 든 해 보다도 도리어 더 심하도다. 대개 인정이란 조금만 편안하면 소홀해지기 쉽다. 옛말에 '척박한 땅의 백성은 부지런하고 기름진 땅의 백성은 게으르다'고 했는데, 나는 풍년든 해의 백성은 게으르다고 말하겠다. – 정조대왕(1752~1800)

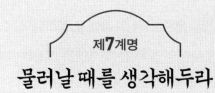

제**7**계명

물러날 때를 생각해두라

욕이부지지족(欲而不知止足), 실기소이욕(失其所以欲).
욕심을 부리기만 하고 그칠 줄을 모르면
그 욕심 부린 것조차 잃는다. -〈범수채택열전〉

전국시대 위(魏)나라 출신의 범수(范雎, ?~기원전 255)는 강국 진(秦)
나라로 건너와 소왕에게 '원교근공(遠交近攻)'이란 외교책략을 제안
하여 전폭적인 신뢰를 받았다. 멀리 있는 나라와는 가까이 지내고,
가까운 나라부터 공략한다는 '원교근공'은 진나라가 천하를 통일하
는 중요한 외교전략이 되었다. 범수는 큰 권세를 갖고 부귀영화를
한껏 누렸다. 그러다 범수는 잇단 실책을 범했고, 이 때문에 상당
한 위기를 느끼고 있었다.

어느 날 연(燕)나라 출신의 유세가 채택(蔡澤, 생몰 미상)이 범수를
찾아와 다양한 역사적 사례를 들어가며 절정기에 물러나지 못해
화를 당한 경우, 현명하게 물러나 말년을 편안하게 보낸 경우 등을

들어 유세했다. 범수에게 지금 자리에서 물러나라는 암시였다. 범수는 정신이 번쩍 들어 다음과 같은 격언을 인용하며 탄식했다.

"욕심을 부리기만 하고 그칠 줄을 모르면 그 욕심 부린 것조차 잃게 되고, 차지하려고만 하고 만족할 줄 모르면 그 가진 것조차 잃는다."(〈범수채택열전〉)

"욕이부지지족(欲而不知止足), 실기소이욕(失其所以欲) ; 유이부지족지(有而不知足止), 실기소이유(失其所以有)."

범수는 채택의 말을 받아들이는 한편 채택을 상객으로 모셨다. 이어 범수는 왕에게 채택을 추천한 다음 자신은 물러나 말년을 평안히 보냈다.

춘추시대 월(越)나라의 공신 범려(范蠡, 기원전 536~기원전 488)는 오월쟁패에서 월왕 구천(勾踐, ?~기원전 465)을 도와 숙적 오나라를 멸망시키는 데 결정적인 역할을 했다. 범려는 의심 많은 구천 밑에서는 너무 커진 자신의 명성을 지키기 어렵다고 판단하여 나라의 반을 나누어주겠다는 구천의 제안도 물리치고 월나라를 떠났다.

치이자피(鴟夷子皮)로 이름을 바꾸고 숨어 살던 범려는 해변가에서 농사를 잘 지어 많은 재산을 모았다. 그러자 제나라에서 그를 재상으로 삼으려 했다. 범려는 "귀한 명성을 오래 지니고 있으면 상서롭지 못하다(구수존명불상久受尊名不祥)"라고 탄식했다. 범려는 재상 자리를 거절한 다음 재산을 주위 사람들에게 나누어주고는 다시 다른 곳으로 옮겼다.

범려와 마찬가지로 최고 정상의 자리에 있을 때 명예롭게 은퇴한 인물로는 유방(劉邦)을 도와 서한을 건국하는 데 절대적인 공을 세운 '서한삼걸'의 한 사람인 장량(張良, ?~기원전 186)을 들 수 있다. 그는 유방의 참모로 활약하여 초한쟁패를 승리로 이끌어 서한 건국에 절대적인 공을 세웠다. 하지만 장량은 최고 공신의 대우도 사양했고, 수시로 주위에 은퇴하겠다는 생각을 밝혔다. 그는 자신의 말대로 초야로 은퇴했다.

현재 남아 있는 장량의 사당에 가보면 바위에 '지지(知止)'와 '성공불거(成功不居)'라 새긴 글을 볼 수 있다. '멈출 줄 알아야 한다'와 '성공하면 그 자리에 머무르지 않는다'는 뜻이다. '지지'는 떠날 줄 알아야 한다는 말과도 통한다. '성공불거'도 마찬가지다.

부귀와 영화를 오래 누리다 보면 화가 닥치는 경우가 많다. 부귀와 영화는 사람을 교만하게 만들기 쉽고, 주위 사람들의 시기와 질투를 불러일으키기 쉽기 때문이다. 부유하면서 교만하지 않기란 무척 어려운 경지다.

범려와 장량은 진퇴가 분명했다. 명성(名聲)이란 자신이 만드는 것이 아니고,

'성공한 자리에는 머물지 말라'는 '성공불거'는 그 자리를 버리거나 떠나라는 뜻이지만 그 성공에 안주하지 말라는 뜻으로도 해석할 수 있다. 장량 사당의 '성공불거' 바위이다.

힘으로 빼앗을 수 있는 것도 아니다. 진정한 명성이나 명예는 타인의 마음에 의해 결정된다. 이 이치를 누구보다 잘 알았던 범려와 장량은 명성을 탐하지 않았고, 그 결과 편안한 여생을 보낼 수 있었다.

반면 이들과 같은 일등 공신이었던 문종(文種, ?~기원전 472)과 한신(韓信, ?~기원전 196)이 때를 놓쳐 왕의 눈 밖에 나고 결국은 비참하게 자결하거나 처형된 경우를 비교해 볼 때, 처세의 관건은 '시기의 선택'과 '결단'에 있다.(〈월왕구천세가〉, 〈유후세가〉)

리더는 진퇴가 분명해야 한다. 진퇴가 분명한 리더는 달리 말해 책임이 있으면 책임질 줄 아는 리더다. 리더는 잘못하면 그에 대한 책임으로 물러날 줄 알아야 할 뿐만 아니라 좋은 결과를 내고 난 다음, 조직과 기업이 가장 잘나갈 때에도 물러나는 것에 대해 깊게 고민할 줄 알아야 한다.

현명한 리더는 자신이 물러나야 할 때를 알아 물러난다. 역사는 물론 현실에서도 정작 이를 실행으로 옮긴 사람은 아주 드물다. 정상에 오른 다음 바로 또는 적절한 시기에 물러난다는 것이 그만큼 어렵다는 말이다. 진퇴에는 큰 용기가 필요하다.

• 욕이부지지족(欲而不知止足), 실기소이욕(失其所以欲) ; 유이부지족지(有而不知足止), 실기소이유(失其所以有).
• 구수존명불상(久受尊名不祥).
• 지지(知止).
• 성공불거(成功不居).

나는 진퇴가 분명한 편인가?
진퇴의 결정에 어떤 요인이 가장 중요하게 작용한다고 생각하나?

■ 나쁜 결정은 딱 두 가지다. 하나는 결정의 시기를 놓치는 것이고, 다른 하나는 전에 내린 결정 이 잘못됐음을 알면서도 바꾸지 않는 것이다. – 유니소스 에너지 전 회장, 제임스 피너텔리

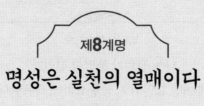

제**8**계명

명성은 실천의 열매이다

도리불언하자성혜(桃李不言下自成蹊).
복숭아나무와 자두나무는 말이 없지만
그 밑으로 절로 길이 난다. ‒〈이장군열전〉

　《사기》에 나오는 약 1,500여 항목의 성어와 명언들 중에서도 가장 감동적인 것을 하나만 고르라면 필자는 위 명언을 자주 든다. 이 명언은 사마천에게 죽음보다 치욕스러운 궁형을 선택하게 만드는 원인을 제공한 '이릉지화(李陵之禍)'라는 사건과 연관이 있다. 이 사건의 과정을 잠깐 보자.

　사마천은 중과부적으로 흉노에게 어쩔 수 없이 항복한 이릉이란 젊은 장수를 변호하다가 황제인 무제의 심기를 건드려 옥에 갇힌다. 사마천과 조정 대신들은 흥분한 상태의 황제가 심기를 가라앉히고 나면 곧 풀려날 것으로 예상했다. 그러나 상황은 더욱 악화되었다. 이릉이 흉노의 군대에게 병법을 가르친다는 거짓 정보를 보고받은 무제가 앞뒤 재보지도 않고 믿어버리고는 이릉의 가족을 몰살시키고 사마천에게 사형을 선고했기 때문이다. 그때 사마천의 나이 47세였다. 이 사건을 '이릉지화(李陵之禍)'라 한다.

불혹의 마흔을 넘기면서 평생의 염원이자 아버지 사마담의 간곡한 유언이기도 했던 역사서 집필에 박차를 가하고 있던 사마천에게는 청천벽력(靑天霹靂)이었다. 이 절박한 상황에서 사마천은 죽음보다 더 부끄럽다는 궁형을 자청하여 옥에서 풀려난다. 역사서를 매듭짓기 위해서였다. 사마천이 궁형을 당한 나이는 48세이고, 감옥에서 풀려난 때는 49세였다.

이 사건을 계기로 사마천은 지금까지의 자기 생각과 역사서의 내용을 철두철미 되돌아보았다. 그리고는 《사기》의 내용을 완전히 바꾸었다. 황제와 제국을 찬양하려던 본래의 의도를 버리고, 권력과 권력자에게 역사의 준엄한 칼날을 들이댔다. 이름 없는 민중에게로 시선을 돌렸다. 3천 년 통사《사기》가 극적으로 변신했고, 그 결과 훗날 인류에게 놀라운 기적이자 값으로 따질 수 없는 선물이 되었다.

'이릉지화'는 사마천 일생 최대의 전환기를 가져다준 사건이었다. 이릉은 사마천이 가장 존경했던 명장 이광(李廣, ?~기원전 119)의 손자였다. 이릉 역시 할아버지의 인품을 물려받아서인지 '지사(志士)'의 풍모가 넘치는 인재였다. 사마천은 모두가 이릉을 비난할 때 홀로 나서 그를 감쌌다.

장군 이광은 부하들을 자기 몸처럼 아꼈던 장수였다. 부하 장병들보다 먼저 밥을 먹지 않았고, 부하 장병들이 마시기 전에 먼저

물을 마시지 않았다. 행군 때는 말을 타지 않고 장병들과 똑같이 군장을 지고 함께 행군했다. 잠자리도 깔개 따위를 깔지 않고 장병들과 똑같이 잤다. 이런 강직한 성품 때문에 이광은 늙도록 승진도 못하고 정치군인들의 시기와 질투, 그리고 박해를 받았다.

정치군인들은 사소한 실수를 구실 삼아 이광을 기어이 군법에 회부했다. 이들은 먼저 이광의 부하 장수들을 괴롭혔다. 이광은 말도 안 되는 죄목으로 가혹한 혹리들에게 심문당하는 것이 수치스럽고, 또 부하들을 지키기 위해 자신의 목을 그어 목숨을 끊었다. 참다운 군인으로서의 명예를 죽음으로 지켰다. 사마천은 다른 장수들과는 구별하여 이광을 '이장군(李將軍)'으로 높여 부르면서 그에 관한 열전을 남겼는데, 그 말미에다 이광에 대한 자신의 감회를 다음과 같이 술회하고 있다.

"내가 이광 장군을 본 적이 있는데 성실하고 순박하기가 촌사람 같은데다 말도 잘 못했다. 그가 죽던 날 그를 알던 모르던 세상 사람 모두가 그렇게 슬퍼할 수가 없었다. 그의 충직한 마음을 진정으로 믿었기 때문이리라. 속담에 '복숭아나무와 자두나무는 말이 없지만 그 밑으로 절로 길이 난다'고 했다. 말은 사소해 보이지만 큰 뜻을 비유하기에 족하다."

이광의 일생과 인품, 그리고 그의 죽음은 많은 생각을 하게 한다. 일신의 영달에만 목을 맨 채 온갖 불법과 편법을 밥 먹듯이 하고,

잘못은 아랫사람에게 떠넘기고 책임회피에만 급급한 우리 사회의 일그러진 '똥별', 즉 군대의 간신 군간(軍奸)들의 추악한 모습이 떠오르기 때문이다. 더 큰 문제는 이런 지도층들의 부끄러움을 모르는 도덕 불감증이다.

《성리대전(性理大全)》을 보면 "사람을 가르치려면 반드시 부끄러움을 먼저 가르쳐야 한다. 부끄러움이 없으면 못할 짓이 없다"고 했다. 자신의 언행이 남과 사회에 피해를 주는 것을 부끄러워할 줄 알아야만 그릇된 언행을 일삼지 않는다는 것이다. 이 대목에서 계시를 받은 청나라 때의 학자 고염무(顧炎武, 1613~1682)는 한 걸음 더 나아가 "청렴하지 않으면 안 받는 것이 없고(불렴즉무소불취不廉則無所不取), 부끄러워할 줄 모르면 못할 짓이 없다(불치즉무소불위不恥則無所不爲)"고 했다. 우리 사회에 이런 자들이 천지에 널리게 된 것은 부끄러움을 가르치지 않은(또는 않는, 또는 못한) 우리의 자업자득이다.

명성이란 '실천행의 과실'이다. 명장 이광은 명예로운 죽음으로 이를 보여주었다. 사진은 이광의 무덤이다.

평생 헛된 명예와 욕심 부리지 않고 한길을 걷는 고고한 인품을 가진 사람은 존경을 받을 수밖에 없다. 아랫사람을 자기 몸처럼 아끼고 넉넉한 가슴으로 품어주는 그런 사람은 스스로 뭐라 하지 않아도 오래도록 타인의 칭송을 받기 마련이다. 진정한 명성은 사람들이 알아서 향기와 열매를 찾아오듯이 타인이 만들어주는 것이다. 최근 '도리불언(桃李不言), 하자성혜(下自成蹊)'를 거론하는 리더들이 종종 눈에 띈다. 빈말로 끝나지 않길 바란다.

- 도리불언하자성혜(桃李不言下自成蹊).
- 불렴즉무소불취(不廉則無所不取).
- 불치즉무소불위(不恥則無所不爲).

리더십 학습노트
억울하게 모함을 당한 적이 있는가?
있었다면 어떻게 대처했나?

■ 리더가 반드시 기억해야 할 원칙이 있다. 스스로 공로를 세우려 하거나 '금메달'을 따려고 하지 말라는 것이다. 사실 구체적으로 보이는 공로는 작은 것에 지나지 않는다. 리더는 작은 공로에 연연하지 말고 '금메달리스트'를 기르고 '단체 금메달'을 따는 등 큰 공로를 세우는 데 주력해야 한다. - 후웨이홍, 《노자처럼 이끌고 공자처럼 행하라》 중에서

얻는 것과 지키는 것의 차이를 터득하라

불모만세자(不謀萬世者), 부족모일시(不足謀一時) ;
불모전국자(不謀全局者), 부족모일역(不足謀一域).

장기적인 이익을 꾀하지 못하는 자는 눈앞의 일도 처리하지 못하고,
전체 국면을 계획하지 못하는 자는 부분적인 문제도 처리하지 못한다.

― 진담연陳澹然, 〈이천도건번의二遷都建藩議〉

'창업(創業)보다 수성(守成)이 더 어렵다'고들 한다. 맞는 말이다. 창업에 이르기까지는 거칠고 과감한 공격이 주효할 때가 많다. 속된 말로 앞만 보고 달리면 된다. 창업 이후 수성의 단계에 오면 이런 거친 공격과 과감성보다는 정교한 기제(機制, mechanism)가 더 요구된다. 이를 잘 보여주는 사례가 남아 있는데, 한나라 초기의 대신 육고(陸賈, 기원전 약 240~기원전 170)가 고조 유방에게 충고한 다음 대목이다.

"말 위에서 천하를 얻어 말 위에서 천하를 다스린다."(《역생육고열전》)
"마상득지(馬上得之), 마상치지(馬上治之)."

이 명언이 나오게 된 전후 사정은 이렇다. 건국 이후 육고는 유방에게 평소 책 좀 읽으라고 충고했다. 유방은 버럭 고함을 지르며 "내가 세 자의 검으로 말 위에서 천하를 얻었다"며 그깟 책이 무슨 쓸모냐고 역정을 냈다. 육고는 말 위에서 천하를 얻을 수는 있지만 말 위에서 천하를 다스릴 수 있겠냐며, 나라가 제대로 작동하려면 문(文)과 무(武)라는 두 개의 큰 기둥이 균형을 이루며 뒷받침해야 한다고 했다. 유방은 육고의 충고를 허심탄회하게 받아들였다.

육고의 말인즉, 무엇인가를 취하려 할 때 쓰는 방법과 취한 다음 그것을 지키는 방법이 같을 수 없다는 요지였다. 한나라 초기의 천재 학자이자 정치가였던 가의(賈誼, 기원전 200~기원전 168)도 같은 뜻의 다음과 같은 말을 남겼다.

"얻는 것과 지키는 것은 그 방법이 다르다."(〈진시황본기〉)
"취수부동술(取守不同術)."

가의는 "천하를 합병할 때는 무력이 중요하지만, 천하가 안정되었을 때는 권력에 순종하는 것이 중요하다"라고 말한 다음, 진나라가 천하를 통일하고도 통치 방법을 바꾸지 않은 것이 빨리 멸망하게 된 원인이라고 명쾌하게 지적했다.

육고와 가의는 이 짤막한 명언을 통해 창업과 수성의 변증법적 관계를 절묘하게 표현하고 있다. 얻는 것과 지키는 것의 차이점을 그것을 이루기 위한 방법의 차이점으로 요약한 것이다. 《전국책(戰

56

國策》의 다음 대목도 다소 오묘하지만 뜻은 같은 맥락이다.

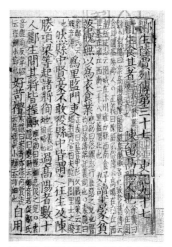

'수성'을 위해서 리더는 공부해야 한다. 육고는 이 점을 문무의 결합으로 풀어냈다. 육고의 행적을 기록한 〈역생육고열전〉이다.

"(누군가로부터) 무엇인가 얻고 싶으면 잠시 상대가 요구하는 것을 주어야 한다."

"장욕취지(將欲取之), 필고여지(必姑與之)."

무조건 달라고 하면 상대가 반발할 수 있으니 상대가 필요로 하는 것은 먼저 주라는 말인데, 이 역시 무엇인가 원하는 바를 얻으려면 나름 방법을 강구하라는 것이다. 한비자(韓非子, 기원전 약 280~기원전 233)는 이런 말을 남겼다.

"무형(無形) 중에서 일의 발단을 일으킬 수 있다면 천하의 위대한 공을 세우는 것이다. 이것을 일러 '미미한 중에서 사건의 발전을 정확히 간파해낸다'는 뜻으로 '미명(微明)'이라 한다. 세력이 미약한 위치에 처하여 자신을 숙이고 상대를 높이는 것이 곧 '유약함이 강대함을 이기는' 이치다."

한비자가 말하는 '미명'의 지혜를 터득하면 일을 성공시키기 훨씬

쉽다. 창업도 수성도 이런 '미명'의 지혜로 방법을 달리해서 이루어
낼 수 있다. 무엇인가를 얻어내는 이치도 마찬가지가 아니겠는가?

창업보다 수성이 더 힘들다고 하는 그 이유는 간단하다. 창업은
단선적이지만 수성은 복선적이기 때문이다. 창업 단계에서는 모든
여론이 창업이라는 하나의 기치 아래 모이기 쉽지만, 수성 단계에
서는 각계각층의 이익을 대변하는 여론이 다양하게 표출되기 마련
이다. 다양한 여론을 수렴하는 일은 결코 쉬운 일이 아니다. 바로
여기에서 상황의 변화에 따라 방법도 달라져야 한다는 명제가 제
기된다. 그러나 그 어느 쪽이나 인간과 그 역할의 중시를 바탕으로
삼아야 한다. 진시황은 바로 이 점을 소홀히 했기 때문에 훌륭하게
천하를 통일하고도 불과 20년을 지키지 못한 것이다.

- 불모만세자(不謀萬世者), 부족모일시(不足謀一時) ; 불모전국자(不
  謀全局者), 부족모일역(不足謀一域).
- 마상득지(馬上得之), 마상치지(馬上治之).
- 취수부동술(取守不同術).
- 장욕취지(將欲取之), 필고여지(必姑與之).
- 미명(微明).

리더십 학습노트
내 조직의 미래를 위해 지나온 과거를 정리해보자.

58

■ 업계는 과거이고, 고객은 미래다. 경쟁업체가 아니라 고객에 집중하라. 가장 많은 것들을 가르쳐 주는 것은 고객이다. 한 기업이 시장에서 도태되는 것은 경쟁업체가 아닌 고객에 의한 것이다. – 유니클로 회장, 야나이 타다시(1949~)

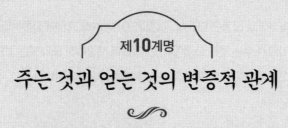

제**10**계명

주는 것과 얻는 것의 변증적 관계

지여지위취(知與之爲取), 정지보야(政之寶也).
주는 것이 얻는 것임을 아는 것, 정치의 귀중한 요령이다. -〈관안열전〉

앞서 창업과 수성의 차이를 이야기하면서 얻는 것과 주는 것의 미묘함을 이야기했다. 이 문제를 좀 더 이야기해보려 한다.

춘추시대 최초의 패주로 맹위를 떨치던 제나라 환공(桓公, ?~기원전 643)이 제후들에게 공언했던 맹약을 깨려 하자 관중(管仲, ?~기원전 645)이 신의의 중요성을 일깨워 주면서 한 말이 바로 위의 명언이다. 그 결과 제후들의 마음이 제나라로 기울었다고 한다.(〈관안열전〉) 관련하여 《한비자(韓非子)》〈세림(說林)〉〈상편〉에 나오는 고사 하나를 인용해보자.

춘추 말기 진(晉)나라는 조(趙)·위(魏)·한(韓)·지(智)·범(范)·중항(中行) 이상 여섯 집안의 세력이 강했다. 역사책에서는 이 세력들을 '육경(六卿)'이라 불렀다. 범과 중항, 이 두 집안이 합병된 뒤 지백(智

伯)은 위(魏) 선자(宣子)에게 땅을 내놓으라고 요구하고 나섰다.

선자는 이유 없이 주고 싶지 않았다. 임장(任章)이란 참모가 "어째서 지백에게 주지 않으십니까?"라고 묻자 선자는 "아무런 까닭 없이 강제로 땅을 떼어 달라고 하는데 어찌 주고 싶겠는가"라며 불만을 표시했다. 임장은 다음과 같이 충고했다.

"이유 없이 땅을 달라고 하는 것을 보고 이웃 나라들은 모두 그를 두려워할 것입니다. 그는 또 욕망이 너무 커서 만족할 줄 모르니 계속 다른 나라의 땅을 요구할 것입니다. 공께서는 그에게 땅을 주십시오. 지백은 틀림없이 교만해져 적을 깔볼 것이며, 이웃 나라들은 모두 그가 두려워 자기들끼리 가까워질 것입니다. 서로 가까워진 나라들이 연합하여 상대를 깔보는 국가에 대항하면 지백의 목숨은 머지않아 다합니다. 옛날 《주서》를 보면, '상대를 패배시키고 싶으면 잠시 상대를 도와야 하며, 상대를 얻고 싶으면 잠시 상대가 요구하는 것을 주어야 한다'고 하였습니다. 그에게 땅을 주어 그를 교만하게 만들어야 합니다. 공께서는 어째서 이런 방법, 즉 천하의 군사를 이끌고 지백을 쳐부술 수 있는 방법을 버리고, 우리 위나라로 하여금 홀로 지백의 공격을 받는 표적으로 만들려 하십니까?"

선자는 그의 말이 옳다고 여겨 만 호의 백성이 사는 큰 지역을 지백에게 주었다. 지백은 기뻐 어쩔 줄 몰라 하며 다시 조나라에게 땅을 달라고 했다. 조나라가 응하지 않자 지백은 군대를 이끌고 조나라 진양(晉陽)을 포위했다. 얼마 뒤 한나라와 위나라가 등을 돌려 지백을 외부에서 공격하고 조나라 군사도 성에서 나와 양면에서 공격하니 지백은 망하고 죽임을 당했다.

조건이 갖추어지지 않은 상황에서 어떤 것을 빼앗거나 보존하려면 잠시 그것을 내주거나 포기하고 기회를 기다렸다가 다시 조건을 창출해서 최종적으로 그것을 빼앗아 와야 한다. '취함'은 목적이요, '주는 것'은 수단이다. '주는 것'은 '취하기' 위함이다. '주는 것'은 모두 '취함'을 전제로 한다.

물론 전체적인 국면을 충분히 파악하여 유리한 지 여부를 살펴야 한다. 내가 열세에 놓인 조건에서 상대를 움직이게 만들어 무엇인가를 얻어내려면, 작은 성 하나 작은 땅 한쪽의 득실을 따져서는

관중은 신의를 지키라며 빼앗은 땅을 돌려주게 했고, 그 대가로 환공은 천하의 인심을 얻었다. 현명한 리더는 주는 것이 곧 얻는 것이라는 이치를 잘 헤아릴 줄 안다. 산동성 임치 관중기념관 광장의 관중 석상이다.

안 된다. 최종적으로 원하는 것을 얻기 위한 이런 '생산적인 포기'는 목표물을 보다 확고하게 보다 오래 차지하기 위함이다.

'가지려면 주어야 한다'는 명제에는 '작게 주고 크게 가진다'는 목적을 달성하기 위한 현명한 방법이 내포되어 있다. 또 주기로 약속했으면 반드시 지켜야 한다는 점도 명심하자. 보다 큰 이익을 위해 작은 것을 내주기로 해놓고 막상 줄 때가 되면 망설이거나 끝내 약속을 깨는 리더가 적지 않다. 정치는 물론 모든 영역에 있어서 약속은 생명이며, 약속을 했으면 귀중하고 아까운 것이라도 내주어야 한다. 약속을 밥 먹듯이 깨고, 식언(食言)을 습관처럼 일삼는 오늘날 각계각층의 리더들이 새겨들어야 할 말이다.

이 명제는 협상에서도 유용하다. 상대에게서 무엇인가를 얻어내려면 내가 가진 것을 내 줄 수 있는 자세가 갖추어져 있어야 한다. 국가 간의 외교협상이 되었건 비즈니스 협상이 되었건, 협상의 기본은 '주고받는 것(give & take)'이기 때문이다. 다만 내 것을 기꺼이 줄 수 있는 자세를 상대에게 확인시키고 협상에 임하는 것과, 상대 것만 얻어내려고 하는 이기적 자세로 협상에 임하는 것 사이에는 큰 차이가 있다. 어느 경우에나 '신의(信義)'가 관건이다.

• **지여지위취**(知與之爲取), **정지보야**(政之寶也).

'전략적 포기'를 경험한 적 있는가? 결과는 어땠나?
경험이 없고 그런 상황이 온다면 과감하게 포기할 수 있겠나?

■ 의약품이란 환자를 위한 것이지 이윤을 위한 것이 결코 아니다. 이윤이란 부수적인 것에 불과하다. 그리고 이 사실을 망각하지 않는 한 이윤은 저절로 나타나기 마련이다. 이것이 머크사의 경영이념이다. – 머크사 회장, 조지 윌리암 머크 (1894~1957)

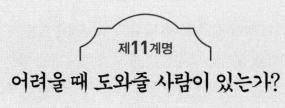

제11계명

어려울 때 도와줄 사람이 있는가?

가빈즉사양처(家貧則思良妻), 국난즉사양상(國亂則思良相).
집안이 가난해지면 양처가 생각나고,
나라가 혼란해지면 훌륭한 재상이 생각난다. -〈위세가〉

위(魏)나라 문후(文侯, ?~기원전 396년)가 이극(李克)에게 위나라 재상이 될 만한 인물을 추천해 줄 것을 요청했다.

"선생께서는 일찍이 과인을 가르치면서 말하길 '집안이 가난해지면 양처가 생각나고, 나라가 어지러워지면 훌륭한 재상을 그리게 된다'고 하셨습니다. 지금, 위나라의 재상을 임명함에 성자(成子) 아니면 적황(翟璜)인데 두 사람은 어떻습니까?"

이극은 문후에게 자신의 조언을 기다릴 것 필요 없이, 사람을 기용할 때는 1) 평소 때 어떤 사람과 가까이 지내는가를 살피고, 2) 부귈 때 그와 왕래하는 사람을 살피고, 3) 관직에 있을 때 그가 천거하는 사람을 살피고, 4) 곤궁할 때 그가 하지 않는 일을 살피고, 5) 어려울 때 그가 취하지 않는 것을 살피라고 권했다. 그러면서 이극은 인재의 추천이 나라 경영에 얼마나 중요한가를 강조했다.

인간관계는 평소가 중요하다. **관계는 축적**이다. 물론 첫눈에 반하고, 몇 번 보지 않고 의기투합하는 관계도 있다. 하지만 관계의 대부분은 평소 서로의 마음과 만남이 교환되어 신뢰가 쌓여야만 유지될 수 있다. 그 만남을 통해 서로를 살피는 것이다. 사마천은 인간관계의 본질은 이해관계(利害關係)라고 직격했는데, 그 대표적인 사례로 춘추시대의 사건 둘을 들었다.

춘추시대 초기인 기원전 697년 중원의 정(鄭)나라에 내분이 일어나 정나라는 양분되었다. 재기를 노리던 여공(厲公) 돌(突)은 정을 공격하여 대부 보하(甫瑕)를 사로잡아서는 자리와 이권 따위로 유혹하여 자신의 복위를 맹세하게 했다. 보하는 자신의 목숨을 바쳐서라도 돌을 맞아들이겠다고 했다. 보하는 약속대로 정자영(鄭子嬰)과 그 두 아들을 죽이고, 여공 돌을 맞아들여 복위시켰다(기원전 680년). 약 20년 만에 자리를 되찾은 여공 돌은 당초 약속과는 달리 보하가 군주를 모시는데 두 마음을 품고 있다며 그를 죽이려 했고, 보하는 스스로 목을 매어 자결했다.

춘추시대 진(晉)나라의 대부 이극(李克)은 헌공(獻公)이 총애하던 여희(麗姬)가 낳은 두 아들 해제(奚齊)와 도자(悼子)를 잇달아 죽이고, 진(秦)나라에 망명해 있던 공자 이오(夷吾)를 맞아들여 군주로 옹립하니 이가 혜공(惠公)이다(기원전 651년). 혜공은 즉위 후 이극에게 "그대가 없었더라면 나는 군주가 될 수 없었을 것이다. 하지만 그대는 두 명의 진나라 군주를 죽였다. 그러니 내가 어찌 그대의 군주가 될 수 있겠는가?"라며 이극에게 죽음을 강요했다.

또 한 사람 진(晉)나라 헌공은 죽기에 앞서 대부 순식(荀息)에게 어린 해제와 도자를 잘 보살펴 이들을 진나라의 군주로 옹립해달라며 뒷일을 부탁했다. 순식은 목숨을 걸고 이들을 지키겠다고 맹세했다. 하지만 그 역시 해제와 도자에 이어 이극에게 피살되었다. 순식은 목숨으로 절개를 지켰지만 해제와 도자를 죽음으로부터 구해내진 못했다. 사마천은 이 두 사건을 논평하면서 다음과 같은 천고의 명언으로 핵심을 짚어냈다.

"권세와 이익으로 사귄 자들은 권세와 이익이 다하면 멀어진다."
(권42 〈정세가〉)
"이권리합자(以權利合者), 권리진이교소(權利盡而交疏)."

이 명구는 추사(秋史) 김정희(金正喜, 1786~1856)의 명작 〈세한도(歲寒圖)〉 발문에도 인용되어 있다. 김정희는 제주도에 유배 가 있는 자신을 잊지 않고 귀한 서적을 구해 보내주는 제자 우선(藕船) 이상적(李尚迪, 1804~1865)의 의리에 깊은 감동을 받아 〈세한도〉를 그렸다. 이상적이 연경에서 구해온 《경세문편(經世文編)》을 받아들고는 중국 송나라 때 혜주(惠州)로 귀양 갔던 소동파(蘇東坡)가 먼 길을 찾

사마천과 추사는 세태의 싸늘함에서 인간관계의 본질을 정확하게 인식했다. 추사는 이를 〈세한도〉 발문을 통해 꽤 길게 밝혔다. 발문(왼쪽)을 포함한 〈세한도〉 전체의 모습이다.

아온 어린 아들을 위해 그린 〈언송도(偃松圖)〉를 떠올렸다. 그리고는 《논어》 〈자한(子罕)〉 편의 명구 '세한연후지송백지후조(歲寒然後 知松栢之後凋, 날이 추워진 뒤라야 소나무와 잣나무가 늦게 시드는 것을 안다)'에서 영감을 얻어 이상적을 위해 그린 그림이 바로 〈세한도〉이다. 그림에는 '세한도'란 제목과 '우선(이상적의 호) 감상하시게'라는 '우선 시상(藕船是賞)'이란 네 글자가 함께 적혀 있고, 낙관은 '영원히 서로 잊지 말자'는 '장무상망(長毋相忘)'이란 글귀이다.

추사는 권세를 잃고 제주도에 유배당한 자신을 잊지 않고 돌봐주는 이상적의 정성에 깊은 감동과 충격을 받았다. 변덕스러운 세태와 민심과는 달리 변치 않는 우정을 보여준 이상적에게 무한한 감사의 마음을 느꼈다. 그래서 발문에서 공자의 말과 사마천의 이 구절을 인용하여 민심과 세태에 대한 자신의 느낌을 피력했다.

사마천은 정나라와 진나라에서 벌어진 정쟁의 경과를 논평하면서 그 본질이 결국은 서로의 이해관계였다는 점과 권력과 권력자의 비정함을 위의 명구로 정확하게 짚어냈다. 권력도 인간관계도 그 속성은 이합집산이다. 본질은 이해관계이다. 문제는 그 과정에서 의리도 명분도 다 버리고 오로지 일신의 영달에만 목을 매는 자들이 의리 따위를 앞세워 관계를 흐리는 것이다. 이들은 오로지 힘 있고 돈 있는 자의 심기만 헤아리는 재주 밖에는 없기 때문에 합리적 설득과 상식이 통하지 않는다. 이런 자들을 가까이해서는 조직과 나라를 망친다.

위기 상황이 닥치면 인재가 아쉬운 법이다. 우리 형편을 보면 평소 인재들을 잘 대우하여 미래에 대비하는 현명한 지혜와 그것을 뒷받침하는 리더의 차원 높은 인식과 그를 뒷받침하는 정책은 여전히 멀어 보이기만 한다. 사마천은 공자의 말을 인용하여 이렇게 말했다.

"날이 추워진 뒤라야 소나무와 잣나무의 푸르름을 실감하고, 세상이 어지럽고 더러워져야 깨끗한 선비가 드러나는 것인가?"

날이 추워지기 전에, 세상이 어지럽고 더러워지기 전에 평소 인재를 우대하여 능력을 최대한 발휘하게 하는 것이 최선이다. 위기 상황에 처했을 때 위기를 구하거나 도와줄 수 있는 사람이 있느냐 없느냐는 결국 평소 주변 인재들에 대해 관심의 끈을 놓지 않고 있느냐에 따라 결정된다. 스스로에게 물어보라. '내가 어려울 때 발 벗고 나서 도와 줄 사람이 있는가?' '있다면 몇이나 될까?'

- 가빈즉사양처(家貧則思良妻), 국난즉사양상(國亂則思良相).
- 이권리합자(以權利合者), 권리진이교소(權利盡而交疏).
- 세한연후지송백지후조(歲寒然後知松柏之後凋).

리더십 학습노트
어려울 때 기꺼이 도와줄 사람이 있나?
또 어려움에 처한 친구를 기꺼이 도울 수 있나?

■ 다른 사람들에게 관심이 없는 사람은 인생을 사는 데 굉장히 어려움을 겪게 되고, 다른 사람들에게도 해를 끼치게 된다. 인간의 모든 실패는 이런 유형의 인물에서 비롯된다. – 개인 심리학의 창시자, 알프레드 아들러(1870~1937)

제12계명

세상을 준다 해도 바꾸지 않을 인재

득십양마(得十良馬), 불약득일백락(不若得一伯樂);
득십양검(得十良劍), 불약득일구야(不若得一甌冶).

좋은 말 열 마리를 얻는 것보다 준마를 잘 고르는 백락 한 사람을
얻는 것이 낫고, 날카로운 보검 열 자루를 얻는 것보다 (보검을 만드는)
구야 한 사람을 얻는 것이 낫다. -《여씨춘추》

성 몇 개보다 더 값나가는 보물이 있다면 그것은 무엇일까? 전국
시대 성 15개에 버금가는 조(趙)나라에 있었던 옥 하나가 그런 보물
이었다. 조나라는 혜문왕(惠文王. ?~기원전 266) 때 우연히 초나라에
서 난 '화씨벽(和氏璧)'을 얻었다. 화씨벽은 전설적인 보배로 초나라
의 변화(卞和)가 손발을 잃어가며 다듬어 완성한 보물 중의 보물인
둥근 옥을 말한다. 화씨벽에 얽힌 이야기를 들어보자.

화씨(변화)는 초산(楚山)에서 옥돌을 발견하여 여왕(厲王)에게 바쳤
다. 왕이 감정사에게 옥돌을 감정하게 하니 옥돌이 아니라 그냥 돌

이라 했다. 화가 난 여왕은 화씨의 왼쪽 발을 베어 버렸다. 무왕(武王)이 즉위한 뒤 다시 옥돌이라며 바쳤지만, 다시 돌로 감정을 받아 이번에는 오른쪽 발을 절단 당했다. 문왕(文王)이 즉위하자 화씨는 옥돌을 가슴에 품은 채 초산 아래에서 3일 밤낮을 대성통곡했다. 문왕은 그 옥돌을 가져다 다듬게 하여 마침내 천하의 보옥을 만들고, (변화의) 이름을 따서 화씨벽이라 했다.

　이처럼 귀한 화씨벽을 조나라 혜문왕이 얻었다는 소식을 들은 강대국 진나라의 소왕(昭王, 기원전 325~기원전 251)은 조왕에게 편지를 보내 진나라 15개 성과 화씨벽을 바꾸자고 했다. 여기서 '성 몇 개보다 값이 더 나간다'는 뜻의 '가중연성(價重連城)'이란 성어가 나왔다. 조왕은 진왕의 속셈을 뻔히 알면서도 옥을 내줄 수밖에 없었다. 강대국 진나라의 심기를 건드렸다간 무슨 화를 당할 줄 모르는 상황이었기 때문이다.

　문제는 이 일을 맡을 사람이었다. 이때 진나라로 화씨벽을 가져가는 중대한 임무를 맡은 인물이 인상여(藺相如)였고, 인상여는 초인적인 용기와 언변으로 화씨벽에 흠집 하나 내지 않고 고스란히 조나라로 되가져왔다. '벽옥을 온전히 조나라로 돌려보냈다'는 '완벽귀조(完璧歸趙)'라는 고사성어는 인상여의 활약상을 대변하는 성어가 되었고, 우리가 아무렇지 않게 쓰는 '완벽'이란 단어도 이렇게 탄생했다. 흠집이나 티를 의미하는 '하자(瑕疵)'라는 단어도 이 고사에서 나왔다. (〈염파인상여열전〉)

인재의 중요성에 대한 강조는 예나 지금이나 달라진 것이 없다. 그러나 정작 인재에 대한 실질적인 대우는 그 강조에 전혀 미치지 못한다. 그림은 인상여가 진 소왕 앞에서 성 15개에 대한 확답을 주지 않으면 화씨벽을 던지겠다고 으름장을 놓는 장면이다.

옥 하나를 15개의 성과 바꾸자고 할 정도라면 그 옥이 어떤 옥이겠는가? 세상 힘 있는 자라면 모두 탐낼 만한 그런 옥이 아니겠는가? 당시 강한 힘을 가진 진나라 소왕은 힘으로 조왕을 겁박하여 이 옥을 손에 넣고자 했고, 그 조건으로 성 열다섯을 제안했다.

여기서 이런 문제를 하나 던져본다. 이런 옥을 빼앗기지 않고 온전히 되가지고 온 인상여와 성 열다섯의 값어치가 있다고 하는 화씨벽을 두고 선택하라면 어느 쪽을 선택하겠는가? 결코 어려운 문제는 아니다. 하지만 모르긴 해도 실제 선택은 꽤나 다르게 나타날 것이다. 쉽게 말해 수십억이 나가는 다이아몬드와 뛰어난 재능을 가진 한 사람 중 양자택일하라면 다이아몬드를 고를 사람이 의외로 많지 않을까? 그 돈으로 그런 인재 정도는 얼마든지 살 수 있다고 생각하는 사람이 많지 않을까?

이 문제에 한 걸음 더 들어가 생각해보자. 인상여는 이 옥을 위해 목숨까지 위험한 외교 행보를 서슴지 않았다. 왜? 단순히 옥이 문제가 아니었기 때문이다. 조나라의 안위와 자존심을 지켜내야 했고, 그러기 위해서는 진나라 소왕과 한판 승부를 피할 수 없었다. 옥은 어디까지나 진나라 소왕이 조나라를 떠보기 위한 핑곗거리에 지나지 않았을 뿐이고, 인상여는 이를 정확하게 파악했다. 인상여가 되가지고 돌아온 것은 옥이었지만, 그 안에는 조나라의 자존심이 고스란히 담겨 있었다. 자, 이제 어느 쪽을 선택하겠는가?

뛰어난 인재는 세상에 둘도 없는 화씨벽이라 해도 비교할 수 없는 '무가지보(無價之寶)'이다. '무가지보'란 '값이 없는 보물', 즉 '값으로 따질 수 없는 uncountable 보물'이다. 중국 역사상 가장 위대한 사회소설을 남긴 조설근(曹雪芹, 약 1715~약 1763)의 《홍루몽(紅樓夢)》을 두고 중국 사람들은 '만리장성과도 바꿀 수 없는 중국인의 자존심'이라고 한다. 영국은 한술 더 떠 인도를 준다 해도 셰익스피어와는 바꾸지 않겠다고 한다. 과장이나 허풍이 결코 아니다.

참고로 중국 장편소설의 최고 걸작으로도 불리는 《홍루몽》은 등장인물만 721명에 이르는 대하소설이다. 이 작품을 놓고 후대에 수많은 사람들이 연구했고 지금도 연구되고 있다. 여기서 '홍학(紅學)'이라는 새로운 학문이 하나 탄생했다.

- 득십양마(得十良馬), 불약득일백락(不若得一伯樂) ; 득십양검(得十良劍), 불약득일구야(不若得一甌冶).
- 가중연성(價重連城).
- 완벽귀조(完璧歸趙).
- 무가지보(無價之寶).

내게 가장 중요한 보물은 무엇이며 왜 보물로 여기나?

■ 능력 있는 사람을 찾으면서 돈을 아껴서는 안 된다. 나의 비결은 돈으로 인재를 사는 것이다. 사물을 대하는 눈이 날카롭고 사람됨이 믿을 만하면 급여는 아무리 많이 줘도 아깝지 않다. 그러나 정말로 걸출한 인재를 얻으려면 돈을 많이 주는 것만으로는 충분치 않다. 정(情)과 의(義)로 사람들을 감동시켜야 진정한 인재를 만들 수 있다. - 중국의 거상, 호설암(胡雪巖)(1823~1885)

제13계명

누구에게나 인정받을 수 있는 인재를 위한 배려

사현능이불용(士賢能而不用), 유국자지치(有國者之恥).
유능한 인재가 있는데 기용하지 않는 것은 나라를 가진 자의 수치다.
−〈태사공자서〉

한나라 초기 문제(文帝, 기원전 203~기원전 157) 때 가의(賈誼, 기원전 200~기원전 168)라는 젊고 뛰어난 정치가가 있었다. 그는 달력을 고치고, 관료들의 옷 색깔을 바꾸고, 관직 이름을 새로 정하고, 예악을 일으키고, 제도를 확립하고, 법률 초안을 도맡아 작성하는 등 이제 막 출발한 한나라의 제도와 문물을 정비하는 데 크게 기여한 인물이었다.

가의는 스무 살 약관의 나이로 박사가 되어 임금이 내리는 명령과 논의사항들에 대해 척척 대답하여 다른 신하들조차 '모두가 가의의 뜻대로 되었으면 하고 바랄' 정도였다. '각여기의(各如其意)'라는 성어의 출처다. 모두들 가의를 따를 자가 없다고 입을 모았다.

가의의 천재성을 잘 보여주는 대목이다. 그러나 그의 천재성만큼이나 그에 대한 시기와 질투도 만만치 않았다. 가의는 개국공신을 비롯한 수구 세력의 헐뜯기와 모함으로 조정에서 쫓겨나 장사(長沙)라는 먼 남쪽으로 좌천되었고, 결국 풍토병 등으로 서른셋 한창 젊은 나이로 요절했다. 중앙 조정 기득권 세력의 시기와 질투, 그리고 배척으로 한나라는 귀중한 인재 하나를 잃었다.(〈굴원가생열전〉)

인재에 대한 시기와 질투는 자신의 부족과 무능의 표출이다. 그런데 이 정도로 그치지 않고 인재를 모함하고 배척하는 것으로 이어지기 일쑤다. 이 때문에 능력 있는 인재를 잃는 것은 물론 나아가 조직을 망치고 나라까지 잃은 사례는 역사상 수도 없이 많았다. 초한쟁패에서 항우(項羽, 기원전 232~기원전 202)가 월등한 전력을 갖고도 유방(劉邦, 기원전 256~기원전 195)에게 패한 경우가 대표적인 사례다. 같은 고향 출신으로 유방을 도왔던 고기(高起)와 왕릉(王陵)은 항우의 패배 원인을 이렇게 지적한다.

"항우는 똑똑하고 능력 있는 사람을 시기하고 질투하여 전투에 승리해도 다른 사람에게 공을 돌리지 않았으며, 땅을 차지하고도 그 이익을 나누지 않았습니다. 항우가 천하를 잃은 까닭이 여기에 있습니다."

두 사람은 또 유방이 승리한 까닭에 대해서는 다음과 같이 분석한다.

"폐하(유방)는 오만하여 다른 사람을 업신여긴 데 비해, 항우는 인자하여 다른 사람을 사랑할 줄 알았습니다. 그러나 폐하는 사람을 보내 성을 공략하게 하여 점령하면 그에게 나누어줌으로써 천하와 더불어 이익을 함께 나누었습니다."

한나라 초기 천재 정치가 가의는 공신들을 중심으로 한 기득권 세력에게 배척당했다. 뛰어난 인재가 온전히 포용되기가 얼마나 어려운지는 가는 그 옛날뿐만 아니라 여전하다는 현실이 안타까울 따름이다.

유방은 오만했지만 인재의 능력을 인정할 줄 알았고, 인정하면 그에 맞는 벼슬과 상을 내렸다. 마음과 물질이 함께 따라갔다. 말로만 인정하는 것보다 이 편이 훨씬 효과적이고 또 실질적이다. 능력을 인정받아 자리와 그에 걸맞는 물질적 우대가 따르면 사람들은 그 사람을 보다 잘 따른다.

누군가가 뛰어나면 우리는 자기도 모르는 사이에 질투심을 갖는다. 한편으로는 그 사람의 탁월함과 뜻에 자신도 모르는 사이에 동화되어 그 사람이 말한 대로, 또는 그 사람이 제안한 대로 일이 되었으면 하고 바란다. 천재나 위대한 인물들이 갖는 능력을 인정하고 그것에 굴복하는 것이다. 이것이 바로 진정한 권위(權威)다. 능력과 권위를 동시에 갖춘 인물도 있지만, 권위는 능력과는 달리 끊임없는 '자기통제'를 필요로 한다는 점에서 능력과 권위는 상반된

특성을 보이기도 한다.

우리 사회에도 능력은 뛰어나지만 권위를 갖추지 못하는 인재들이 많다. 이러한 인재들을 인정하고 달래는 사회 분위기도 필요하지만, 이들의 생명력을 오랫동안 지켜줄 수 있는 교육과 통제 기능도 사회가 기꺼이 맡아야 한다. 이러한 사회적 순기능(順機能)이 제대로 발휘되어야만 수많은 보통 사람들이 천재의 권위에 기꺼이 승복한다.

- **사현능이불용**(士賢能而不用), **유국자지치**(有國者之恥).
- **각여기의**(各如其意).

리더십 학습노트
소중하다고 생각하는 인재에 대해 어떤 배려를 하나?

■ 경기가 좋을 때 교육예산을 2배로 늘리고, 나쁠 때는 4배로 늘려라! –《탁월한 기업의 조건》의 저자 톰 피터스(1942~)

제14계명

현상을 인정하고 '무조건 강경책'을 경계하라

불목내이도외(不睦內而圖外), 필유내쟁(必有內爭).
내부가 화목하지 못한 데 나라 밖의 일을 도모하려 하면
내부투쟁이 발생할 수밖에 없다. ─《국어國語》

처음에는 비할 데 없이 강했던 힘이나 기세가 끝에 가면 아주 약해지거나 약해진 상태를 비유하는 성어로 '강한 화살의 마지막'이란 뜻의 '강노지말(强弩之末)'이 있다. 한나라 초기 대외정책의 노선을 놓고 조정 대신들이 벌인 논쟁 중에 나온 것으로, 어떤 일이 되었건 강약의 조절이 필요하고 중요하다는 점을 깨닫게 해주는 성어다.

한나라 초기 대외관계의 주요 대상은 흉노(匈奴)였다. 흉노는 북방의 강국으로 한 고조 유방(劉邦, 기원전 256~기원전 195)을 백등산(白登山)에서 거의 사지에 몰아넣었던 적도 있다. 기원전 200년에 벌어졌던 저 유명한 '평성(平城)전투'였다. 고조는 이 전투 이후 대신들

에게 흉노와는 절대 정면으로 부딪치지 말라고 당부했다고 한다. 고조 이후 여(呂)태후, 문제(文帝), 경제(景帝) 때까지 한나라는 흉노와 평화관계를 유지하는 화친(和親)을 외교전략의 기조로 삼았다. 작은 충돌이 없지는 않았지만 이 외교정책은 상당히 오래 유지되었고, 그 사이 한나라는 안으로 힘을 크게 비축할 수 있었다.

무제 통치기에 와서 한이 나라의 기틀을 잡고 힘을 비축해가면서 흉노 정책을 놓고 강경론자가 힘을 얻어 기존의 온건론자와 대립하기 시작했다. 강경론자의 대표는 왕회(王恢. ?~기원전 133)였고, 온건론자를 대변하는 인물은 한안국(韓安國. ?~기원전 127)이었다. 한안국은 지략과 충성으로 한나라 조정을 이끈 사람으로 사소한 결점에도 불구하고 그가 추천한 인물들은 하나같이 청렴결백할 정도로 사람을 보는 눈도 뛰어났다.

이런 한안국이 흉노에 정책에 강경한 입장을 보이는 왕회 등을 설득하면서 '강한 기세로 활시위를 떠난 활도 결국은 땅에 떨어지고 만다'는 비유로 강경일변도의 정책을 은근히 비판하고 강약의 조절이 중요하다는 점을 지적했다.(〈한장유열전〉)

놀음판에서 흔히 하는 말 중에 '첫 끗발이 개 끗발'이라는 속어가 있다. '용두사미(龍頭蛇尾)'가 비슷한 뜻의 성어이다. 어떤 경우가 되었건 처음의 기세를 끝까지 유지하기란 여간 힘들지 않다. 그래서 강약의 조절은 자신의 페이스를 조절하면서 상대방의 반응을 살피는 전략·전술의 기본기로 통한다.

많은 리더들이 상황이 여의치 않거나 어려울 때 차분히 그런 현상이 초래된 원인을 따지기보다 그 현상을 자체를 인정하지 않고 강경일변도로 그 상황을 타개하려 한다. 자신이 져야 할 책임을 피하기 위해 아랫사람을 다그치거나, 자신의 권한을 마구 휘둘러 조직을 더 불안하게 만들기도 한다. 그러다 불과 몇 걸음 떼지도 못하고 지쳐서 처음의 입장을 밥 먹듯이 뒤집는다. 보기가 민망하다. 최소한의 기본적인 전략·전술도 이해하지 못하고 있는 초보자들이 하는 행태가 아닐 수 없다.

어떤 리더들은 마치 무엇인가에 홀린 사람처럼 우왕좌왕한다. 그 상황이 경쟁상대와 직접 관련이 있다면 자신의 약점과 문제점을 고스란히 경쟁상대에게 대놓고 알리는 꼴이 된다. 중심을 잡고 차분하게 현상을 바로 보는 일부터 시작해야 한다. 초래된 그 현상을 있는 그대로 인정해야 한다. 이것이 '**현상을 인정할 줄 아는 리더십**'이다.

강력한 기세의 화살도 결국은 떨어지고 만다는 '강노지말'의 이치로 공세와 수세의 이치를 설파한 한안국.

유방과 항우의 승패를 가른 여러 요인들 중 어떤 현상에 대한 두 사람의 전혀 다른 반응의 차이가 있었다. 유방은 현상을 인정하고 그런 현상을 바로잡는 리더십을 발휘한 반면, 항우는 현상에 집착하여 그런 현상이 초래된 원인을 분석하거나 바로잡으려 하지 않았을 뿐만 아니라 급기야 그 현상 자체를 부정하는 옹고집의 리더십을 보여주었다. 어느 쪽이 이길 지는 뻔하지 않은가?

'급할수록 돌아가라'는 말이 괜한 말이 아니다. 때로는 돌아가는 것이 빠를 수 있다. 살피지 않고 무작정 돌진하다가는 돌부리에 걸려 넘어지기 십상이기 때문이다. 차분하게 살피면 돌아가는 길이지만 걸려 넘어질 돌부리가 없는 길을 찾을 수 있다.

아무리 세게 활시위를 당겨 힘차게 날아간 화살이라도 그 끝은 땅에 떨어지는 것이다. 일은 힘으로 하는 것이 아니다. 힘으로 당겼더라도 어디까지 날아갈지는 이성적 과학적으로 계산해야 한다. 그 힘을 뒷받침하는 것은 깨어 있는 머리와 진정성이다.

- 불목내이도외(不睦內而圖外), 필유내쟁(必有內爭).
- 강노지말(強弩之末).

리더십 학습노트
일의 추진에서 밀어붙이는 강경쪽인가,
아니면 여러 경우의 수를 따지는 온건쪽인가?

■ 일류기업이 과거에 성공을 거두는 데 도움을 주었던 제품, 프로세스, 조직 형태가 이제는 파멸의 원인이 되는 경우가 많다. 여기서 생존 기업이 되려면 제1 법칙은 뚜렷해진다. 즉 과거의 성공을 미래의 가장 위험한 요소로 파악하여야 한다. – 미래학자, 앨빈 토플러(1928~2016)

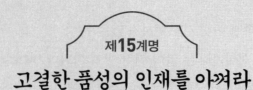

제15계명

고결한 품성의 인재를 아껴라

거세혼탁(擧世混濁), 유아독청(唯我獨淸) ;
중인개취(衆人皆醉), 유아독성(唯我獨醒)!

세상은 온통 흐린데 나 홀로 맑고,
세상 사람들은 모두 취했는데 나 혼자 깨어 있구나! ─〈굴원가생열전〉

애꾸들만 사는 나라에서는 두 눈 가진 사람이 비정상으로 취급당하듯, 까마귀들이 노는 곳에서는 백로가 따돌림을 당하듯, 흔히 선지자들과 현자들은 그 깨어 있는 정신으로 해서 숱한 오해를 받았고 심하면 가혹한 박해를 당하기도 했다. 그러나 그들이 있었기에 세상은 그래도 무엇이 곧고 휜 것인지, 옳고 그름이 무엇인가에 대해 고민할 수 있었다.

전국시대 초나라의 애국시인 굴원(屈原, 기원전 340~기원전 278)은 천하가 소용돌이치는 시대를 살았다. 조국 초나라는 타국과의 경쟁에서 계속 뒤처지고 있었다. 무능한 통치자와 부패한 기득권, 그리고 사악한 간신들이 권력을 좌우하다 보니 국력은 갈수록 쇠퇴하고 백성들은 생계를 꾸리지 못해 신음했다. 강직한 굴원은 나라와 백성을 위해 부패한 세력에 맞서 싸웠지만 역부족이었다.

굴원은 결국 근상(靳尙)을 비롯한 간신들에게 모함을 받아 조정에서 쫓겨났다. 오갈 데 없는 신세가 된 굴원은 초췌한 몰골로 멱라수(汨羅水)를 거닐었다. 고기를 잡으러 나온 어부가 굴원을 보고는 말을 걸었다. 당시 굴원과 어부가 나눈 대화를 잠시 들어보자.

어부 : 아니, 당신은 삼려대부(三閭大夫)가 아니시오? 헌데 어찌하여 여기까지 오셨소?

굴원 : 세상은 온통 흐린데 나만 홀로 맑고, 모두가 취했는데 나만 깨어 있어서, 이렇게 쫓겨난 것이라오.

어부 : 대저 성인은 어떤 대상이나 사물에 얽매이지 않고 세상과 더불어 밀고 밀리는 것이오. 온 세상이 혼탁하다면서 어째서 그 흐름을 따라 그 물결을 뒤바꾸지 않고, 모든 사람이 다 취했다면서 어째서 술 찌꺼기를 먹고 그 모주를 마시지 않는 것이오? 대체 무슨 까닭으로 아름다운 옥과 같은 재능을 가지고도 내쫓기는 신세가 되었단 말입니까?

굴원 : 듣자 하니 머리를 새롭게 감은 사람은 갓에 앉은 먼지를 털어 내며, 새로 몸을 씻은 사람은 옷에 묻은 티끌을 떨어버린다 했소. 깨끗한 모습을 가진 사람이 때 끼고 더러워진 것을 어떻게 받고 견딜 수 있단 말이오? 차라리 장강에 몸을 던져 물고기의 뱃속

굴원의 자결은 자포자기가 아니라 무능한 권력자와 그 시대에 대한 강렬한 저항이었다.

에서 장례를 지낼지언정 어찌 희고 깨끗한 몸으로 세상의 먼지를 뒤집어쓴단 말이오?

이 대화를 끝으로 굴원은 멱라수로 걸어 들어가 몸을 가라앉혀 자결했다. 결백에 가까운 굴원의 생각과 자결에 의문을 품는 사람도 많았다. 어부는 바로 그런 사람들을 대변하고 있다. 어부의 말인즉, 물이 너무 맑으면 고기가 못 살며, 마음에 들지 않는다고 박차고 나오는 행위는 시세를 모르는 것 아니냐는 비아냥이다.

어부의 논리에 일리가 없는 것은 아니지만, 이는 시세를 따를 것이냐 깨끗하게 남을 것이냐의 양자택일이 아니라, 정도의 문제이자 경계의 문제다. 어느 선에서 어느 정도 시세에 따를 것이며, 어느 선 어느 정도에서 발을 뺄 것이냐 하는 것이다. 지혜 없이는 불가능한 판단이며, 확고한 자기 원칙 없이는 통제하기 어려운 경지다. 굴원의 딜레마도 거기에 있었던 것은 아닐는지?

초나라는 굴원의 자결 후 56년 뒤인 기원전 223년 멸망했다(겨우 숨만 붙어 있던 시간을 뺀다면 실질적인 사망은 이보다 훨씬 앞일 것이다). 굴원의 자결은 자포자기가 결코 아니라 강렬한 저항이었다. 자신의 목숨으로 조국의 위태로움을 경고했다. 그는 진정한 애국자였고, 남다른 인재였다.

인재는 자존심을 먹고사는 존재다. 인품이 고고할수록 더 그렇다. 대부분의 사람들은 이런 인품에 불편함을 느낀다. 자신과 많이 다르기 때문이다. 이런 인재를 꺼려하는 리더도 적지 않다. 직언을 서슴지 않고, 자신의 주장을 굽히지 않아 심기를 불편하게 만들기 때문이다. 조금만 더 잘 살피고, 한 걸음 더 들어가 이런 인재를 이해하면 그가 진정으로 조직을 아끼고 사회에 헌신하고 나아가 나라를 아끼는 사람임을 알 수 있다. 이런 인재와 함께할 수 있다면 그 자체로 리더에게 영광이다. 고결한 품성의 인재를 진심으로 아낄 수 있는 리더야말로 좋은 리더이자 바른 리더이다. 리더뿐만 아니라 함께 일하는 사람들도 이런 인재를 아끼고 존중했으면 한다. 그런 풍토에서 좋은 인재와 리더가 끊임없이 단련되어 나온다.

• 거세혼탁(擧世混濁), 유아독청(唯我獨淸) ; 중인개취(衆人皆醉), 유아독성(唯我獨醒).

리더십 학습노트
주변의 오해나 무지 때문에 지독한 외로움을 경험한 적 있는가?

■ 리더십에 대한 토론은 반드시 능력과 경쟁에 대한 이야기로 시작되지만, 반드시 한 개인의 인격과 성실성에 대한 이야기를 하는 것으로 끝이 난다. – 론 시몬스

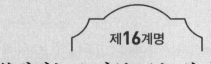

제16계명

쓸데없는 호기(豪氣)는 부리지 말라

거정절빈(擧鼎絶臏),
솥을 들다가 정강이뼈가 부러지다. −〈진본기〉

이 세상 내기와 자랑 중에 먹기 내기나 먹기 자랑만큼 어리석은 것이 없다고들 한다. 돈 자랑도 그렇다. 먹기 자랑이나 내기 못지 않게 어리석은 내기나 자랑이 또 있으니 바로 힘자랑이다.

전국시대 진(秦)나라 무왕(武王, 재위 기원전 310~기원전 307)은 힘이 세서 힘겨루기를 좋아했다. 툭하면 힘자랑을 했고, 그래서인지 힘 잘 쓰는 역사(力士)들이 대우를 받는 것은 물론 높은 벼슬까지 받았다. 진나라가 전통적으로 무를 숭상한 것과 관계가 있긴 하지만 무왕은 자신이 앞장서서 힘자랑을 하는, 말하자면 정도를 지나쳤다.

무왕이 총애한 역사들 중에 맹열(孟說)이란 자가 있었다. 무왕은 맹열과 일쑤 힘자랑을 했다. 한번은 맹열과 청동으로 만든 무거운 세발솥인 정(鼎) 들기 시합을 했다. 무왕은 맹열을 이기려는 욕심이

지나쳐 무리하게 힘을 쓰다가 솥의 무게를 못 이기고 솥에 깔렸다. 정강이뼈가 부러졌고, 무왕은 그 자리에서 목숨을 잃었다. 이 때문에 맹열은 자신은 물론 가족까지 죽임을 당했다.

무왕의 이 어처구니없는 일화에서 '무거운 솥을 들다가 정강이뼈가 부러지다'는 뜻을 가진 '거정절빈'이라는 사자성어가 나왔다. 쓸데없는 힘자랑을 비꼬는 성어이다.

은나라 마지막 임금 주(紂)는 개인의 자질로만 보면 대단히 뛰어난 리더였다. 사마천은 이런 주임금을 두고 "지족이거간(知足以距諫), 언족이식비(言足以飾非)"라고 묘사했다. "지식은 남의 말을 듣지 않을 정도로 충분했고, 말솜씨는 잘못을 감추고도 남았다"는 뜻이다. 또 몸집이 크고 외모가 준수했으며, 힘도 장사라 맨손으로 맹수와 싸울 정도였다. 총명하고 기지가 넘쳤고, 문장에도 재능이 있었다. 말하자면 거의 완벽에 가까운 상남자였다.

그러나 주임금은 사마천의 말대로 자기 잘난 맛에 '남의 말을 듣지 않았고', '자신의 잘못을 감추었다.' 바른말 하는 충직한 신하를 잔인하게 죽였다. 한술 더 떠 자신이란 존재 자체가 천명(天命) 아니겠냐고 허세를 떨었다. 생활은 '주지육림(酒池肉林)'으로 상징되는 방탕과 사치 그 자체였다. 그 결과 나라가 망하고 자신은 분신자살했다.

또 한 사람, 하나라의 마지막 임금 걸(桀)은 자신을 태양에 비유하며 건방을 떨었다. 백성들은 "저 태양은 언제나 죽나? 내가 저놈과 함께 죽으리라!"는 노래를 부르며 저주했다. 걸은 탕(湯)의 공격을 받아 패했다. 나라가 망하고 몸은 죽었다.

　작든 크든 성공했다고 그 자리에 안주하는 사람은 틀림없이 객기 (客氣)를 부린다. 그 성공이 오로지 자기가 잘해서 이룬 것이라 착각한다. 자신의 성공을 자랑한다. 주위에서는 갈채를 보낸다. 주위의 갈채와 부추김은 대부분 그에 따른 반사이익을 기대하기 때문에 나오는 것이다. 이런저런 단체와 조직에서 찾아와 우두머리를 맡아달라며 아양을 떤다. 명함이 하나둘 늘어난다. 그에 따라 자신의 허영심도 부풀어 오른다. 급기야 자신의 성공을 더 널리 알리고 싶고 알려야겠다는 무슨 사명감(?) 같은 것에 사로잡힌다. 자서전을 낸다. 그리고 그 자서전을 정점으로 서서히 몰락한다.

뛰어난 자질의 리더 중 건방지고 오만한 자들이 적지 않다. 자신의 능력을 과신하고 주위를 무시한다. 그 끝은 이르고 늦음의 차이만 있을 뿐 몰락이다. 그림은 하나라 마지막 임금 걸이다.

주위에서 이런 일을 여러 차례 목격했다. 명함이 늘어날 때를 조심하라. 이런저런 명함을 권하는 사람들을 철저히 경계하라. 건실한 리더는 명함을 탐하지 않는다. 아무리 영광스러운 자리라도 자기가 성취한 것이 아니면 결코 받아들이지 않는다. 성공은 양면의 동전과 같다. 성공과 몰락은 늘 겹쳐 있다.

　자신의 성취를 감추라는 말이 아니다. 자랑하지 않아도 정말 잘한 일은 바로바로 알려지는 세상에 살고 있다. 조직과 기업을 위해서는 기꺼이 나서 홍보하고 자랑해야 한다. 공심(公心)에서 우러나는 자랑은 영광스럽고 명예롭다. 사람들도 기꺼이 그 자랑을 받아들이고 존경의 마음을 보낸다. 그러나 자기 개인의 사사로운 명성에 목을 매는 자랑에 대해서는 다들 비웃는다.

진 무왕의 힘자랑에 신하들은 갈채를 보내며 환호하면서도 늘 불안에 떨었을 것이다. 행여 사고라도 나면 어쩌나 걱정 때문이었을 것이다. 왕을 탐탁하게 생각하지 않았던 귀족과 신하들은 내심 경멸하거나 심지어 사고라도 났으면 하고 바랐을 수도 있다. 리더의 처신은 늘 얇은 얼음 위를 걷듯 조심스러워야 한다. 이를 '여리박빙(如履薄氷)'이라 한다. 자신의 존재감을 드러내더라도 무왕과 같은 방식은 절대 금물이다.

- **거정절빈**(擧鼎絶臏).
- **지족이거간**(知足以距諫), **언족이식비**(言足以飾非).
- **주지육림**(酒池肉林).
- **여리박빙**(如履薄氷).

리더십 학습노트
평소 자기자랑을 많이 하는 편인가?
아니면 하지 않는 편인가? 이유를 써보자.

■ 스스로를 자랑하는 자는 공이 없고, 스스로를 칭찬하는 자는 오래 가지 못한다. 이는 모두 발끝으로 오래 서 있으려는 것과 같다. - 노자(중국 춘추 시대의 사상가, ?~?)

■ 습관적으로 사용하는 말, 즉 삶의 감정을 묘사하기 위해 빈번히 사용하는 말들을 단순히 바꾸는 것만으로도 생각하는 방식, 느끼는 방식, 심지어는 살아가는 방식을 변화시킬 수 있다. 자신의 삶을 바꾸고 더 나아가 운명을 개척하고자 한다면 신중하게 말을 선택하고, 사용할 수 있는 어휘의 폭을 넓히려고 끊임없이 노력해야 한다. - 미국의 자기계발서 작가, 앤서니 로빈스(1960~)

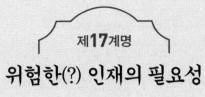

제17계명

위험한(?) 인재의 필요성

경위지사(傾危之士),

(천하를) 위험에 빠뜨릴 인물 −〈장의열전〉

　전국시대를 주름잡았던 대표적인 두 명의 걸출한 유세가(遊說家)가 있었다. 유세가는 오늘날로 비유하자면 국제 정치·외교 전문 로비스트에 가깝다. 이들은 무한경쟁에 돌입한 당시 7국의 복잡하게 얽힌 국제정세를 비롯하여 각국에 대한 철저한 분석을 가지고 각국을 돌며 자신의 고급정보를 팔아 권세를 추구했다.

　이들은 치밀한 정보, 다방면의 많은 지식, 현란한 언변(言辯)으로 각국 군주들을 사로잡았다. 상대를 압도하는 언변은 타의 추종을 불허했다. 오죽했으면 필자는 이들이 지금 살아 있다면 틀림없이 '혀'에 거액의 보험을 들 것이라고까지 말한다. 실제로 두 유세가 중 한 사람은 유세에 실패하여 돌아와 부인의 핀잔을 듣자 혀를 쑥 내밀며 "혀는 아직 있소?"라고 물었을 정도였다(여기서 '혀는 아직 그대로 있다'는 유명한 '설상재舌尙在'가 나왔다).

이 두 사람이 바로 소진(蘇秦, ?~기원전 약 284)과 '설상재'의 주인공 장의(張儀, ?~기원전 310)였다. 소진은 '합종(合縱)'이라는 거시적인 '6국 연합책'을 들고나와 최강 진나라에 대응하자며 6국을 차례로 설득했다. 장의는 이 합종 연합책을 각개 격파하고 천하를 통일하라는 '연횡(連橫)'을 들고 진나라를 찾았다. 정치에서 많이 쓰는 '합종연횡'이 바로 이 두 사람의 외교 책략을 합성한 성어이다.

소진과 장의는 국제정세와 7국의 국력 및 권력자의 성향 등을 철저히 분석한 끝에 대외전략으로 합종 아니면 연횡뿐이라는 결론을 얻었다. 최강 진나라에 시달렸던 주나라 출신인 소진은 진나라를 상대하기 위한 합종을 먼저 내걸었다. 장의의 선택지는 당연히 연횡이 될 수밖에 없었다. 동문수학한 동창 사이이기도 했던 두 사람은 이렇게 천하를 놓고 치열한 선의의 경쟁에 나섰다. 그러나 두 사람에게 승부가 전부는 아니었다. 이들에게는 자신이 주창한 책략의 수준과 경지, 그리고 실행력이 더 중요했다. 진정한 프로였고, 실제로 서로의 실력을 기꺼이 인정했다.

이 두 사람에 관한 기록인 〈소진열전〉과 〈장의열전〉은 다른 인물의 기록에 비해 분량 면에서 상당히 많다. 그만큼 이 두 사람의 논리와 역할이 컸다는 것을 말해준다. 이 두 사람에 대한 사마천의 평가는 그리 곱지만은 않다. 사마천은 〈소진열전〉에서는 소진에 대한 세상 사람들의 논의가 너무 악평 일변도이라고 지적한 다음, 자신은 소진의 행적의 선후만을 있는 그대로 기록한다면서 중립적인 입장을 보였다. 〈장의열전〉에서는 노골적으로 이 두 사람을 싸잡아 진짜 '위험한 인물들'이라고 평가했다. 두 사람에 대한 사마천의 평가는 너무 간단명료하여 뭐라 말하기가 쑥스러울 정도다. 그의 평가가 정곡을 찔렀느냐를 넘어서서, 소진과 장의의 파란만장한 생애 이면에서 꿈틀거렸던 격렬한 '시대적 변화'와 그 변화를 몸으로 부딪치며 진단하고 주도하려 했던 풍운아들의 삶만큼은 너무도 극적이다. 시대의 흐름을 변혁하려는 인물치고 위험하지 않은 인물이 어디 있겠는가? 영향력이 크면 위험도 그만큼 큰 법이다.

시대의 상황에 따라 그 시대를 이끈 인재와 리더에 대한 평가는 달라지기 마련이다. 뛰어난 리더와 인재에 대한 평가는 상식적인 기준만으로는 정확을 기할 수 없기 때문이다. 소진과 장의가 처했던 시대는 7국이 무한경쟁에 나선 속된 말로 살벌한 시대였다. 상대를 죽이지 않으면 내가 죽는 시대였다. 비상(非常)한 시기였고,

소진과 장의처럼 위험한 시대를 헤쳐나간 인재들이 그 시대를 주도했다. 시대를 통찰하고 자신의 역할을 정확히 파악하는 리더가 되어라. 사진은 소진의 무덤이다. 뒤쪽 비석이 보이는 곳이다.

따라서 비상한 인재가 필요했다. 소진과 장의는 이런 시대 상황을 정확하게 인식했고, 각자 그에 맞는 책략을 제시하여 그 시대를 풍미했다. 이들의 역할과 작용은 천하를 소용돌이치게 만들 정도로 막대했다.

사마천은 이런 두 사람을 '경위지사', 즉 무엇인가, 누군가를, 또는 한 나라와 천하를 '위험에 빠트릴 위험한 인물'이라고 간결하게 논평했다. 사마천은 이 두 사람이 무엇을 누구를 어떤 나라를 위험에 빠트린 인물인지 구체적으로 말하지 않았다. 대신 이들의 행적은 아주 상세히 기록으로 남겼다. 사마천이 기록으로 남긴 이들의 행적으로 미루어 볼 때 이들이 위험에 빠뜨린 대상은 당연히 '천하'가 아니겠는가? 문맥상 사마천의 평가는 다분히 비판적이었지만, 지금 다시 생각해보면 이 평가는 비판이라기보다 '위험한 호평'이 아닐까 한다.

한 시대를 이끄는 리더와 인재들에게 이런 말을 전하고 싶다. 내가 처한 시대가 어떤 시대인가를 통찰하라. 그 통찰의 결과, 그 시대가 소진이나 장의와 같은 위험한 인재를 요구한다면 기꺼이 위험한 인물이 되라! 시대의 한계를 돌파하는 사람만이 진정한 리더, 남다른 인재가 될 수 있다. 우리는 그런 인물들이 빚어내는 드라마틱했던 시대의 변화상과 그들의 행적을 역사를 통해 배운다. 그 배움을 바탕으로 지혜를 얻고, 삶과 죽음에 대해 깊이 고민한다. 그런 사람이 역사를 만들어낸다. 이런 점에서 리더와 인재에게 역사 공부는 필수과목이 아닐 수 없다. 역사는 그저 지나간 시간이 아니라 오래된 미래이며, 축적된 무한대의 아주 유용한 콘텐츠다. 또 이야기하지만 그래서 역사는 'Back to the Future'다!

- 경위지사(傾危之士).
- 설상재(舌尚在).
- 합종(合縱).
- 연횡(連橫).

리더십 학습노트
위태롭지만 뛰어난 인재라면 어떻게 대하겠는가?

■ 예전에 유망한 젊은 경영자가 실패한 계획으로 회사에 1,000만 달러의 손실을 입힌 적이 있었다. 젊은이는 왓슨이 당연히 자신을 해고할 거라고 생각했다. 왓슨은 "너무 걱정하지 말게. 자네를 교육시키는 데 단돈 1,000만 달러를 투자했을 뿐이니까!"라고 말했다. – IBM 창립자, 톰 왓슨(1874~1956)

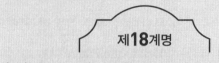

제18계명

하찮은(?) 재주라도 그냥 넘기지 말라

계명구도(鷄鳴狗盜),
닭 울음소리와 개의 도둑질 -〈맹상군열전〉

자기 집에 수천 명의 식객을 거느리며 전국시대를 풍미했던 '4공자'의 한 사람이었던 제나라의 풍운아 맹상군(孟嘗君, ?~기원전 약 278)에게는 흰여우 털가죽으로 만든 귀한 겉옷이 있었다. 값이 천금이나 나가는 천하에 둘도 없는 보물이었다. 맹상군은 이 보물을 진나라에 사신으로 가서는 소왕(昭王)에게 예물로 바쳤다.

당시 맹상군은 제나라 국왕의 강압에 못 이겨 진나라에 사신으로 갔는데, 일이 여의치 않아 붙잡혀 있는 신세였다. 진나라를 빠져나갈 궁리를 한 끝에 소왕이 총애하는 첩에게 연줄을 댈 수 있었다. 그런데 이 첩이 하필이면 소왕에게 바친 그 흰여우 털옷을 요구하고 나섰다. 난처해진 맹상군은 식객들에게 좋은 수가 없겠냐고 물었다. 시원한 해답이 나오지 않았다.

그런데…뜻밖에 식객들 중에서 가장 보잘것없는 재주를 가진 자가 나서 자기가 그 옷을 가지고 오겠노라 큰소리를 치는 것이 아닌가? 그는 그날 밤으로 진나라 궁궐에 들어가서 흰여우 털옷을 가지고 돌아왔다. 맹상군은 이 옷을 소왕의 첩에게 바쳤고, 첩은 진나라를 빠져나갈 수 있는 통행증을 구해 주었다. 맹상군은 이름을 바꾸고 말을 달려 국경의 관문인 함곡관(函谷關)에 이르렀다. 이 사실을 알게 된 소왕은 군사를 풀어 맹상군 일행을 뒤쫓게 했다.

맹상군 일행이 관문에 도착했지만 문은 굳게 닫혀 있었다. 진나라 법에 닭이 울어야 관문을 열고 사람을 내보내게 되어 있었기 때문이다. 닭이 울려면 아직 멀었고, 과연 맹상군은 관을 빠져나갈 수 있을까? 안절부절못하고 있는 맹상군 앞에 식객들 중에서 가장 말석에 있던 한 인물이 나서 맹상군을 무사히 빠져나갈 수 있게 해 주었다.

수천 명에 이르는 식객의 말석에 있던 이 두 무명씨가 대체 무슨 수로 보물을 훔칠 수 있었으며, 또 맹상군을 무사히 탈출시켰을까? 위에 소개한 네 글자의 성어 '계명구도'가 바로 그 답이다. 이 두 사람은 각각 개 흉내와 닭 울음소리를 흉내 내는 재주를 갖고 있었다. 한 사람은 개와 개소리를 흉내 내서 진나라 궁궐의 창고에 몰래 들어갈 수 있었고, 또 한 사람은 닭소리를 흉내 내서 다른 닭들이 모두 따라 울게 함으로써 관문을 열게 했던 것이다.

평소 이 두 사람은 다른 식객들이 함께하길 꺼려 할 정도로 보잘것없는 존재였다. 하지만 가장 중요할 때 그 하찮게 여겼던 재주로 맹상군을 구출했으니 모두들 탄복하지 않을 수 없었다.

맹상군이 외국사절로 가면서 왜 이런 하찮은 재주를 가진 사람들을 데려갔는지는 알 수 없다. 맹상군이 그런 뜻밖의 일이 터질지 예견했는지 모르겠지만 결과만 놓고 보면 맹상군이 이들을 데려간 것은 신의 한수였다. 다들 우습게 보던 개와 닭 흉내 잘 내는 두 사람이 맹상군을 살렸기 때문이다.

여기서 한번 생각해보자. 만약 지금 세상에 이런 하찮은(?) 재주를 가진 사람이 없으면 이 세상이 어떻게 될까? 솔직히 이런 사람들이 없으면 아무것도 못하는 세상이다. TV 없이 며칠 몇 달을 살아도 아무 지장 없지만 변기가 막히면 며칠을 버틸 수 있을까? 필요한 물건을 빠르게 정확하게 배달해주는 사람이 없어도 살 수 있을까? 지금 이 순간에도 세상이 잘 돌아가게 만드는 사람들은 정

'계명구도'의 고사는 저마다 갖고 있는 재능의 크기와 무게에 대해 깊은 생각을 하게 만든다. '계명구도' 고사를 나타낸 그림이다.

치가도 아니고 돈 많은 부자도 아니고 많이 배운 지식인도 아니다. 아주 사소한 일들에 최선을 다하고 있는 보통 사람들이다. 쓰레기를 치우고 하수구를 뚫고 정화조를 씻는 사람들 말이다. 당나라 때 사람 장고(張祜, 792~854)는 〈제맹처사택(題孟處土宅)〉이란 시에서 이런 구절을 남겼다.

"고재하필귀(高才何必貴), 하위불방현(下位不妨賢)?"

쉬운 우리말로 풀이하자면 이렇다.

"뛰어난 인재가 꼭 귀한 출신이어야 하나? 인재의 신분이 천하다고 해서 유능함이 방해가 되나?"

'굼벵이도 구르는 재주가 있다'는 속담이 있다. 사람이나 사물은 모두 제각기 쓰일 데가 있고, 또 필요할 때가 있는 법이다. 그것이 곧 저마다 타고난 능력이자 재주이다. 문제는 그 능력과 재주를 어디다 어떻게 활용하느냐 하는 것이다. 그 문제는 사회적 여건과 제도, 그리고 쓸모 있다면 그 어떤 능력도 인정할 줄 아는 풍토가 뒷받침될 때 의미를 갖는다. 정작 현실은 '약으로 쓸 개똥'도 못 구해서 우왕좌왕하고 있지는 않은지? 나는 어떤 재주를 갖고 있는가? 있다면 그 재주가 세상에 얼마나 쓸모가 있을까? 또 나는 하찮은 재주나 남들이 하기 싫어하는 일을 하는 사람들을 어떻게 생각하는가? 이런 생각을 한번 해보자.

- 계명구도(鷄鳴狗盜).
- 고재하필귀(高才何必貴), 하위불방현(下位不妨賢)?

리더십 학습노트

모든 직업을 존중하는가?

인재의 수준을 많이 따지는 편인가?

■ 태산은 한 줌의 흙도 마다하지 않았기에 그렇게 높으며, 강과 바다는 자잘한 물줄기를 가리지 않았기에 그렇게 크고 넓다. – 이사(?~기원전 208)

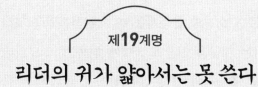

제19계명

리더의 귀가 얇아서는 못 쓴다

교왕고슬(膠柱鼓瑟).
거문고 발에 아교풀을 칠하여 고정시켜 놓고 거문고를 타다.
－〈염파인상여열전〉

　중국사 전체를 통틀어 가장 비극적인 전투가 있었다. 전국시대의 장평(長平)전투였다. 이 전투는 산서성 고평(高平) 서북부 장평이란 곳에서 기원전 262년부터 2년간에 걸쳐 진(秦)과 조(趙) 사이에 벌어졌다. 이 전투에서 진나라는 무려 40만 명의 조나라 병사를 생매장시켜 죽였다. 조나라의 국력은 이 패배로 바닥이 났다. 장정들이 거의 전사했기 때문이다. 그런데 이 비극은 놀랍게도 군사 전문가로 자처하는 자의 어설픈 전략 때문에 빚어졌다. '교왕고슬'이라는 다분히 비유적인 위 성어는 이런 전대미문의 비극을 함축적으로 암시한다. 먼저 〈염파인상여열전〉을 기초로 이 전투의 경과를 자세히 살펴본다.

기원전 262년 소진의 합종책을 깨고 천하통일을 향해 승승장구하던 진나라는 대군을 이끌고 장평에 진을 치고 조나라를 공격하기 시작했다. 조나라의 명장 염파(廉頗)는 늙고 병든 몸을 이끌고 성을 굳게 지킨 채 나가 싸우지 않았다. 전투는 지지부진 소강상태에 접어들었다. 진나라의 명장 백기(白起, ?~기원전 257)는 조나라 효성왕(孝成王)에게 이간책을 썼다. 진나라가 가장 두려워하는 일은 명장 조사(趙奢)의 아들 조괄(趙括)이 대장군이 되는 것이라는 이간책으로 염파를 대장군 자리에서 몰아내려 했다. 귀가 얇은 효성왕은 염파를 대신해 조괄을 장수로 삼으려 했다. 병이 위독하여 자기 몸 하나 제대로 가누지 못하는 인상여(藺相如)가 나서 이렇게 충고했다.

"왕께서는 명성만 듣고 조괄을 기용하려 하십니다. 이는 '거문고 발에 아교를 칠해 발을 고정'시켜 놓고 거문고를 타려는 것과 같습니다. 조괄은 그저 그 아버지가 남긴 글을 잘 읽었을 뿐이지 임기응변에는 무지한 자입니다."

효성왕은 듣지 않았다. 조괄은 어려서부터 병법에 능했으나 아버지 조사는 결코 아들을 칭찬하는 법이 없었다. 어머니가 그 이유를 묻자 조사는 아들은 종이 위에서 병법을 논하는 '지상담병(紙上談兵)'에만 능숙할 뿐이라면서 이렇게 지적했다.

"싸움이란 죽음의 땅이다. 조괄은 그것을 너무 쉽게 말한다. 조나라가 조괄을 장수로 삼지 않으면 그만이지만, 만약 장수로 삼는다면 조나라 군대는 이 아이 때문에 망할 것이다."

아버지는 일찌감치 조괄의 그릇과 그 능력의 허점을 너무나 잘 알고 있었다. 조괄이 장수가 되어 출정하려 할 때 그 어머니가 왕에게 글을 올려 아들을 장수로 삼지 말 것을 청했다. 효성왕이 그 까닭을 묻자 어머니는 이렇게 대답했다.

"아이의 아버지(조사)가 장군이었을 때는 몸소 밥과 마실 것을 권하여 먹게 한 사람이 몇십 명이었으며, 벗은 수백 명이었습니다. 왕과 종실에서 내리신 상은 모두 부하 장수와 사대부들에게 나누어주었으며, 명령을 받은 날에는 집안일을 묻지 않았습니다. 지금 제 아들 괄은 하루아침에 장수가 되어 동쪽을 향해 앉아서 부하들의 인사를 받는데 부하들이 감히 얼굴을 들고 바라보지 못할 정도로 거만합니다. 왕께서 내리신 비단과 돈은 집에다 쌓아 놓습니다. 하루가 멀다하고 땅과 집을 사들입니다. 아비와 비교하여 어떻다고 생각하십니까? 부자의 마음 씀씀이가 이렇게 다르니 왕께서는 부디 보내지 마시옵소서."

부모만큼 자식을 잘 아는 사람도 없다고 한다. 어머니가 이 정도로 만류했으면 효성왕도 자신의 결정을 다시 한 번 생각했어야 한

장평전투는 이론에만 밝았던 조괄과 이를 가려내지 못하고 무조건 조괄을 믿고 기용한 효성왕의 무모함이 빚어낸 대참사였다. 그림은 장평전투를 나타낸 것이다.

다. 그런데도 진나라 백기가 구사한 이간술에 말려 판단력을 잃고는 원래 결정을 밀어붙였다. 조괄은 출정하자마자 전투에 나섰다. 백기는 우회 전략으로 일부러 패한 척 도망가다가 반격을 가하는 한편, 후방에 매복했던 군대가 조나라 군대의 후방을 함께 협공하여 조나라 군대를 가두었다. 조나라 군대는 항복했고, 조괄은 전투의 와중에서 화살에 맞아 전사했다. 백기는 잔인하게도 항복한 조나라 군사 40만여 명을 산채로 묻어 죽였다.

거문고 줄을 받치고 있는 발을 고정시키면 음을 조절할 수 없다. 융통성 없는 교과서식 사고방식으로는 급변하는 상황에 유효적절하게 대응할 수 없다. 군사에서 임기응변은 절대적이다. 더욱이 도상전술(圖上戰術)에만 능한 풋내기를 대장군에 임명했으니 효성왕은 조괄만도 못한 아마추어 군주라 하지 않을 수 없다.

장평전투의 상황은 마치 1997년 IMF 때나 최근 몇 년 경제대란을 맞기까지의 우리나라 상황을 연상케 한다. 최고 통치자는 위기를 알리는 수많은 조짐에도 불구하고 일이 터질 때까지 아무것도 모르고 있었다(아니면 모른 척했는지 모른다). 장수(고위 공직자)들도 파산이 코앞에 닥쳤는데도 걱정할 것 없다며 태연자약했다. 결과는 다 아는 바와 같았다. 그나마 조괄은 전투에서 장렬하게 전사했건만, 당시 우리 장수(고위 공직자)들은 꽁무니를 빼거나 책임을 남에게 미루면서 잘못한 것 없다고 능청스레 오리발을 내밀었다. 권력자도 장수도 최악이었던 총체적 참사가 장평전투였고, 우리 IMF 때나 지금의 상황과 완전 판박이다.

효성왕은 명성만 믿고 조괄을 장수에 임명했다. 주위의 충고, 아버지 조사의 예견, 조괄 어머니의 간청조차 모조리 외면했다. 귀가 얇았다. 리더 중 상당수가 '무오류(無誤謬)의 함정'에 빠져 있다. 시대는 저만치 앞서가고, 인재를 가늠하는 기준도 완전히 달라졌다. '무오류의 함정'은 리더의 고집에서 비롯되고, 리더의 고집은 변화와 개혁을 어렵게 한다. 거문고 발을 고정시켜 놓으면 늘 같은 소리밖에는 나지 않는다.

- 교왕고슬(膠枉鼓瑟).
- 지상담병(紙上談兵).

조꽐 같은 리더를 경험한 적 있나?
나는 어떤 리더인가?

■ 대중에게 다가서는 지름길은 그들에게 혀를 내미는 것이 아니라 귀를 내미는 것이다. 내가 상대방에게 어떤 달콤한 말을 한다 해도, 상대방 입장에서는 자기가 말하고 싶어 하는 얘기의 절반만큼도 흥미롭지 않은 법이다. – 칼럼리스트, 도로시 딕스(1861~1951)

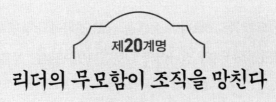

제20계명

리더의 무모함이 조직을 망친다

구양공호(驅洋攻虎).
양을 몰아 호랑이를 공격하다. -〈장의열전〉

전국시대 말기 진나라는 상대적으로 가깝고 약체인 위나라와 한 나라를 굴복시킨 다음 공격의 목표를 땅이 가장 넓은 초나라로 돌 렸다. 초나라는 당시 동방의 강국 제나라와 연합하여 진나라에 맞 서고 있었기 때문에 진나라로서는 이 두 나라의 동맹을 깨는 것이 시급했다. 진나라 신하들은 너나 할 것 없이 나름의 대책을 내놓았 다. 혜왕(惠王, 기원전 356~기원전 311)은 장의(張儀)의 대책 외에는 다 성에 차지 않았다. 장의는 심사숙고 끝에 혜왕에게 자신의 생각을 올렸고, 혜왕은 결단하여 장의를 초나라로 보냈다.

기원전 313년, 장의는 먼 길을 달려 초나라에 왔다. 초 회왕(懷王) 은 장의가 오자 특별히 그를 최고급 객사에 머무르게 하는 한편 정 중하게 가르침을 청했다. 장의는 현란한 말솜씨로 회왕의 마음을 흔들면서 초나라는 제나라와 동맹을 끊고 진나라와 동맹해야 이익이 크다면서, 초나라가 진나라와 동맹한다면 혜왕은 상우(商于) 땅 600리를 초나라에 돌려줄 용의가 있다고 유혹했다.

초나라에 있던 유세가 진진(陳軫)이 장의의 속임수를 꿰뚫고 강력하게 반대했지만 장의에게 이미 넘어간 회왕은 장군 봉추보(逢丑父)를 딸려 보내 장의가 약속한 땅을 받아오게 했다. 귀국한 장의는 수레에서 내리다 발을 헛디뎌 부상을 당했다며 석 달 동안 조정에 나오지 않았다. 이제나저제나 장의를 기다리던 봉추보는 진나라가 땅을 줄 것 같지 않자 초왕에게 보고했다. 초왕은 초조했다. 생각 끝에 초왕은 장의가 저렇게 나오는 것은 초나라에 대한 의심을 아직 거두지 못했기 때문이라고 지레짐작했다. 초왕은 자신의 결심을 보여주기 위해 특별히 용감한 병사를 뽑아 부절을 들려 제나라로 보냈다. 이 병사의 유일한 임무는 제왕 앞에서 제왕을 욕하는 것이었다. 제왕은 초나라의 배신에 극도로 분노하며 초나라와의 국교를 끊고 진나라와 우호관계를 맺어 초나라를 공격하겠다고 선언했다.

자신의 계책이 대성공을 거두자 장의는 언제 그랬냐는 듯이 바로 건강한 모습으로 입조했다. 기다리던 봉추보가 장의를 만나 상우 땅 600리를 요구했다. 장의는 깜짝 놀란 표정을 지으며 "어째서 아직 여기 계시는 겁니까? 얼른 가서 땅을 가져가지 않고!"라고 했다. 봉추보 역시 놀라면서 "땅이 어디 있단 말이오?"라고 물었고, 장의는 "저의 봉지 6리를 초왕께 드리겠습니다"라고 했다. 봉추보는 더 놀라며 "초왕께 당신의 입으로 상우 일대 600리를 드린다고 해놓고서는 이제 와서 갑자기 딴소리를 하는 게요!"라고 다그쳤다.

장의는 차분한 목소리로 "그건 초왕께서 잘못 들으신 겁니다. 봉지 6리를 상우 600리로 잘못 들으신 것인데 저를 나무랄 수는 없지요"라고 시치미를 뗐다. 그제야 봉추보는 초왕이 장의에게 속았음을 알았다. 하지만 뾰족한 수가 없었다. 봉추보는 빈손으로 초나라로 돌아올 수밖에 없었다. 보고를 받은 회왕은 화가 머리끝까지 뻗쳐 군대를 동원하여 진나라를 치겠다고 했다. 진진이 이번에도 말리고 나섰지만 회왕은 들은 척도 하지 않고 군대를 동원하여 진나라에 대한 총공격을 명령했다.

기원전 312년, 초왕은 기어이 진나라 공격에 나섰다. 진나라는 초나라에 이를 갈고 있던 제나라와 연합하여 초나라를 공격했다. 두 나라는 초나라 군사 8만의 목을 베고 단양(丹陽)과 한중(漢中) 등지를 빼앗았다. 초나라는 다시 병력을 늘려 진나라를 습격하여 남전(藍田)에서 격전을 벌였지만 또 대패했다. 초나라는 두 개의 성읍을 떼어주고 진나라와 강화했다.

진나라를 늘 걱정하게 만들었던 초·제 동맹은 이렇게 장의의 혀에 무너졌다. 서로를 원수처럼 만들고, 초나라 땅까지 얻었다. 훗날 사람들이 장의의 꾀가 천군만마보다 낫다고 한 말이 괜한 소리가 아니었다. 진짜 문제는 초 회왕의 선부른 판단과 무모한 행동이었다.

장의는 초 회왕에게 진나라와의 동맹을 설득하는 과정에서 초나

초나라 회왕은 또 속임수에 넘어가 진나라에 들어갔다가 억류되어 그곳에서 죽었다. 무모함도 모자라 무능 그 자체였다.

라가 진나라를 무시하고 다른 나라와 힘을 합쳐 맞서는 것은 '양을 몰아 호랑이를 공격하는' 무모한 짓이라고 비유한 바 있다. 우리 속담의 '계란으로 바위 친다'와 비슷한 뜻이다. 회왕은 이 설득에 넘어가 제나라와의 동맹을 깨는 어리석은 결정을 내렸다. 그리고는 이 잘못을 만회하기는커녕 또 무모하게 진나라를 공격했다가 대패했다. 초나라 회왕의 무모함과 어리석음은 그 뒤로도 계속되어 자신이 직접 진나라에 들어갔다가 억류되어 그곳에서 죽었다. 회왕은 죽는 순간까지도 자신이 양이 아닌 호랑이로 착각했다. 초나라는 빠른 속도로 무너졌다.

실패할 것을 뻔히 알면서도 무모하게 달려들거나, 억지로 일을 밀어붙이려 할 때 '구양공호'라는 이 성어는 적절한 비유가 된다. 리더들 중 상당수가 주먹구구식으로 참으로 무모하게 일을 추진하는 경우가 많다. 그런 방식으로 몇 차례 성공을 경험한 리더일수록 자기 확신에 차서 일을 밀어붙인다. 이 역시 '리더는 무결점의 존재'라는 심각한 오류에 빠진 결과다. 이런 무리수 때문에 심지어 정당하고 정상적인 통로가 아닌 부패한 권력의 힘이나 불법을 빌리는 등 비정상적인 방법도 서슴지 않게 된다.

양을 몰아 호랑이를 공격한다고 했을 때, 양은 과연 무엇을 상징 하겠는가? 기업이라면 그 희생물이 되는 양은 결국 애꿎은 직원 아 니면 누가 또 있겠는가? 허세에서 비롯된 무리한 사업 확장과 그 과정에서 저지른 작은 실수를 만회하려고 더 무모하게 사업을 밀 어붙이는 집착, 그것도 안 되면 불법을 동원해서라도 기어코 자신 의 계획을 관철하려는 똥고집⋯이 모든 것들의 뒤치다꺼리는 직 원의 몫이다. 이러한 것들이 몰고 올 부담 역시 직원들이 고스란히 떠안는다. 리더의 무모함은 조직의 안위를 위협하는 가장 심각한 내부의 적에 다름아니다.

• **구양공호**(驅羊攻虎).

리더십 학습노트
일을 무모하게 밀어붙인 경험이 있나?
그 결과는 어땠나?

■ 어떤 일에 대해 모든 팀원이 동의한다면 최종 결론을 미루고, 그 문제에 대해 더 깊이 이해하고, 이에 동의하지 않는 사람이 나타날 때까지 시간을 가져야 한 다. – 전 GM 회장, 앨프리드 슬론 2세(1875~1966)

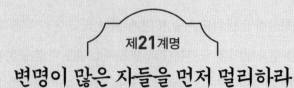

제21계명
변명이 많은 자들을 먼저 멀리하라

구합취용(苟合取容).
구차한 변명으로 제 몸 지키기에만 힘쓰다. -〈보임안서〉

조직이나 기업이 아주 어려운 위기에 처해 있을 때 나타나는 현상들이 있다. 자기만 살겠다고 친구를 팔고, 의리를 저버리고, 잘못을 인정하지 않고 구차한 변명으로 위기를 모면하려는 간신 같은 자들이 갑자기 많아지는 현상이다. 이를 '망하려는 조짐', '망조(亡兆)'라 한다.

이런 자들의 행태를 묘사하는 말로 '구차한 변명으로 제 몸 지키기에만 힘을 쓴다'는 '구합취용'이 있다. 이 표현은 사마천이 친구 임안(任安)에게 보낸 편지인 〈보임안서(報任安書)〉에 보이는데, 당시 조정 대신들의 비겁한 처신을 비꼰 말이다. 이 말은 사마천의 열전을 싣고 있는 반고의 《한서》〈제갈풍전〉에도 보이는데, 그 대목이 절절해서 잠시 인용해 보겠다.

"가난한 선비에겐 오히려 죽음도 함께 할 '문경지교(刎頸之交)'가 있거늘 지금 사해를 감싸고도 남을 큰 나라에 목숨으로 절개와 지조를 지키는 신하는 단 한 명도 없고, 그저 서로 끼리끼리 패거리를

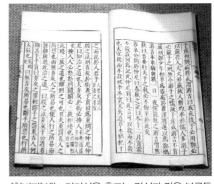

《한비자》에는 리더십을 흔드는 간신과 같은 부류들에 대한 심각한 분석이 적지 않다.

짓고 모조리 '구차한 언행으로 제 몸보신에만 열을 올리면서'…사사로운 이익만 생각하니 나라를 망치는 정치로다!"

조직이나 기업이 어려움에 처했을 때 조직원들이 보이는 행태는 여러 가지로 나타난다. '구합취용'은 그중 하나일 뿐이다. 리더가 이런 상황에 처하게 되면 결코 흔들리지 말고 조직원들의 언행을 잘 살펴야 한다. 그래야만 위기 상황을 수습할 수 있고, 수습 뒤 어떤 사람과 함께 할 것인가도 알게 된다. 위기가 기회란 말이 결코 허튼소리가 아니다. 리더는 평소 변명이 많은 사람을 우선 멀리할 줄 아는 리더십을 장착할 필요가 있다. 그러면 불가피한 위기 외의 다른 위기는 남의 일이 된다. 참고로 위기 때 나타나는 간신 같은 자들의 행태 몇 가지를 성어와 함께 간략하게 소개해둔다.

• **가화우인(嫁禍于人)** 잘못을 다른 사람에게 떠넘기다. 조직이 위기에

처했을 때 가장 많이 나타나는 현상이다. 책임 떠넘기기다.《사기》〈평원군열전〉)

• **진화타겁(趁火打劫)** 불난 틈에 훔친다. 위기 상황을 틈타 자신의 이익만을 잽싸게 챙기는 것을 말한다. 우물에 빠진 사람에게 돌을 던지는 것과 같은 비열한 짓이다.《손자병법》〈계편〉)

• **무중생유(無中生有)** 무에서 유를 날조해 내다. 정신없는 상황을 이용하여 없는 것도 만들어내서 자신은 위기를 빠져나가고 리더와 다른 조직원을 해치는 것이다.《노자》)

• **양봉음위(陽奉陰違)** 겉으로는 받드는 척하면서 속으로 어긴다. 겉으로는 리더의 명을 받들어 위기를 수습하는 척하지만 실은 자기 빠져나갈 궁리나 자기 몫을 챙기려는 교묘한 자들의 행동을 말한다.

• **납대기작호피(拉大旗作虎皮)** 큰 깃발을 끌어다 호랑이 가죽으로 만들다. 위기 상황에서 마치 자신이 모든 것을 다 해결할 수 있는 것처럼 큰소리를 쳐서 전권을 휘두르려는 자들이 있다. 이런 자들은 대개 위기 상황을 더 부풀린다.《한비자》〈세림〉)

• **어목혼주(魚目混珠)** 물고기 눈깔과 진주를 섞다. 쉽게 말해 진짜와 가짜를 한데 섞어 가려내지 못하게 하는 것이다. 상황을 직시하지 못하게 하고 사태를 정확하게 판단하지 못하게 만들어 자기 이익을 챙기거나 심지어 적에게 조직을 넘겨 한 자리 챙기려는 수법이다. 이 때문에 충분히 지킬 수 있는 자산이나 조직을 그냥 내주는 일이 적지 않다.《한시외전》)

• **혼수모어(渾水摸魚)** 물을 휘저어 물고기를 잡다. 일부러 상황을 마

구 더욱 복잡하게 만들어 자신이 원하는 바를 얻으려는 수작이다. 어려운 상황은 더 어렵게 꼬이게 만들고, 충분히 해결할 수 있는 상황도 이것저것 마구 끌어다 복잡하게 만든 다음 자신이 눈독들인 물고기를 잡는 것이다.《삼십육계》〈혼전계〉)

• **교토삼굴(狡兎三窟)** 약은 토끼는 굴을 셋 만든다. 조직이 위기에 몰리면 잽싸게 빠져나갈 구멍을 여기저기 파둔 다음 사태를 보아가며 자신에게 유리한 굴로 달아나는 것을 말한다. 경쟁상대에게 도망치는 자들도 적지 않다.《사기》〈맹상군열전〉)

• **구합취용(苟合取容).**

리더십 학습노트
변명에 너그러운 편인가 아닌가? 그 까닭은?

■ 세상에는 두 종류의 사람이 존재한다. 변명하는 사람과 결과를 얻는 사람이 바로 그것이다. 변명형 인간은 일을 수행하지 못한 이유를 찾지만, 결과형 인간은 일을 해야 하는 이유를 찾는 다. 반응하는 사람이 아니라 창조하는 사람이 되어라. -《영혼의 닭고기 스프》의 저자 앨런 코헨(1950~)

■ '제가 잘못했어요'라는 한마디는 긍정적인 사람들의 말이다. 이 말은 불편한 인간관계로부터 오는 고통을 사라지게 하고, 협상을 진행시키며, 논쟁을 끝내고, 치유를 시작하고, 심지어 적을 친구로 바꾸는 일을 할 수 있다. - 암웨이 공동창업주, 리치 디보스(1926~2018)

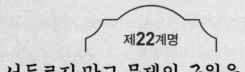

서두르지 말고 문제의 근원을 찾아라

구화양비(救火揚沸),
불을 끄려고 끓는 물을 퍼내다. -〈혹리열전〉

《조선왕조실록》(〈선조실록〉)에 보면 당시 민간의 속어에 '언 발에 오줌을 보태다'는 말이 있다면서 이를 '동족첨뇨(凍足添溺)'라는 한문으로 기록했다. 조선 후기의 학자 홍만종(1643~1725)이 열흘 남짓만에 지었다는 《순오지(旬五志)》에는 이 속어를 '동족방뇨(凍足放溺)'로 표현했다. 말 그대로 '언 발에 오줌 누기'란 뜻이다.

'동족방뇨'는 '언 발에 오줌 누기'라는 우리 속담을 한자로 바꾼 표현이다. 추운 겨울에 언 발을 녹이기 위해 언 발에 오줌을 누면 당장은 언 발이 조금 녹겠지만 그 뒤에는 어떻게 되겠는가? 더 꽁꽁 얼어붙기밖에 더하겠는가?

당장 눈앞에 보이는 문제를 해결하기 위해 성급하게 급한 불만 끄고 보자는 사고방식이나 일 처리를 비꼴 때 '언 발에 오줌 누기'

118

'동족방뇨'란 표현을 쓴다. 이와 비슷한 뜻의 중국 성어로 '구화양비(救火揚沸)'가 있다. '불을 끄려고 끓는 물을 퍼낸다'는 뜻이다. '구화양비'는 《사기》 130권 중 가혹한 정치를 일삼았던 관리들의 행적을 모아놓은 〈혹리열전〉 처음 부분에 보인다. 사마천은 먼저 이렇게 말한다.

"법이 통치의 도구이기는 하지만 백성들의 선악, 청탁까지 다스릴 수 있는 근본적인 장치는 아니다."

그런 다음 법망이 피라미 하나 빠져나가지 못할 정도로 촘촘했을 때 간교함과 속임수가 가장 많았다고 지적하면서 이렇게 덧붙였다.

"법을 집행하는 관리들과 법망을 빠져나가려는 백성들 사이의 혼란이 구제할 수 없을 정도로 극에 달하자 결국 관리들은 책임을 회피하고 백성들은 법망을 뚫어 나라가 망할 지경에 이르렀다. 관리들은 '타오르는 불은 그대로 둔 채 끓는 물만 식히려는' 방식으로 대처했으니, 가혹한 수단이 아니면 그 임무를 감당할 수 없었다"

당시 관리들의 정치가 마치 '불을 끄려고 끓는 물을 퍼내려는' 것처럼 급하고 땜질처방이었다며, '백성을 다스리는 근본은 가혹한 법에 있는 것이 아니라 도덕에 있다'고 짚었다.

조직이나 기업에는 늘 문제가 발생한다. 그런데 문제에 대한 리더의 처리 방식과 방법에 따라 그 결과는 다르게 나타난다. 자칫 잘못 처리하면 작은 문제도 큰 문제가 된다. 사마천이 말한 '구화양비'는 리더의 일처리 방식을 지적하고 있다. 특히 작은 이익이나 손해에 집착하면 사소한 문제가 커지기 일쑤다.

이익이 보이면 급하게 서두르고, 이익이 없으면 질질 끈다. 책임을 추궁하면 후다닥 서둘러 땜질하여 눈에 보이는 곳만 치장한다. '구화양비'나 '동족방뇨' 방식으로 일을 처리하는 리더의 공통점들이다. 크든 작든 문제의 핵심을 정확하게 인식해야 이런 어리석은 방식을 피할 수 있다. 작은 문제라고 서둘러 처리하지 말고 시간이 좀 걸리더라도 확실하게 해결해야 한다. 우리 인생도 그렇고, 살면서 만나는 대부분의 일이 작은 돌부리에 걸려 넘어지지 큰 산에 걸려 넘어지지 않는다. 작은 문제라고 대충 어설프게 처리하면 그 문제에 걸려 넘어질 수 있다. 큰 문제라면 '언 발에 오줌 누기'식의 처리는 절대 금물이다.

물론 아무리 문제가 심각하고 크더라도 핵심을 정확하게 파악했다면 전광석화(電光石火)처럼 문제를 해결할 수 있어야 한다. 《회남자(淮南子)》는 문제의 핵심을 정확하게 파악하여 문제를 해결하는 이런 방법을 '부저추신(釜底抽薪)'이란 네 글자로 명쾌하게 비유하고 있다. 끓는 물을 더 이상 끓지 않게 하려면 찬물을 계속 들이 부을 것이 아니라 그 물을 끓게 하는 원동력인 '솥 아래의 장작을 꺼내라'는 것이다. 이와 관련하여 선박왕 애리스토틀 오나시스(1906~1975)가 사우디아라비아로부터 석유 수송권을 얻어낸 사례를 소개한다.

사우디아라비아는 대자연이 선사한 보물, 즉 석유의 혜택을 누리는 나라다. 1953년 세계 석유 총생산량은 6.5억 톤이었는데 사우디가 4,000만 톤을 생산했고, 이후 매년 5,000만 톤에서 1억 톤을 증산했다(현재 사우디는 전 세계 석유 생산량의 12% 가량을 차지하고 있다).

서양 기업들은 사우디의 이 거대한 자원에 눈독을 들이고 앞을 다투어 사우디로 몰려들어 석유 채굴권과 수송권을 쟁취하려 했다. 그러나 아라비아−아메리카 석유공사(Arabian American Oil Company)가 일찌감치 사우디 국왕과 석유 채굴권 및 수송권을 독점하기로 계약을 맺은 뒤였다. 수송 선박이 없는 것이나 마찬가지였던 사우디였던지라 수송은 다른 나라의 배를 사용할 수밖에 없었고, 이 계약으로 모든 수송은 미국의 배가 차지했다. 물론 그에 따른 엄청난 리베이트가 오갔다. 이들의 독점 계약은 난공불락의 철옹성과 같았다.

오나시스는 자신의 정보망을 통해 그 계약서를 손에 넣었다. 계약서를 면밀히 검토한 끝에 사우디가 자기 선박으로 석유를 수송할 수 없다는 조항이 없다는 사실을 찾아냈다. 오나시스는 백방으로 그 틈을 비집고 들어가 사우디 석유의 수송권을 따냈다. 그러자 형세는 급변하기 시작했다. 아라비아−아메리카는 주식의 일부를 오나시스에게 넘겨주었고, 오나시스는 사우디 석유업에 직접 뛰어들고자 했던 숙원을 실현했다.

이후 오나시스는 아무도 모르게 '전광석화'와 같이 사우디를 방문

성공한 리더들의 성공 공식 중 하나가 문제의 핵심을 정확하게 파악하여 전광석화로 일을 처리하는 것이다. '부저추신'이 바로 그것을 잘 비유하고 있다. 사진은 선박왕 오나시스다.

하여 사우디 국왕과 전격적으로 놀라운 협정을 체결했다. 협정의 주 내용은 50만 톤에 이르는 석유 수송선 모두에 사우디아라비아 국기를 달고 석유를 수송한다는 것이었다.

오나시스의 '전광석화'식 '부저추신'은 상대방의 담장 밑을 파서 상대의 전투력을 약화시키는 것으로 시작되었다. 이 전략이 성공하기 위해서는 상대의 약점이나 문제의 핵심을 정확하게 파악하여 그 핵심을 공략할 수 있어야 한다. 나의 문제와 위기를 해결하기 위한 방식도 이와 다르지 않다.

- **구화양비**(救火揚沸).
- **부저추신**(釜底抽薪).
- **전광석화**(電光石火).
- **동족방뇨**(凍足放溺).

리더십 학습노트
일의 추진에서 문제의 핵심을 파악하기 위해
얼마나 애를 쓰는 편인가?

■ 무엇이 중요한 문제인가? 올바른 일을 하는 것과 일을 제대로 하는 것 사이에 놓인 효과와 효율성의 혼란에서 모든 문제는 비롯된다. 확실한 것은 하지 않아도 될 일을 효율적으로 하는 것만큼 쓸모없는 일은 없다는 것이다. – 피터 드러커 (1909~2005)

영원한 철옹성(鐵瓮城)이란 존재하지 않는다

국무상강무상약(國無常強無常弱).
늘 강한 나라 없고, 늘 약한 나라 없다. -《한비자》

권력이나 집안의 기초가 매우 튼튼한 것을 비유할 때 '천 리나 뻗친 튼튼한 성'이란 뜻의 '금성천리(金城千里)'란 표현을 쓴다. 쇠처럼 단단한 성이 천 리나 뻗쳐 있으니 얼마나 든든하겠는가? 이 말은 한나라 초기의 젊은 학자 가의(賈誼, 기원전 200~기원전 168)의 진나라의 흥망성쇠를 전문적으로 분석한 〈과진론(過秦論)〉이란 글에 나온다. 그 한 대목이다.

"진시황은 마음속으로 관중(關中)의 견고함은 '천 리나 되는 철벽과 같은 성'이니 자손만대로 제왕이 되게 할 위업이라고 여겼다."

천하통일이라는 위업을 달성한 진시황으로서는 진 황실의 기반

124

이 그야말로 '금성천리'와 같아 자손만대 복을 누리며 살 수 있을 것으로 확신했을 법하다. 하지만 참으로 어처구니없게 반석과 같던 진은 그가 죽은 뒤 5년 만에 농민봉기로 멸망했다(기원전 206년). 천하통일 후로 따지면 불과 15년이었다. 가의는 '금성천리'라는 표현과는 아주 대조적으로 진나라가 무너지는 도화선에 불을 붙인 진승(陳勝, ?~기원전 208)에 대해 이렇게 묘사하고 있다.

"진승은 깨진 항아리 주둥이로 창을 삼고 새끼를 늘어뜨려 문을 대신할 정도로 가난하고 보잘것없는 집안의 자식이었으며…재능은 보통 사람에도 미치지 못했으며…."

진나라는 이렇듯 보잘것없는 진승의 죽창 앞에 무릎을 꿇었다. 가의는 그 원인을 진나라가 인의를 베풀지 않았고, 천하를 '취할 때와 그것을 지킬 때의 형세'가 달랐기 때문이라고 진단했다.

순식간에 무너질 수도 있는 '금성천리'를 지켜주는 진정한 힘은 무엇이며 어디에서 나오는 것인지, 곰곰이 생각해 볼 일이다. 관련하여 한 항공사 TV 광고에도 인용된 한비자의 다음과 같은 말은 참으로 핵심을 찌르는 명언이 아닐 수 없다.

"나라는 영원히 강할 수도 없고, 영원히 약할 수도 없다. 법을 받드는 자가 강하면 나라는 강해지고, 법을 받드는 자가 약하면 나라도 약해진다."

쉽게 말하자면 영원한 강자 없고, 영원한 약자 없다. 한비자는 관련한 몇 가지 역사 사례를 들고 있다. 초나라는 장왕 때 26개 나라를 병합하여 3천 리에 이르는 땅을 넓혔지만 끝내는 망했고, 제나라 환공은 30개가 넘는 나라를 병합했지만 결국 망했다.

한비자가 말한 법이란 나라의 기강(紀綱)에 가깝다. 기강이 바로서 있고, 그 기강을 지키기 위해 통치자와 공직자들이 한마음으로 법도를 준수하면 그 나라는 강해질 수밖에 없다. 리더가 사욕을 앞세워 조직을 떠받치는 시스템과 규칙을 무시하면 그 조직은 약해져 결국은 사라진다.

리더가 공정하고 공평하게 리더십을 행사하면 구성원은 당연히 그 리더십에 복종하게 되고 조직은 철옹성처럼 강해진다. 그 반대면 아무리 금성천리 같았던 조직이라도 순식간에 깨진다. 역사는 잘 보여준다. 만리장성은 외부의 공격을 받아 밖에서 무너진 적이

'금성천리'와 같았던 장성(長城, 만리장성)은 적의 공격으로 밖에서 무너진 적이 없다. 모두 안에서 문을 열어 주어 무너졌다. 견고한 둑도 아주 작은 개미구멍 때문에 무너진다.

126

없고, 죄다 안에서 문을 열어줌으로서 절로 무너졌다는 사실을. 한비자는 또 이런 말도 남겼다.

"천하의 어려운 일은 반드시 쉬운 것으로부터 이루어지고, 천하의 큰일은 반드시 작은 일로부터 이루어진다."

"천 길이나 되는 둑도 땅강아지와 개미구멍 때문에 무너지고, 백척이나 되는 집도 굴뚝 틈새의 불씨 때문에 잿더미가 된다. 그래서 백규(白圭)는 둑을 살피면서 작은 구멍을 막았고, 나이든 사람들은 불씨를 막기 위해 굴뚝 틈새를 막았던 것이다. (중략) 이는 모두 쉬운 일을 조심하여 재난을 피한 것이고, 작은 일을 삼가서 큰 재앙을 멀리한 것이다."

한비자의 위의 말에서 '제궤의혈(堤潰蟻穴)'이란 유명한 사자성어가 나왔다. '둑도 개미구멍 때문에 무너진다'는 뜻이다.

• 국무상강무상약(國無常強無常弱).
• 금성천리(金城千里).
• 제궤의혈(堤潰蟻穴).
• 철옹성(鐵瓮城).

오래도록 강자로 남기 위해 가장 필요한 것이 무엇이라 생각하나?

■ 성공하는 기업들이 뒤로 밀려나게 된 이유는 다음과 같다. 대대적인 성공을 거둔 경우, 잘못 될 일이 하나도 없는 경우, 시장에서 우위를 점하고 있는 경우, 세상 사람들이 멋지다고 감탄할 만한 근사한 제품을 만들었을 경우, 그때부터 사람들은 그 상태를 유지하려고만 애쓴다. 퇴화의 치명적 이유는 단순한 자기만족에 다름 아니다. – 미국 EDS 전 CEO, 레스터 알버탈

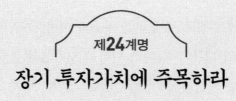

제24계명

장기 투자가치에 주목하라

기화가거(奇貨可居),
얻기 힘든 귀한 물건은 차지해 두어라. -〈여불위열전〉

오늘날 기업경영에서 투자는 '경영의 꽃'으로 불러도 될 만큼 중
요한 분야다. 조직과 시설에 대한 직접투자로부터 관련한 사업에
대한 간접투자, 그리고 가장 중요한 사람에 대한 투자에 이르기까
지 투자가 곧 기업의 생명 줄이 되고 있다.

지금으로부터 약 2,300년 전 전국시대 말기 한 상인이 보여준 절
묘한 투자에 관한 이야기가 기록에 남아 있고, 그 성공 스토리는 훗
날 '기화가거'라는 사자성어로 인구에 회자되고 있다. '기화가거'는
비즈니스 세계에서 흔히 귀한 물건은 빨리 사두었다가 값이 좋을
때 팔라는 뜻으로 사용된다. 이 성공 스토리의 내막을 알아본다.

전국시대 말기 진나라는 외교상 관례에 따라 조나라와 인질을 교
환했다. 태자 안국군(安國君)의 여러 아들 중 가장 볼품없는 자초(子

楚)가 조나라에 인질로 보내졌다. 자초의 어머니가 안국군의 사랑을 받지 못했기 때문이다. 여러 나라를 오가면서 큰 사업을 하고 있던 거상(巨商) 여불위(呂不韋, ?~기원전 235)가 사업차 조나라에 왔다가 자초를 발견했다. 여불위는 그의 내력을 확인하는 순간 자초야말로 '얻기 힘든 물건' '기화가거'로 판단하고 '반드시 얻어야겠다'고 생각했다. 여불위는 많은 돈을 그에게 투자했고, 심지어 자신의 애첩까지 자초에게 주었다. 이 자초와 여불위의 애첩 사이에서 태어난 이가 영정(嬴政)으로, 바로 중국을 최초로 통일한 진시황(秦始皇)이다.

여불위는 자초에게 투자하여 속된 말로 대박을 냈다. 자초는 여불위의 로비에 힘입어 안국군의 후계자가 되었다. 안국군은 소왕(昭王)의 뒤를 이어 왕(효문왕孝文王)으로 즉위했으나 1년 만에 세상을 떠났다. 태자 자초가 뒤를 이으니 이가 장양왕(莊襄王)이다. 여불위는 진나라의 실세 승상이 되었다. 장양왕마저 즉위 3년 만에 세상을 떠나고 13세의 영정이 왕이 되었다. 진나라의 실권은 여불위에게로 넘어갔다.

여불위가 자초를 '차지해 둘만한 기이한 상품'으로 판단하고 투자하여 엄청난 성공을 거둔 이 이야기는 훗날 '기화가거'라는 사자

여불위의 '기화가거'는 미래에 대한 투자 사례로서 투자 가치에 대한 정보수집과 그 정보를 바탕으로 한 정확한 공략법을 보여준다.

성어로 압축되어 전해지고 있다. '기화가거'는 남다른 기술이나 물건 또는 특별한 인간관계가 미래의 명예와 지위 및 부를 얻을 수 있는 자본이 된다는 것을 비유하는 성어이다.

여불위는 자초를 발견한 다음 집으로 돌아와 아버지와 관련한 대화를 나누었는데, 이 대목이 여불위의 사업수완과 배짱, 그리고 안목을 잘 보여준다. 대화의 내용으로 추측컨대 여불위의 아버지도 사업가였던 것 같다.

여불위 : 아버지 농사를 지으면 이윤이 최대 몇 배나 남겠습니까?
아버지 : 많으면 열 배 정도 되지 않겠니.
여불위 : 보석 같은 것을 팔면요?
아버지 : 백 배는 되겠지.
여불위 : 그럼 임금을 세워 나라를 다스리는 것은요?
아버지 : 그야 따질 수 없지.

춘추시대의 경제학자 계연(計然)은 "귀한 것이 극에 달하면 도리어 보잘것없어지고, 보잘것없는 것이 극에 달하면 귀해진다"고 했다. 어떤 사물이 극에 달하면 반드시 그 반대쪽을 향해 움직인다는 말이다. 물건은 값이 비쌀 때 내다 팔아야 하며, 값이 쌀 때는 사들여야 한다. 어떤 물건을 사 두려면 경영자는 시장이 돌아가는 상황을 이해하고 있어야 할 뿐 아니라, 어느 정도의 역사적 지식과 문화적 소양을 갖추고 있어야 한다. 이처럼 '기화가거'는 분명 효과적인 경영 모략이긴 하지만, 경영자가 '기화'를 식별할 수 있는 혜안을 갖추고 있어야만 어떤 '물건'이 '차지'할 가치가 있는가를 결정할 수 있다는 점도 암시하고 있다.

사업에 있어서 투자는 기업의 필요성을 기본으로 리더의 안목과 결단에 따라 당장 실천해야 할 즉시 투자를 비롯하여 단기투자, 중기투자, 장기투자, 미래투자로 나눠 볼 수 있다. 단기투자까지는 기업이 처한 상황과 필요성이 크게 작용한다. 중장기 투자에는 필요성은 물론 리더의 안목이 더 요구된다. 미래투자는 다음 세대까지 염두에 둔 투자로 주로 인재육성에 필요한 투자를 가리킨다.

오늘날 '기화가거'를 긍정적으로 이해한다면 '투자가치에 대한 안목'이라고 하면 어떨지 모르겠다. 즉, 적극적인 투자에 앞서 투자할 만한 가치가 있는 것을 고르는 안목의 차원에서 이해할 수 있다는 말이다. 여불위의 투자 대상과 그 대상이 가져온 그 결과가 너무 엄청나기는 했지만 적어도 투자할 가치에 대한 확신이 섰다면 과감하게 투자하라는 점에서 큰 계시를 준다.

한 가지 덧붙일 사실은 여불위의 투자는 그저 돈을 퍼붓는 단순한 투자가 결코 아니었다는 점이다. 여불위의 투자는 정교한 계획과 기획에 따라 진행되었다. 초기 단계에서는 자초의 이름을 조나라 조야에 알리는데 주력했고, 그다음은 자초의 이런 명성을 진나라 왕실에 알리고 로비하는 수순이었다. 마지막 단계는 자초를 먼저 귀국시켜 안국군의 총애하는 화양(華陽)부인의 양자로 들여 태자로 삼게 했고, 이어 자초의 부인과 영정(진시황)까지 귀국시켰다.

이 과정에서 여불위를 조나라 권력자를 매수하기도 했고, 진나라 궁정에 와서는 화양부인의 가족들을 대상으로 치밀한 로비를 벌여 모두가 나서 안국군에게 자초를 후계자로 삼도록 설득하게 만들었다. 심지어 여불위는 화양부인이 초나라 출신이라는 점을 감안하여 이름까지 바꾸게 했고, 화양부인을 만날 때는 초나라 옷을 입게 했다. 자초의 원래 이름은 이인(異人)이었다. 이렇게 여불위는 자초의 운명을 이들의 운명과 직결시키는 기가 막힌 로비의 기술을 유감없이 보여주었다.

투자가 가져올 결과에 대한 예측은 당연히 치밀한 계산이 뒷받침되어야 하지만 그와 동시에 투자 과정에 대한 준비와 예측도 꼭 필요하다. 투자대상(기업, 사람, 분야), 협상 파트너, 시간 등과 같은 요소들을 철저하게 파악해서 투자에 임해야 한다. 성공의 확률을 높이는 일 못지않게 실패의 확률을 줄이는 일도 중요하다. 또 하나, 관련한 정보를 최대한 수집하고 분석하는 과정 역시 생략되어서는 안 된다.

여불위의 성공은 '기화'를 발견한 안목에 초점을 맞추고 있지만 실은 그 '기화'에 딸린 정보가 없었으면 결코 '기화'가 될 수 없었다. 자초는 안국군의 20여 명에 이르는 아들 중 가장 보잘것없는 존재였다. 그런데 안국군이 가장 총애하는 화양부인에게는 아들이 없었다. 여불위는 바로 이 사실에 주목했던 것이다. 요컨대 자초는 그냥 '기화'가 아니라 여불위가 만들어낸 '기화'였다. 여불위는 자초를 '기화'로 만들 자신이 있었다.

• 기화가거(奇貨可居).

■ 현재를 파괴하는 기업만이 미래를 가질 수 있다. 창조는 파괴의 또 다른 이름이다. 리스크를 두려워하면 창조는 없다. 새로운 것에 대한 도전은 엄청난 리스크를 떠안는다. 반면 도전의 성공은 미래 시장 지배라는 천문학적 가치의 과실을 보장받는다. - 미국의 경제학자로 '창조적 파괴'라는 새로운 경제학 용어를 창안한 조지프 슘페터(1883~1950)

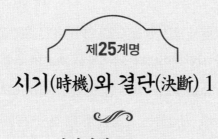

시기(時機)와 결단(決斷) 1

단이감행(斷而敢行).
자르고 앞으로 나아가라. -〈이사열전〉

기원전 210년, 중국 역사상 최초의 황제 진시황의 갑작스러운 죽음은 천하를 소용돌이로 몰아넣기에 충분했다. 통일제국에서 진시황이 차지하는 비중이 그만큼 컸기 때문이다. 이는 달리 말해 그의 공백으로 인한 혼란도 그가 차지했던 비중만큼, 아니 그 이상으로 막대할 것이라는 추측을 뒷받침한다. 그는 하루에 처리할 일의 양을 정해놓고 그 양을 채우지 못하면 자지도 먹지도 않을 정도로 일벌레였고, 또 일에 관한 한 엄청난 욕심을 보이고 거의 모든 일을 직접 챙기는 친정형(親政形) 군주의 전형이었다. 그런 그가 사구(沙丘)라는 곳에서 급사했다.

죽음을 예감한 진시황은 환관 조고(趙高, ?~기원전 207)에게 유언을 남기고 그 유언을 전할 전령을 불러들였다. 그러나 전령의 도착을 기다리지 못하고 진시황은 숨을 거두었다. 유언을 전해들은 수행원은 조고 한 사람뿐이었다. 유언장은 조고가 감추었다. 오래 살기를 그토록 갈망했던 진시황이 단 몇 분을 더 버티지 못하는 바람에 천하의 역사가 뒤바뀌는 순간이었다. 진시황의 죽음은 역사라는 눈으로 보면 꽤 긍정적인 사건이었지만, 그의 죽음이 가져다준 혼란과 그로 인한 수많은 희생을 생각하노라면 조금 빨랐다는 아쉬움도 적지 않다.

아무튼 역사의 운명은 약삭빠른 환관 조고의 손에 넘어갔으니, 이 또한 운명의 장난이라 할 법하다. 조고는 진시황의 후계자로 유언장에 올라 있는 자신과 껄끄러운 관계이자 불편한 상대인 큰아들 부소(扶蘇) 대신 만만한 상대인 작은아들 호해(胡亥)를 선택했다. 자신의 영달에 눈이 먼 조고로서는 어찌 보면 당연한 선택이었다. 그는 호해를 찾아 설득을 시작한다.

'과감한 결단과 실행'이란 뜻의 '단이감행(斷而敢行)'이란 성어는 조고가 머뭇거리는 호해를 설득하는 과정에서 나왔다. 아버지 진시황의 유언을 어길 수 없다며 버텨보는 호해에게 조고는 큰일을 할 때는 작은 일은 염두에 두지 않는 법이며, 덕이 있는 자라면 받아야 할 것을 사양하지 않는 것이라며 호해를 부추긴 다음,

"작은 것에 매여 큰일을 잊는다면 뒷날 반드시 해가 돌아옵니다. 의심하고 머뭇거리면 뒷날 반드시 후회할 것입니다. '과감하게 결행'하면 귀신도 피할 것이며, 성공할 것입니다. 공자께서는 어서 이

문제에 대해 결단을 내리십시오!"

　라고 말하며 거의 위협조로 호해를 다그친다. 호해는 승상 이사
와 상의해서 결정하라며 틈을 만들어 주었고, 조고는 이사마저 설
득하여 마침내 천하의 대권을 손아귀에 넣었다.

　역사는 수많은 원인과 결과들이 오랜 시간을 거치면서 쌓이고 쌓
여 그 내용을 구성하지만, '순간의 판단과 선택' 또한 역사의 변화
에 중요하게 작용한다. 진시황이 몇 분만 더 숨을 쉬었더라면, 호
해가 그리고 이사가 조고에게 농락당하지 않았더라면, 큰아들 부
소와 장군 몽염(蒙恬)이 그렇게 쉽게 순순히 목숨을 끊고 군권을 내
놓지 않았더라면……

　역사를 공부하다 보면 이처럼 아쉬운 대목이 한둘이 아니다. 대
부분 결단하지 못해 일어난 일들에 대한 아쉬움이다. 이는 역으로
성공과 승리를 가져온 요인 역시 결단이라는 사실을 반면교사(反面
教師)로 알려준다. 이 모두가 결단의 중요성에 대한 반증이다.

　리더는 결단하는 자리
에 있다. 리더는 결단하
는 사람이다. 리더의 결
단은 조직 전체에 영향
을 미친다. 사안의 중요
성과 필요성에 따라 심
하면 조직의 흥망성쇠

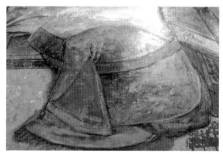

조고는 역사의 죄인으로 남아 있지만, 그가 호해에게
던진 결단의 중요성은 충분히 곱씹을 만하다.

에까지 영향을 준다. 그래서 리더는 고독한 존재라고도 한다. 리더의 결단은 고독할지 모르나 그 결단에 이르는 과정은 결코 고독해서는 안 된다. 함께하는 사람들을 믿고, 언제 어디서든 그들의 조언을 참고해야 한다. 결단은 리더의 몫이지만 그 결과는 함께 누리지 않는가? 결단에 따르는 책임을 기꺼이 질 자세가 확고하다면 그 결단은 결코 외롭지 않을 것이며, 그 결과와 책임 역시 함께 나눌 것이다.

• **단이감행**(斷而敢行).

리더십 학습노트
결단을 내리지 못해 기회를 놓친 경우가 있나?
당시를 회고해보라.

■ 나쁜 결정은 딱 두 가지다. 하나는 결정의 시기를 놓치는 것이고, 다른 하나는 전에 내린 결정 이 잘못됐음을 알면서도 바꾸지 않는 것이다. – 유니소스 에너지사 전 회장, 제임스 피그나텔리

제26계명

시기(時機)와 결단(決斷) 2

당단부단(當斷不斷), 반수기란(反受其亂).
잘라야 할 때 자르지 못하면 도리어 화를 당한다. -〈제도혜왕세가〉

진나라를 이어 중국을 다시 통일한 한나라는 초기에 내란으로 많이 시달렸다. 각지에 왕으로 봉해진 공신들과 왕실의 인척들이 너나 할 것 없이 황제 자리를 노리며 반란을 꾀했다. 고조 유방의 아내 여(呂)태후까지 가세하여 황실은 바람 잘 날이 없었다.

기원전 180년, 여태후가 죽자 대권의 판도는 더욱 오리무중으로 빠졌다. 제나라 애왕(哀王)은 여씨 일가를 제거하기 위해 군대를 일으키고자 했다. 이를 안 재상 소평(召平)이 먼저 군대를 일으켜 제나라 왕궁을 포위해 버렸다. 모든 계획이 물거품으로 돌아갈 위기 상황에서 위발(魏勃)이 나서 한나라 조정으로부터 군대 징발권을 상징하는 호부(虎符)를 내리지 않았다며 자신이 제나라 왕궁을 지키겠노라 나섰다. 소평은 위발의 말을 믿고 군대를 그에게 넘겼다.

강태공은 시기나 기회의 중요성을 잘 알고 있었기에 여관 주인의 충고에 즉각 반응했다. 결단은 시기와 기회에 대한 정확한 판단을 전제로 한다.

위발은 바로 군사를 소평에게로 돌렸고, 사태가 글렀다고 판단한 소평은 스스로 목숨을 끊는다.

소평은 죽으면서 "오호라! 도가에서 말하길 '잘라야 할 때 자르지 못하면 도리어 화를 입는다'고 하더니, 지금 내 꼴이 바로 그 꼴이구나!"라고 탄식했다고 한다. 위 성어는 소평이 죽으면서 한 말에서 비롯되었다.

기원전 1046년 주나라 무왕(武王)은 은나라를 평정한 다음 강태공(姜太公)을 제나라에 봉했다. 봉국(封國)으로 부임해 가는 태공의 행차가 무척이나 더뎠다. 여관 주인이 태공에게 "잠자는 모습이 편안해 보이는 것이 마치 봉국으로 부임해 가는 사람이 아닌 것 같습니다"라고 비꼬며 이렇게 덧붙였다.

"시간[시기]이란 얻기는 어려워도 잃기는 쉽다."(〈제태공세가〉)
"시난득이이실(時難得而易失)."

태공은 야밤에 부랴부랴 옷을 입은 채로 행차를 재촉했다고 한다. 천하가 평정되었다고 해서 잠시 마음을 풀고 있었던 태공에 대한 따끔한 질책이었다.

사마천은 〈회음후열전〉에서 한신의 책사(策士) 괴통(蒯通)의 말을 빌려, 주어진 기회에 대해 보다 적극적인 자세로 "하늘이 주신 것을 취하지 않으면 그 원망이 오히려 자기에게 돌아온다. 때가 왔는데 행동하지 않으면 도리어 재앙을 입는다(시지불행時至不行, 반수기앙反受其殃)"고 했다.

유방과 항우가 치열하게 천하를 다투고 있는 상황에서 명장 한신(韓信)은 천하의 정세를 좌우할 수 있는 캐스팅 보트(casting vote)를 쥐고 있었다. 괴통은 한신을 찾아가 자립하여 천하를 셋을 나누어 천하의 안정을 꾀하라고 권유하면서 이런 말을 했다. 한신은 망설였다. 괴통은 포기하지 않고 다음과 같은 기가 막힌 논리로 한신을 설득하려 했다.

"지혜는 (사물의 선악에 대한) 판단을 과감하게 내리게 하고, 의심은 행동을 방해합니다. 터럭처럼 사소한 계획을 꼼꼼히 따지고 있으면 천하의 큰 운수는 새카맣게 잊어버립니다. 지혜로 그것을 알고 있으면서도 결단하여 행동으로 옮기지 못하면 모든 일의 화근이 됩니다. 그래서 이런 말이 생겨난 것입니다. '호랑이가 머뭇거리고 있는 것은 벌이 침으로 쏘는 것만 못하고, 준마가 갈까 말까 망설이는 것은 늙은 말의 느릿한 한 걸음만 못하며, 맹분과 같이 용감한 자라도 혼자 의심만 하고 있으면 평범한 필부의 하고야마는 행동만 못하다.' 그러니 순임금과 우임금과 같은 지혜가 있다한들 입 안에서 웅얼거리기만 하고 내뱉지 못한다면 벙어리와 귀머거리가 지휘하는 것만 못합니다. 공로란 이루기는 어렵지만 실패하기는 쉽습니다. 좋은 때를 만나는 경우가 두 번 연거푸 오지 않는 법입니다."

　참으로 기가 막힌 논리며 철석같은 심장도 움직이게 하는 설득력이다. 한신은 끝내 결단을 내리지 못하고 머뭇거렸고, 결국 비참한 최후를 맞이했다. 괴통의 말대로 주어진 기회를 취하지 못해 그 허물과 재앙을 모두 자신이 뒤집어썼다. 기회의 중요성에 대해 괴통의 위의 말보다 더 적절한 명언은 없을 것 같다.

　《사기》에는 때를 놓쳐 몸을 망친 인물들에 대한 이야기가 많다. 한신이 그랬고, 춘추시대 월나라의 대부 문종(文種)이 그랬다. 이들과는 달리 범려(范蠡)와 장량(張良)은 적절한 시기에 물러나 몸과 마음이 모두 편안하게 삶을 마무리했다. 어느 경우나 핵심은 '욕심과 미련'이라는 인성(人性)의 약점을 극복할 수 있느냐에 있다.

　'쇠는 달구어졌을 때 때려야 한다'는 서양 격언도 있듯이 기회는 왔을 때 잡아야 한다. 기회의 중요성을 지적하는 말들이다. 기회는 왔을 때 잡아야 한다. 때를 놓치면 일 전체가 어긋나기 마련이다. 한번 놓친 기회를 다시 잡기 위해서는 전보다 몇 배 아니 몇십 배 더 큰 대가를 치러야 한다. 그에 앞서 우리는 기회를 기회인 줄 아는 지혜로운 눈을 먼저 갖추어야 한다. 물론 기회를 잡는 방법도 정당해야 한다.

- 당단부단(當斷不斷), 반수기란(反受其亂).
- 시난득이이실(時難得而易失).
- 시지불행(時至不行), 반수기앙(反受其殃).

리더십 학습노트
결단에서 가장 중요한 요소는 무엇일까?

■ 승패의 확률이 5할일 때에 싸움을 거는 자는 어리석다. 승률이 1, 2할일 때라면 당연히 싸움을 걸지 않을 테니까 문제 되지 않는다. 하지만 그와 반대로 9할의 승률이 7할의 승률보다 낮다고 생각하지도 않는다. 이것이 포인트다. 그 이유는 승률이 9할 될 때는 모든 것이 뒤쳐지기 때문이다. – 소프트뱅크 회장, 손정의(1957~)

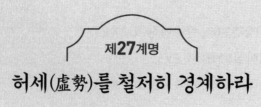

제27계명

허세(虛勢)를 철저히 경계하라

대계패돈(戴鷄佩豚),

수탉의 깃으로 꾸민 갓을 쓰고,
멧돼지의 가죽으로 만든 허리띠를 차다. -〈중니제자열전〉

공자의 많은 제자들 가운데 자로(子路, 기원전 542~기원전 480)는 캐릭
터가 아주 독특했다. 그는 성격이 거칠고 힘쓰기를 좋아했다. 자신
이 용맹하다는 것을 나타내기 위해 '수탉의 깃으로 꾸민 갓을 쓰고,
멧돼지의 가죽을 벗겨 만든 허리띠를 두르고' 다녔다고 한다. '대계
패돈'이란 성어는 자로의 이런 모습을 형용하는 대목에서 나왔다.

출전은 공자의 제자들에 관한 기록인 〈중니제자열전〉이고, 중국
최초의 진정한 유물론 학자로 꼽히는 왕충(王充, 27~약 97)의 뛰어난
저서 《논형(論衡)》에도 "세상에서는 자로를 두고 의젓하지 못하고
보잘것없는 인물이라고 평가한다. 공문에 들어가기 전에는 '수탉의
깃으로 꾸민 갓에 멧돼지 가죽으로 만든 띠'를 하고 다니며 예의는

없이 용맹하기만 했다고 한다"라는 대목이 보인다. 자로는 스승 공자에게 늘 이 점을 지적 받고 꾸지람을 듣곤 했으며, 결국은 앞뒤 돌보지 않는 조급한 성격 때문에 비명횡사했다.

전국시대 조나라의 명장 조사(趙奢, ?~기원전 약 261)에게는 병법에 관한 한 타의 추종을 불허하는 조괄(趙括, ?~기원전 260)이라는 아들이 있었다. 백전노장(百戰老將) 조사조차 병법에서는 아들 조사를 당해내지 못할 정도였다. 그러나 조사는 아들을 인정하지 않았다. 누군가 그 까닭을 묻자 조사는 조괄의 수준은 '지상담병(紙上談兵)'에 지나지 않는다고 잘라 말했다. '종이 위에서 병법을 논하는' 것과 실전은 결코 같을 수 없으며, 진정한 장수는 부하 장병을 자기 몸처럼 여기고 솔선수범하는 자질을 갖추어야 하는데 조괄은 그렇지 않다고 지적했다.

조사는 세상을 떠나기에 앞서 아내와 주위 사람들에게 행여 조괄에게 군대를 맡기는 경우가 생기면 끝까지 반대하라는 유언을 남겼다. 조사가 세상을 떠난 바로 이듬해인 기원전 260년, 최강국 진나라가 조나라를 대거 공격해왔다. 조나라는 명장 염파(廉頗, 생몰미상)에게 이를 막게 했다. 염파는 철저하게 수비 위주의 전략으로 진나라 군대의 공격을 잘 막아냈다. 진나라의 명장 백기(白起, ?~기원전 257)는 진나라는 조나라가 조괄을 장수로 내세우는 것을 가장 두려워한다는 등의 이간책으로 조왕을 흔들었다.

이간책에 넘어간 조왕은 염파를 소환하고 조괄을 대장에 임명했다. 조괄은 수비 전략을 바로 버리고 즉시 강공책에 나섰다. 일찌감치 대비하고 있던 진나라는 조나라 40만 장병을 오갈 데 없는 막다른 곳으로 몰아넣었다. 결국 40만 대군이 산 채로 구덩이 생매장당하는 참극으로 막을 내렸다. 이 사건이 중국 역사상 가장 처참한 전투로 꼽히는 장평(長平)전투다. '지상담병'에만 능숙했던 헛똑똑이 조괄의 알맹이 없는 명성과 이간책에 휘둘린 조왕이 만들어낸 비극이었다. 지하에서 조괄의 아버지 조사가 통곡했을 것이다.

수탉이나 멧돼지는 싸우기를 좋아하는 성정을 타고난다고 한다. 사람 중에도 그런 성질을 타고난 사람들이 있고, 그런 사람을 형용하는 성어로 '대계패돈'이 흔히 입에 오르내린다. 요즘 하는 말로 보자면 '허세를 부린다'거나 '허풍 떤다'에 가깝다. '빈 수레가 요란하다'는 속된 말과도 통한다. '지상담병' 역시 같은 맥락의 성어다. 말로는 맞설 상대가 없지만 정작 실전에 나서면 단 한 수도 견디지 못하고 맥없이 주저앉는 헛똑똑이를 두고 하는 비유가 바로 '지상담병'이다.

우리 주위에는 허세 때문에 낭패를 보거나 심하면 신세까지 망치

자로는 과격한 성격 때문에 스승 공자의 나무람을 많이 들었고, 결국 그 때문에 목숨을 잃었다. '대계패돈'은 자로의 이런 성품의 단면을 흥미롭게 비유하고 있다. 오른쪽이 자로다.

는 사람이 적지 않다. 작은 성공에 들떠 마치 세상을 다 얻은 양, 세상에 자신이 가장 잘난 양 까부는 사람도 있다. 한비자는 개인은 물론 나라도 마찬가지라면서 "국무상강(國無

146

常强), 무상약(無常弱)"이라는 명언을 남겼다고 했다. 쉽게 풀이하자면 "영원한 강자 없고, 영원한 약자 없다"는 뜻이다. 차분히 실력을 키우면서 작지만 실제 성과를 내면서 경험을 쌓아야 정작 큰일이 닥쳐도 헤쳐나갈 수 있다.

'똥 폼 잡지 말라'는 속된 말도 있다. 허풍(虛風)이나 허세(虛勢)를 부리지 말라는 말이다. 허영(虛榮) 역시 금물이다. 허풍, 허세, 허영의 '삼허(三虛)'에 빠지면 약도 없다. 진짜 용기는 내면에서 나오지 겉모양이나 큰소리에서 나오지 않는다. '폼만 잡고' 다니며 약자를 괴롭히는 깡패 같은 용기는 아무 짝에 쓸데없는 만용에 지나지 않는다.

- 대계패돈(戴鷄佩豚).
- 지상담병(紙上談兵).
- 국무상강(國無常強), 무상약(無常弱).

리더십 학습노트
허세를 부리고 싶은 마음이 자주 드는가?
그럴 때는 어떻게 스스로를 컨트롤 하나?
가까운 사람으로 허세와 허풍 때문에 실패하는 경우가 있나?

■ 지도력의 첫 번째 열쇠는 자기 절제이다. 자만심을 삼키지 못하면 남을 지도할 수 없다. 자만심을 누르는 것은 들판의 사자를 이기는 것보다 어려우며, 분노를 이기는 것은 가장 힘센 씨름꾼을 이기는 것보다 어렵다. – 칭기즈칸(1167?~1227)

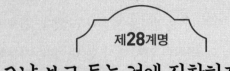

제28계명

그냥 보고 듣는 것에 집착하지 말라

대분망천(戴盆望天),
대야를 이고 하늘을 올려다본다. -〈보임안서〉

큰 대야를 머리에 인 채 하늘을 올려다봐서는 하늘을 볼 수 없다. 대야의 바닥만 보일 뿐 하늘은 아예 보이지 않으니까. 하늘을 보려면 머리에 이고 있는 대야를 내려놓든지 대야를 아예 머리에 이지 않든지 해야 한다.

'대분망천'은 곰곰이 새길수록 참 깊은 속뜻을 품고 있는 성어다. 우선, 시야가 좁은 사람을 비유한다. 대야를 인 채 하늘을 보면 대야의 바닥만 보이고, 그 좁은 바닥을 전부로 착각한다. 또 대야를 인 채 다른 일을 하려면 결코 제대로 해낼 수 없다. 즉, 서로 대립되거나 모순되는 몇 가지 일을 동시에 돌볼 수 없다는 이치를 말한다. 나아가 대야를 머리에 인 채, 다시 말해 편견과 오만으로 가득 찬 마음으로 사람과 사물을 대하려는 어리석은 태도를 비꼬는 표현이기도 하다. 네 글자 안에 이렇게 여러 뜻이 함축되어 있다.

'대분망천'은 사마천이 친구 임안(任安)에게 보낸 편지 〈보임안서(報任安書)〉에서 자신의 공직 생활을 되돌아보며 당시 자신의 모습을 전하는 다음 대목에서 나온다.

"저는 젊어서 어떤 것에도 얽매이지 않는 정신세계에 자부심을 가졌지만 자라면서 고향 마을에서 어떤 칭찬도 들은 바 없었습니다. 요행히 주상께서 선친을 봐서 저의 보잘것없는 재주로나마 궁궐 안을 드나들 수 있게 해주셨습니다. '대야를 머리에 인 채 하늘을 볼 수 없기'에 빈객과의 사귐도 끊고 집안일도 돌보지 않고 밤낮없이 미미한 재능이나마 오로지 한 마음으로 직무에 최선을 다해 주상의 눈에 들고자 했습니다. 그러나 일은 저의 뜻과는 달리 크게 잘못되고 말았습니다!"(《한서》 〈사마천열전〉 중 '보임안서')

'대분망천'은 자기만의 좁은 세계에 갇혀 있는 모습을 비유한다. 머리에 얹혀 있는 대야를 내려놓아야 하늘이 보이듯이 나를 가리고 있는 편견과 아집 등을 내려놓아야 주위와 세상을 제대로 볼 수 있다. 그림은 집필에 몰두하고 있는 사마천의 모습이다.

사마천은 두 가지 일을 동시에 할 수 없기에 친지와의 만남도 끊고 집안일도 팽개친 채 오로지 황제를 위해 조정 일에만 몰두했던 자신의 모습을 '대야를 머리에 인 채로 하늘을 보는' 것으로 빗대어 회고했다.

비슷한 뜻의 성어로 유명한 '정저지와(井底之蛙)'가 있다. '우물 안 개구리'란 뜻이다. 이 성어의 원전은 《장자(莊子)》〈추수(秋水)〉 편인데, 장자는 우물 안의 개구리가 동해의 자라를 만난 이야기를 통해 좁은 식견에 집착하여 큰 세상을 외면하고 마음을 비우지 못하는 문제점을 흥미롭게 꼬집고 있다. 이 우화가 바로 '우물 안 개구리', 즉 '감정지와(埳井之蛙)'인데 정확하게는 '우물에 빠진 개구리'란 뜻이다. '감정지와'는 세상의 물정을 모르는 속 좁음이나 식견의 부족을 비유하는 고사성어로 정착했다. 조금 길지만 그 우화를 소개해 본다.

우물 안의 개구리가 먼 길을 떠나온 동해의 큰 거북이에게 이렇게 말한다.

"나는 즐거워. 우물 밖으로 나가면 우물 난간에서 팔짝팔짝 뛰어 놀고, 우물 속으로 들어오면 낡은 벽돌 틈에서 쉬지. 물에 뛰어들어서는 앞발을 모으고 그 위에 턱을 얹은 채 유유히 떠다니고, 흙탕물을 일으키면 뒷발의 발등에 흙이 덮이지. 주변의 장구벌레, 게, 올챙이를 둘러보지만 나만한 놈이 없지. 물구덩이 하나를 몽땅 차지하고, 우물 속에서 마음껏 뻐기는 이 즐거움이야 말로 최고의 즐거움이지!"

개구리의 말을 들은 동해의 거북이 그 우물 속으로 한 번 들어가 보려 했지만 한 발도 들여놓기 힘들었다. 거북은 자기가 사는 바다의 모습을 개구리에게 일러주었다.

"바다는 거리를 나타내는 그 어떤 말로도 그 크기를 말할 수 없지. 저 옛날 하나라 우(禹)임금 때 10년 사이에 9년이나 홍수가 났지만 내가 사는 바다는 조금도 붇지 않았지. 은나라 탕(湯)임금 때 8년 동안 일곱 번이나 가뭄이 들었지만 바다가 좁아진 적은 없었지. 바다는 어떤 때에도 변함이 없고, 어떤 물체가 더해져도 움직이지 않지. 이런 것이 바로 동해의 큰 즐거움이라네!"

우물 안의 개구리는 동해 거북의 말에 말문이 막혔다. 장자는 "마음이 좁고 자잘한 사람이 사물을 보면 마치 '대롱 구멍으로 하늘의 크기를 재려는 것' 같고, '송곳을 찔러 땅의 두께를 가늠하려는 것'과 같은 짓이다. 이 얼마나 보잘것없는 짓인가?"라고 말한다. 장자의 이 유명한 말에서 천박한 지식이나 형편없는 안목으로 큰 이치를 알려고 하는 어리석음을 비유하는 '용관규천(用管闚天)', '용추지지(用錐指地)'라는 고사성어가 비롯되었다.

장자는 비어 있는 마음 '허심(虛心)'이야말로 정말 필요한 처세의 기본이라고도 말한다. 아무 때나 오만하게 나서거나 한 가지만을 고집해서는 안 된다는 말이다. 자신의 시야를 넓히기 위해 노력해야 하고, 무궁한 우주와 끝을 알 수 없는 큰 이치에 눈을 돌려야 한다. 그러면 마음을 비워 비어 있는 '허심'의 경지에 이르고, 이렇게 해서 진정한 자유를 얻는 지혜를 터득해야 한다.

'대분망천'은 당초 주위의 다른 것들을 모두 잊거나 무시한 채 한 가지 일에만 몰두하는 모습을 과장법으로 나타낸 비유였다. 그러나 그 뒤 사람과 사물의 한 면만 보는 삐뚤어진 관점을 비판하는 의미로 발전했다. 편견과 오만으로 가득 찬 채 사물을 보고 사람을 대해서는 본질을 통찰할 수 없음은 물론 자신이 원하는 바를 결코 이룰 수 없다. 내가 눈으로 보고 귀로 들었다고 맹신(盲信)하지 말라. 본 것과 들은 것의 이면을 꿰뚫는 힘을 길러야 한다. 그러려면 먼저 겸손(謙遜)해야 한다. 현실적으로도 비워야 채울 수 있기 때문이다.

- 대분망천(戴盆望天).
- 정저지와(井底之蛙).
- 감정지와(埳井之蛙).
- 용관규천(用管闚天).
- 용추지지(用錐指地).

나는 이 세상을 어떻게 규정하고 있나?
그 규정이 혹시 '감정지와'에 가깝지 않은가?

■ 사람은 늙고 나이 들어서 새로운 도전에 대한 꿈을 중단하는 것이 아니라, 새로운 도전에 대한 꿈을 접을 때 늙는다. 만약 꿈이 없다면 나는 나도 모르는 사이에 천천히, 그러나 확실히 시들어 버릴 것이다. – 노르웨이 탐험가 엘링 카게(1963~)의 《생각만큼 어렵지 않다》 중에서

제29계명
초연(超然)할 수 있어야 한다

도고익안(道高益安).

도는 높을수록 편안하다. -〈일자열전〉

'안분지족(安分知足)'이란 성어가 있다. '제 분수를 알아 만족한다' 는 뜻이다. 분수에 맞게 살면 편안하다. '행복은 만족에 달려 있다 (Happiness lies in contentment)'는 서양 표현이 있다. 그럴듯하게 들리지 만 문제는 만족의 정도다. 그 욕구를 충족시켜야만 행복할 수 있다 는 서양식 논리를 깔고 있는 속담이다.

동양인의 사고방식은 좀 다르다. 그래서인지 필자가 존경했던 선 생님 한 분은 이 서양 속담을 늘 '행복은 만족해 두는 데 있다'고 번 역했다. 동양 사람의 처세철학을 적절하게 반영하면서 원래 뜻도 살리는 절묘한 풀이가 아닐 수 없다.

어떻게 사는 것이 편안하게 사는 것인가? 과연 무엇에 얼마나 만 족하고 살까? 아니면 무엇을 더 바랄까? 지금 같은 세상에서는 열이면 열 사나운 목소리로 돈을 들고나올 것 같다. 하지만 과연 그럴까?

"도는 높을수록 편안하고, 권세는 높을수록 위태롭다."(《일자열전》)
"도고익안(道高益安), 세고익위(勢高益危)."

위 명언은 약 2,200년 전 의식 있는 지식인이자 정치가였던 두 사람이 내린 당시 현실에 대한 진단이었다. 그러면서 한 걸음 더 나아가 '눈에 확 띄는 권세를 가지면 몸을 망치는 것은 시간문제다'라는 말도 덧붙이고 있다. 이 자조(自嘲) 섞인 말이 나오게 된 배경은 이렇다.

한나라 초기의 천재 정치가 가의(賈誼)가 휴가 때 송충(宋忠)과 함께 저잣거리에 나와 점쟁이 집을 찾아 사마계주(司馬季主)라는 점쟁이를 만났다. 점쟁이는 제자들과 세상사에 이치에 하나 어긋나지 않는 차원이 다른 대화를 하고 있었다. 가의는 그렇게 높은 식견을 갖고 어째서 이렇게 천한 일을 하고 있냐고 물었다. 사마계주는 배꼽을 잡고 웃으며 대체 무엇이 고상하고 천한 것이냐고 반문했다.

가의는 부귀와 명예, 그리고 벼슬 따위를 가지고 귀천을 가리는 것 아니냐고 했다. 사마계주는 사사로운 이익을 위해 결탁해서 법을 조작하고, 그것으로 백성을 괴롭히는 자들의 부귀와 명예가 어째서 귀하다고 할 수 있겠냐면서 다음과 같이 통렬하게 반박했다.

"재주도 능력도 없으면서 벼슬자리에 앉아 나라의 녹봉을 탐하면서 어진 이의 관직 진출을 방해하는 것은 벼슬에 대한 도둑질입니다. 무리를 많이 거느리고 있는 자를 출세시키고, 재물이 있는 자를 우대하는 것은 위선입니다."

사마계주는 사람들이 천하다고 여기는 점쟁이 노릇을 하고 있지만 양심에 부끄러운 짓은 하지 않는다면서, 그렇기 때문에 어떤 말을 해도 세상사 이치에 어긋나지 않는다고 했다. 가의는 자신이 한 말을 몹시 부끄러워하면서 "도는 높을수록 편하고, 권세는 높을수록 위태롭구나!"며 탄식했다.

가의의 탄식은 마치 지금 우리 현실을 두고 한 것처럼 들린다. 그럼에도 수많은 사람이 부나방처럼 권세와 부에 모든 것을 건다. 심지어 부정한 권력과 부패한 부귀조차 마다하지 않는다. 왜? **권력과 돈만 있으면 모든 것을 다 해결할 수 있다고 맹신하기 때문이다.** 스스로에 대해 믿음이 없고, 헛된 부귀공명에 초연하지 못하기 때문이다.

가의가 말한 '도(道)'란 대체 무엇일까? 너무 추상적이다. '도'는 도사에게나 있는 것은 아닌지? 보통 사람에게 '도'란 분수를 아는 것이다. 그럼 '분수(分數)'와 '분수(分手)'란? 글자 그대로 '가지고 있는 것을 나누는 것' '손을 나누는' 것, 움켜쥐고만 있지 말고 나누는 것, 이것이 분수의 진짜 뜻이다. 나눌 줄 알면 마음이 편하고, 마음이 편한 사람이 도통한 사람이다.

도통한 사람을 초연(超然)하다고 한다. 도사가 아닌 우리가 모든 일에 초연할 수는 없다. 그런데 생각해보자. 초연해야 하고, 그럴 필요가 있는 경우는 적지 않다. 내 힘으로는 어찌할 수 없는 '불가항력(不可抗力)'의 상황에서, 피할 수 없는 '불가피(不可避)'한 경우에, 어쩔 수 없이 해야만 하는 '불가불(不可不)'일 때, 바로 이런 때 필요한 것이 초연이다. 그러면 마

세속을 초월하고 권세의 속성을 통찰한 점쟁이에 대한 기록인 〈일자열전〉의 첫 부분이다.

음이 편해지고 문제와 상황을 해결할 수 있는 방법이 따라 나온다.

초연한 심경으로 상황을 정확하게 인식한 다음 판단한다. 판단은 결단으로 이어질 것이고, 완벽하지는 않을지 몰라도 문제 해결의 실마리와 방법이 만들어질 것이다. 이는 훈련과 경험을 통해 기를 수 있는 '현실력(現實力)'이다. 다만, 이런 상황에서 초연할 수 있는 마음의 훈련도 전제되어야 한다는 점을 잊지 않아야 한다. 도통한 도사가 아닌 한 매사에 초연할 수는 없겠지만, 상황에 따라서는 초연할 줄 알아야 한다. 이는 얼마든지 가능하다.

- 도고익안(道高益安), 세고익위(勢高益危).
- 안분지족(安分知足).

위기 상황에서 나의 대처법은 어떠한가?

■ '그 사람은 그릇이 크다'는 말들을 한다. 큰 그릇은 손해를 크게 볼 줄 안다. 손해를 받아들일 줄 알면 다른 사람에게 감사와 신뢰를 받고 존경 받는다. 그릇이 큰 사람은 이익을 보는 사람, 성공하는 사람이다. – 인재육성회사 (주)아이윌 대표, 소메야 카즈미(1941~)

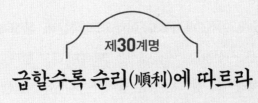

제**30**계명

급할수록 순리(順利)에 따르라

도행역시(倒行逆施).
순리에 따르지 않고 거꾸로 시행하다. ─〈오자서열전〉

춘추시대 초나라 사람 오자서(伍子胥, ?~기원전 485)는 아버지와 형님이 평왕(平王)에게 억울하게 살해당하자 오나라로 도망가서 태자 광(光, 훗날 합려闔閭)을 도와 왕위에 오르게 한 뒤 오나라 군대를 이끌고 초나라를 쳐서 원수를 갚는다. 오자서는 죽고 없는 평왕의 무덤을 찾아 시체를 파내어 시체에 채찍질을 했다. 여기서 저 유명한 복수의 대명사인 '굴묘편시(掘墓鞭尸)'라는 성어가 나왔다. 초나라 대신 신포서(申包胥)는 오자서의 행위를 두고 하늘의 뜻을 어기는 것이라고 나무랐다. 오자서는 "날은 저무는 데 갈 길은 멀다(일모도원日暮途遠)"는 말에 뒤이어, "그래서 내가 순리에 따르지 않고 '순리를 거슬러 가며 거꾸로 이런 행동(도행역시倒行逆施)'을 하는 것이다"라고 했다.

사람이 다급하면 정상적인 방법이나 룰을 무시하고 무리한 행동을 할 수 있다. 이를 '파격(破格)'이라고도 하는데, 본질을 벗어나지 않은 '파격'은 신선하다. 예술에서는 '파격미'라고 한다. 틀을 벗어난 그러한 행동에도 정도는 있는 법이다. 오자서의 원한을 이해 못하는 바는 아니지만 시체까지 파헤쳐 매질을 가한 것은 지나쳤다.

우리나라 조선시대에도 정치적 이유로 시체를 파헤쳐 토막을 냈다는 '부관참시(剖棺斬屍)'의 기록이 더러 보인다. 어느 쪽이나 봉건 전제정치 체제가 만들어낸 대표적인 야만적 행위의 하나라 하겠다.

서한을 건국한 고조 유방(劉邦)이 세상을 떠난 뒤 실권은 유방의 아내이자 강력한 후원자였던 여태후가 장악했다. 여씨 집안의 형제들이 무리하게 요직을 차지했고, 천하는 말 그대로 여씨 천하가 되었다. 그러나 여태후는 제례를 지내고 돌아오던 중 검은 개 같은 괴물과 부딪치는 바람에 겨드랑이에 병이 생겼고, 결국 그 때문에 세상을 떠났다. 16년 동안 실권을 휘둘렀던 여태후도 겨드랑이의 종기 하나를 이기지 못했다. 병세가 악화되자 여태후는 자신의 사후가 걱정이 되어서 형제 여록(呂祿)과 여산(呂産)을 불러 다음과 같은 유언을 남긴다.

"고제(유방)가 천하를 평정한 다음 대신들과 '유씨가 아닌 자가 왕이 되려 하면 천하가 함께 그를 토벌할 것이다'라고 맹세했다. 그런데 지금 여씨가 왕이 되었으니 대신들은 속으로 불평이 대단하다. 내가 죽으면 황제가 아직 어리므로 대신들이 난을 일으킬 것이다. 너희들은 꼭 병권을 장악하여 황궁을 지키고 나를 위해 장사를 지내지 말며 다른 자들에게 제압당하지 않도록 하라."

　여태후는 자신과 여씨 집안의 집권이 순리를 역행한 무리수였다는 것을 잘 알고 있었고, 이 때문에 뒷일을 신신당부했다. 여태후의 염려는 현실로 나타났다. 여태후가 세상을 떠난 지 1년이 채 안되어 여씨 일족은 모두 멸문지화를 당했다. 이 과정에서 가장 눈부신 공을 세운 인물이 진평(陳平)과 주발(周勃)이었다. 진평과 주발은 여태후가 실권을 장악하자 여태후의 심기를 건드리지 않고 몸을 사리면서 틈을 엿보고 있다가 단숨에 여씨 일족을 제압했다. 사마천은 이때 주발이 사용한 방법을 두고 '반경행권(反經行權)'이라 했다. '변칙으로 권력에 맞선다'는 뜻이다.

여태후의 정치력은 대단했다. 사마천은 모든 정치가 안방에서 나왔지만 천하는 태평했다는 말로 여태후의 통치를 높이 평가했다.

　여태후와 그 일족은 순리를 거슬러 권력을 장악했다. 무리수를 남발했다. 그 결과 같은 방식으로 되치기를 당했고, 그 끝은 멸문지화였다. 비정상적인 일처리의 결과는 그 정도에 반비례해서 나타난다. 여태후 일족의 경우처럼 처참할 수 있다.

　상황에 따라서는 정상적인 방법이나 수단이 통하지 않을 수 있다. 이런 때는 변칙적인 방법이 오히려 쓸모가 있는데, 이를 '임기응변(臨機應變)'이라 한다. 변칙이 유용하다 해서 자주 쓰면 정당성을 잃기 쉽다. 임기응변은 평소 실력이 뒷받침되어 있지 않으면 결코 성공할 수 없다. '급할수록 돌아가라'는 격언을 함께 염두에 두고 행동해야 한다. 이 말은 결국 편법이나 순리에 어긋난 방법을 쓰지 말고 힘 들고 시간이 걸리더라도 바른길을 택해 가라는 뜻이다. 급하면 질러가려는 인성의 약점을 잘 파악하고 제동을 거는 좋은 충고의 말이다.

- **도행역시**(倒行逆施).
- **일모도원**(日暮途遠).
- **굴묘편시**(掘墓鞭尸).
- **반경행권**(反經行權).

리더십 학습노트
편법과 변칙의 유혹을 받은 경험이 있는가?
그때 어떤 선택을 했는가? 그리고 그 결과는 어땠나?

■ 다른 길로 가는 것이다. 사회적 통념은 무시하라. 모든 사람들이 똑같은 방법으로 일하고 있다면 정반대 방향으로 가야 틈새를 찾아낼 기회가 생긴다. 수많은 사람들이 당신에게 길을 잘못 들었다며 말릴 것에 대비하라. 살아오면서 내가 가장 많이 들은 것은 '인구 5만 명이 되지 않는 지역에선 할인점이 오래 버티지 못한다'라고 말리는 말이었다. – 월마트 창업회장, 샘 월튼(1918~1992)

제**31**계명

적어도 한 분야는 확실하게 책임지라

독당일면(獨當一面).
혼자 한 방면의 중책을 맡다. -〈유후세가〉

역사상 혼란기에 천하패권을 다투는 과정은 험난하면서 극적이었다. 그 과정에서 의리, 배신, 복수, 보은, 죽음의 드라마가 펼쳐졌다. 누가 어떤 사람과 함께했느냐에 따라 패권의 향방이 극적으로 바뀌곤 했다. 한 사람 한 사람의 능력을 최대한 발휘하느냐 여부가 승부와 성패의 관건이었다.

이런 '대권(大權)'의 길에는 인재(人才)가 빠질 수 없다. 누가 쓸모 있는 인재를 많이 모시고, 또 그들을 적재적소에 투입하여 효율을 극대화하느냐에 따라 승부가 갈라진다. 그런 인재들 중에서도 정세 전반을 냉정하게 분석하고 적절한 판단을 내려 종합적인 계획(masterplan)을 짜는 '참모(參謀, 막료幕僚)'와, 그 계획을 실행으로 옮기는 행동파로서의 '장수(將帥)'가 가장 중요하다. 기업의 창업 과정도

이와 비슷하다. 기업에서 인재의 중요성은 천하패권 다툼보다 더 하면 더 했지 결코 덜 하지 않을 것이다.

기원전 210년 진시황이 갑자기 죽자 천하는 바로 혼란에 빠졌다. 이후 약 7년에 걸친 초한쟁패는 크게 보아 항우와 유방의 대결이었다. 이 과정에서 유방은 절대 열세를 극복하고 끝내 천하의 대권을 차지했다. 유방의 승리는 위에서 말한 참모와 장수라는 두 가지 인적 요소를 모두 갖추었기 때문에 가능했다. 대표적으로 참모는 장자방(張子房)으로 더 많이 알려진 장량(張良)이었고, 장수는 명장 한신(韓信)이었다. 물론 행정 방면의 소하(蕭何)의 역할도 아주 중요했지만 여기서는 장량과 한신에 초점을 두고 이야기를 끌어간다.

기원전 205년, 팽성(彭城)전투에서 참패한 유방은 전체적으로 전열을 다시 가다듬을 필요성을 절감했다. 지친 몸을 이끌고 말에서 내린 유방은 말안장에 기댄 채 장량에게 지나가는 말처럼, "내가 함곡관(函谷關) 동쪽을 상으로 떼어 주려고 한다. 그렇다면 누가 나와 함께 천하통일의 대업을 이룰 수 있겠는가?"라고 물었다. 장량의 대답이다.

"구강왕 경포(鯨布)는 초나라의 맹장이나 항왕(항우)과 사이가 좋지 않고, 팽월(彭越)은 제왕 전영(田榮)과 더불어 반란을 일으켰으니 이 두 사람을 급히 써야 합니다. 그리고 대왕의 장수들 중에는 한신만이 큰일을 맡기면 '한 방면을 넉넉히 감당'할 수 있습니다. 만약 그 지역을 떼어서 상으로 주고자 하신다면 이 세 사람에게 주어야만 초나라를 깨뜨릴 수 있을 것입니다.”

사마천은 장량의 말 다음에 이렇게 덧붙였다.

“그리하여 마침내 초나라를 격파할 수 있었던 것은 바로 이 세 사람의 힘 때문이었다.”

황제가 된 유방도 자신이 항우를 꺾을 수 있었던 것은 세 사람 덕분이었다고 솔직하게 인정했다. 장량과 한신, 그리고 소하였다. 그 자리에서 유방은 세 사람의 능력에 자신은 미치지 못하지만 이 세 인걸을 얻었기에 항우를 물리칠 수 있었다고 자평했다. 장량을 두고는 “천 리 밖 군막 안에서 전략과 전술을 수립하여 승부를 결정 짓는 능력으로 말하자면 나는 장자방만 못하다”고 했다. 장량은 초한쟁패 과정에서 시종일관 대세의 흐름을 파악하여 적절한 대책을 올렸다. 적재적소에 장수를 배치하고 적시에 우대하여 그들의 적극적인 참전을 이끌어냈다. 마지막 해하(垓下)전투와 ‘사면초가(四面楚歌)’ 전술도 사실상 장량의 작품이었다.

장량은 역사상 최고의 참모라는 평가에 어울리는 인물이다. 그는 유방을 두고 '폐하는 하늘이 제게 내리신 분'이라는 말도 거침없이 했다. 그리고 절정기에 깨끗하게 은퇴했다.

'재상 뱃속은 배 한 척을 몰고 다닐 수 있어야 한다'는 중국 속담이 있다. 큰일을 맡기면 한 방면의 중책을 너끈히 감당할 수 있는 인재의 역할을 비유한 속담이다. 장량은 적어도 한 방면을 넉넉히 감당할 수 있는 장수로서 한신 등을 언급했고, 사마천도 이 점을 흔쾌히 인정했다. 조직도 맡긴 일 전반을 충분히 감당해 낼 수 있는 인재가 많으면 발전할 수밖에 없다.

여기서 하나 더 생각할 점이 있다. 한 방면을 충분히 감당할 장수와 같은 인재들도 당연히 필요하지만, 막사에 앉아 천 리 밖 일을 좌지우지하는, 즉 한 방면을 감당할 수 있는 인재들을 적시에 발굴하여 적재적소에 배치하여 일의 효율성을 극대화시키는 최고의 참모 장량과 같은 존재를 잊어서는 안 된다. 그는 한 방면의 중책을 감당해내는 그런 정도의 인재가 결코 아니었다.

한신 없는 유방과 장량 없는 유방의 경우를 굳이 상정해 보지 않더라도, 조직에는 통찰력 넘치는 지혜로운 '장자방'이 절실하다. 장자방보다 한 단계 아래의 행동부대는 남아돌 지경이고, 그런 자들이 마치 장자방이라도 되는 양 설치는 것이 더 큰 문제다.

어느 한 방면을 감당할 수 있는 실무형 인재들이 일을 해나가는 것은 분명하다. 그런데 이런 인재들 중 자신이 맡은 일의 범위를 넘어서 다른 사람의 일에까지 참견하다가, 다시 말해 의욕이 넘쳐 자기 일은 물론 리더의 권한을 침범하는 월권이나 다른 동료의 일까지 망치는 경우가 왕왕 발생한다. 한 방면의 일을 확실하게 맡기되 권한과 책임을 분명하게 인지시켜야 한다. 장량의 '독당일면' 역시 권한과 책임까지 포함하는 말일 것이다.

• 독당일면(獨當一面).

리더십 학습노트
나는 어떤 유형의 인재인가?
리더의 자리에 있다면 '독당일면'할 수 있는 인재를
얼마나 모시고 있나?

■ 의욕이 가장 많이 꺾이는 순간은 평범한 일을 부탁받을 때다. 불행하게도 대부분의 경우 기업은 평범한 일을 요구한다. 직원들이 보통 수준을 유지하는 것으로 만족하는 경영자는 결국 평범한 기업을 이끌 수밖에 없다. 경영자는 의식적으로 위대함을 약속해야 한다. – 작가이자 철학자, 아인 랜드(1905~1982)

제32계명
이름값을 했는지 철저하게 따져라

명성과실(名聲過實).
명성이 실제를 앞지르다. -〈한신노관열전〉

'칭찬만 들리는 사람은 일단 의심해보라'는 조금은 고개를 갸우 뚱거리게 만드는 말이 있다. 이 말의 속뜻에는 명성이란 것이 흔히 실제보다 부풀려지기 때문에 들리는 명성만으로 사람을 쉽게 미리 판단하지 말라는 경고의 메시지가 담겨져 있다. 진정한 명성은 행동과 실천의 열매이어야 한다. 사람을 아는 '지인(知人)'이 그만큼 어렵고 미묘하다는 말이기도 하다. '지인'의 어려움과 요령을 전하는 명언명구 몇 개를 원문과 함께 소개해본다.

- 백 사람이 칭찬한다고 해서 더 가까이 해서는 안 되고, 백 사람이 비판한다고 해서 더 멀리해서는 안 된다.
- 백인예지불가밀(百人譽之不加密), 백인훼지불가소(百人毁之不加

疏).《형론衡論》〈원려遠慮〉)

- 사람을 보는 방법으로는 그 안에 함축된 것을 보면 된다.
- 관인지법(觀人之法), 지관함축(只觀含蓄).(설선薛瑄, 《독서록讀書錄》)

- 말을 듣기보다 그 하는 일을 살펴라.
- 청언불여관사(聽言不如觀事).《부자傅子》〈통지通誌〉)

- 말을 듣는 방법으로는 반드시 그 하는 일을 살피는 것인데, 그러
  면 말하는 자가 감히 함부로 말하지 못한다.
- 청언지도(聽言之道), 필이기사관지(必以其事觀之), 즉언자막감망언
  (則言者莫敢妄言).《대대례기》〈예찰〉)

- 모습을 보기보다 마음을 논하는 것이 낫고, 마음을 논하기보다
  그 행동규범을 잘 가리는 것이 낫다.
- 상형불여논심(相形不如論心), 논심불여택술(論心不如擇術).《순자》〈비
  상非相〉)

- 사람을 얻는 방법은 사람을 아는 데 있고, 사람을 아는 방법은
  그 실제 성과를 따지는 데 있다.
- 득인지도(得人之道), 재우지인(在于知人) ; 지인지법(知人之法), 재
  우책실(在于責實).(소식蘇軾, 〈의학교공거장의學校貢擧狀〉)

- 덕이 그 임무에 맞지 않으면 그 화가 가혹할 수밖에 없고, 능력이 그 자리에 맞지 않으면 그 재앙이 클 수밖에 없다.
- 덕불칭기임(德不稱其任), 기화필혹(其禍必酷) ; 능불칭기위(能不稱其位), 기앙필대(其殃必大).(왕부王符,《잠부론潛夫論》〈충귀忠貴〉)

사마천도 3천 년 역사를 통찰하고 자신의 참혹한 시련을 통해 이런 이치를 처절하게 터득했다. 그는 한나라 초기 반란을 일으켰던 진희(陳豨)란 인물을 평가하는 자리에서 '명성의 허구'를 정확하게 꼬집고 있다.

"진희는 양나라 사람이었다. 그는 젊었을 때 자주 위공자 신릉군(信陵君)을 칭찬하면서 그를 사모했다. 군대를 거느리고 변경을 지킬 때도 빈객을 불러 모으고 몸을 낮추어 선비들을 대접하니 명성이 실제를 앞질렀다. 주창은 이 점을 의심하였다. 그래서 보니 결점이 매우 많이 드러났다. 진희는 화가 자신에게 미칠 것을 두려워하던 차에 간사한 무리들의 말을 받아들여 급기야는 대역무도한 행동에 빠지고 말았다. 아아, 서글프다! 무릇 어떤 계책이 성숙한가 설익었는가 하는 점이 사람의 성패에 이다지도 깊게 작용하는구나!"

사마천의 마지막 말이 참으로 무릎을 치며 감탄을 하게 만든다. 어떤 일에 대한 계획과 대책은 얼마나 철저한 준비를 거쳤느냐, 또

수많은 경우의 수를 따져 세운 것이
냐에 따라 그 질이 판가름 나며 나
아가서는 그 일의 성패를 결정한다.
그리고 당연한 말이지만 그 대책과
준비의 질량은 그 사람의 능력으로
좌우된다. 사마천 역시 명성에 홀리
지 말고 그 하는 일의 질을 살필 것
을 강조한 것이다. '명실상부(名實相
符)'한 사람과 함께하라는 말이다.

순자는 겉모습보다는 마음을, 마음보
다는 그 행동을 살피라는 참으로 간
결한 명언을 남겼다.

- 명성과실(名聲過實).
- 백인예지불가밀(百人譽之不加密), 백인훼지불가소(百人毁之不加疏).
- 관인지법(觀人之法), 지관함축(只觀舍蓄).
- 청언불여관사(聽言不如觀事).
- 청언지도(聽言之道), 필이기사관지(必以其事觀之), 즉언자막감망언
  (則言者莫敢妄言).
- 상형불여논심(相形不如論心), 논심불여택술(論心不如擇術).
- 득인지도(得人之道), 재우지인(在于知人) ; 지인지법(知人之法), 재우
  책실(在于責實).
- 덕불칭기임(德不稱其任), 기화필혹(其禍必酷) ; 능불칭기위(能不稱其
  位), 기앙필대(其殃必大).

명성은 어디에서 온다고 생각하는가?

■ 쇠퇴가 임박했음을 조기에 가장 잘 표시해 주는 것은 우량 경영에 대한 표창장들이다. 한 기업이 랭킹 순위 1위에 오르면 이것은 문제가 다가오고 있다는 증거다. 오늘의 슈퍼스타는 내일 깊이 추락할 수 있는 가장 좋은 기회를 가지고 있다.

– 독일의 경제학자로 피터 드러커 이후 가장 영향력 있는 경영 이론가, 헤르만 지몬(1947~)

제33계명

인재를 함부로 판단하지 마라

명주암투(明珠暗投),

밝은 구슬을 밤에 던지다. -〈노중련추양열전〉

아무리 밝게 빛나는 좋은 구슬이라도 캄캄한 밤에 느닷없이 지나가는 사람에게 던졌다고 하자. 십중팔구는 화를 내거나 심하면 싸움까지 벌어질 것이다. 아무런 까닭 없이 갑자기 자기 앞에 나타나는 것에 사람들은 당황해하며 거부반응을 보인다. 반면 휘고 구부러져서 아무짝에 쓸모없어 보이는 나무둥치가 귀한 집 그릇이 될수 있는 것은 누군가 그것을 보기 좋게 다듬고 장식했기 때문이다.

사물과 사람은 어떤 인연이나 필요성 및 이해관계 등이 개입되어야만 관계가 발생하고, 그 관계가 유지될 수 있다. 인재도 제대로 인연을 만나야 그 재능을 마음껏 발휘할 수 있다. 다시 말해, 인재발굴과 인재 후원을 위한 사회적 분위기와 제도적 장치가 마련되어야만 언제 어디서든 필요할 때 인재를 활용할 수 있다.

우리 사회를 주도하는 각계각층의 리더에 대해 지연과 학연을 초월한 편견 없는 공적 자세를 요구하는 것도 인재를 제대로 발굴하고 지원해야 할 책임이 그들에게 있기 때문이다. 서한 초기의 문학가이자 유세가인 추양(鄒陽, 기원전 약 206~기원전 129)은 인재가 홀대받는 상황을 이렇게 비유한 바 있다.

"몸과 마음을 다 바쳐 충성과 신의를 펼쳐 임금의 정치를 보필하고자 하는데 임금은 칼을 어루만지며 흘겨본다. 바로 이것이 뜻있는 가난한 선비들을 마른나무나 썩은 그루터기만도 못한 재목으로 만드는 것이다."

추양은 권력자가 인재의 재능을 비롯한 진면목을 허심탄회하게 살피고 활용하기는커녕 어떻게 하면 단점이나 실수를 꼬투리 잡아 처벌하려고 눈알을 굴리고 있다고 비판했다. 이는 처음부터 인재의 존재가치를 인정하지 않고 무시하고 있기 때문이다. 이것이 바로 '명주암투'다. 귀한 보석을 깜깜한 밤중에 아무렇게나 던지듯이 인재를 하찮게 취급한다는 비유이다.

추양은 그러면서 마른나무나 썩은 그루터기 같은 존재가 대접을 받는 것은 권력자 곁에 있는 자들이 미리 이러쿵저러쿵 좋은 말을 해두었기 때문이라고도 지적한다. 권력자뿐만 아니라 권력자 곁의 나쁜 측근들이 작당하여 좋은 인재는 내치고, 쓸모없는 인재를 중용하게 만든다는 것이다. 리더가 진짜 인재를 알아보지 못하고 단점과 실수를 찾으려고 노려보는 것 또한 측근들이 이미 인재에 대해 헐뜯었기 때문이다.

추양은 양(梁)나라에 와서 효왕(孝王)에게 글을 올려 눈에 들려고 하자 양승(羊勝), 공손궤(公孫詭) 같은 효왕의 측근들이 추양을 질투하여 효왕에게 헐뜯었다. 이 모함에 넘어간 효왕은 화를 내며 추양을 법관에게 넘겨 죽이려 했다. 추양은 객지를 떠돌다가 모함을 받아 억울

추양은 하릴없이 버려지는 인재, 나쁜 측근의 헐뜯음에 넘어가 인재를 구박하는 권력자의 행태를 날카롭게 지적했다.

하게 죽는 오명을 남길 수 없어 옥중에서 효왕에게 편지를 써서 자신의 억울함을 밝혔고, 위 이야기는 이 편지에서 나왔다. 이 편지를 읽은 효왕은 사람을 보내 추양을 풀어준 뒤 그를 상객(上客)으로 삼았다.

인재가 홀대받는 여러 이유 중에서 인재를 시기하고 질투하여 헐뜯는 말이 크게 작용한다. 수천 년 역사는 이를 아주 생생하게 그리고 아주 많이 보여준다. 인재에 대한 근거 없는 모함에 넘어가 인재를 억압하고 내다버린 리더가 그만큼 많았다는 뜻이다.

한비자(韓非子)는 "가장 못난 군주는 자신의 재능만 믿고 이용하려는 자"라고 꼬집고 있다. 신체적 눈과 귀만 밝은 리더가 이렇고, 이런 리더는 사리분별도 할 줄 모른다. 최상의 리더는 사람들의 몸

과 마음을 헤아려 그들의 지혜를 활용할 줄 아는 리더이다. 진짜 '총명'해야 스스로를 알고 인재도 알아볼 수 있다.

- 총이지원(聰以知遠), 명이찰미(明以察微).
- 사리분별(事理分別).

리더십 학습노트
다른 사람의 말을 듣고 인재를 잘못 판단하여 놓친 경험이 있는가?
있다면 그 후 어떻게 했나?

■ 리더는 다른 사람을 최우선시 함으로써 맨 앞에 설 자격을 얻는다. 다른 사람을 자극하는 것이 리더의 주된 임무이다. 다른 사람들이 최고가 되지 않고서는 리더 역시 최고가 될 수 없다. – 《섬기는 리더》의 저자, 켄 제닝스 & 존 슈탈 베르트

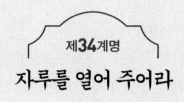

제34계명

자루를 열어 주어라

모수자천(毛遂自薦),
모수가 자신을 추천하다. -〈평원군우경열전〉

'모수가 자신을 추천하다'는 '모수자천'은 유명한 고사성어다. 이에 얽힌 이야기는 조나라의 실력자 평원군(平原君, ?~기원전 251)과 관련이 있다. 조나라 효성왕(孝成王) 8년인 기원전 258년에 강국 진나라가 조나라의 수도 한단(邯鄲)을 포위하는 다급한 상황이 벌어졌다. 효성왕은 평원군을 초나라에 보내 구원을 요청케 했다. 평원군은 20명의 문무를 겸비한 수행 인원과 함께 초나라로 가서 구원을 부탁하되, 안 되면 죽음을 각오하고 초왕을 압박하여 동맹을 맺고 출병하게 만들 계획을 세웠다. 말하자면 '문(文, 말)'으로 일이 성사되지 않으면 '무(武, 힘)'로 압박하여 반드시 임무를 수행하겠다는 의지의 표현이었다. 생사가 달린 중대한 임무인지라 수행 인원을 자신의 식객들 중에서 뽑아야 했는데, 아무리 골라도 19명밖에 못

골라 한 사람이 모자랐다.

이때 모수(毛遂)라는 식객이 스스로를 추천하면서 평원군을 수행하겠다고 했다. 평원군은 그가 식객으로 3년이나 있으면서 좀체 두각을 내지 못했는데 이번 출사를 감당할 수 있을지 의심스러웠다. 낌새를 챈 모수는 "신은 오늘 저를 자루에 넣어주시길 원합니다. 저를 자루에 넣어주셨더라면 진즉에 자루를 뚫고 나와 두각을 나타냈을 겁니다. 송곳은 뾰족하여 언제든지 뚫고 나옵니다"라고 말했다.

모수는 자신을 송곳과 자루에 비유하여 평원군을 설득했고, 그의 말재주에 감탄한 평원군은 그를 수행원의 일원으로 선발했다. 뾰족한 송곳을 자루에 넣으면 언젠가는 뚫고 나오기 마련이라는, 즉 뛰어난 인재를 비유하는 '자루 속의 송곳'이란 '낭중지추(囊中之錐)'라는 사자성어가 여기서 나왔다.

초나라를 향해 가는 길에 당초 모수를 비웃던 수행 인원들은 모수의 말솜씨와 재능에 점점 감탄했다. 초나라에 도착한 평원군은 초왕과 한나절 내내 양국이 연합하여 진에 대항하는 일의 중요성을 거듭 설명했지만 초왕을 설득시키지 못했다.

수행 인원들은 한목소리로 모수를 추천했다. 모수는 장검을 들고 대전으로 성큼 들어갔다. 이 모습을 본 초왕은 화난 목소리로 그를 꾸짖었다. 모수는 눈 하나 깜짝 않고 검을 그대로 든 채 한 걸음 더 초왕 앞으로 다가가 초왕의 기세를 꺾으면서 "대왕께서 지금 저를 꾸짖는 것은 강한 초나라의 힘을 믿고 그러는 것이겠지만, 지금 10보 이내 거리에서는 대왕이 믿는 초나라의 힘은 아무 소용없습니다. 대왕의 목숨은 제 손에 달려 있는 것이지요!"라며 기염을 토했다. 그런 다음 모수는 현재의 상황을 분석하며 이해관계를 들어 이렇게 설명했다.

"지금 초나라는 5천 리나 되는 땅에 100만이 넘는 군대를 갖고 있습니다. 초나라의 강력함은 천하에 누구도 따를 수 없습니다."

모수는 이렇게 초나라의 우월성을 지적하면서 "진나라의 장군 백기(白起)가 세 번이나 초왕의 선조를 능욕한 것은 백세가 지나더라도 잊을 수 없는 원한으로 우리 조나라가 보기에도 치욕스러운데 어째서 대왕은 아무렇지 않은 겁니까?"라는 말로 초나라의 나약함을 비웃으며 자극했다. 끝으로 그는 "연맹은 초나라에 유리한 것이지 조나라에 유리한 것이 아니"라는 점을 강조하는 등 강온 양면책을 동시에 구사하며 이치를 따졌다. 초왕은 모수의 분석에 동의하면서 "나라를 생각한다면 연맹이 백 번 옳다!"고 했다. 모수는 초왕이 말을 바꿀까 걱정이 돼서 다시 한 번 다짐을 받았고, 초왕은 재차 다짐을 확인했다.

모수는 지체없이 초왕의 시종에게 닭, 개, 말의 피를 가져오게 했다. 모수는 동으로 만든 쟁반을 들고 꿇어앉아서는 "대왕께서 먼저 피를 입술에 바르고 연맹을 맹서하십시오. 그럼 우리 왕과 소인도 따를 것입니다"라고 말했다. 이로써 조와 초는 군사 동맹을 맺어 진에 맞서게 되었다. 초왕은 춘신군에게 군대를 거느리고 조나

'모수자천'은 보기에는 성공 스토리이지만 그 이면을 보면 자칫 사장될 뻔한 인재에 관한 아주 씁쓸한 이야기다. 그림은 이 고사를 나타낸 그림이다.

라를 돕게 했다.

재능을 가진 모수가 평원군 식객들 틈에 3년 동안 섞여 있었건만 평원군은 그의 진면목을 알아보지 못했다. 모수가 스스로를 추천하지 않았더라면 어쩌면 늙어 죽을 때까지 두각을 나타내지 못했을 것이다. 평원군은 유능한 선비를 우대하기로 이름난 정치가였다. 그런 평원군 밑에 있으면서 두각을 나타내지 못하는 형편이라면 천하에 이름을 내지 못하는 숨은 인재들이야 말해서 무엇하겠는가?

과거 봉건 전제사회에서 두각을 드러내지 못하고 파묻힌 인재의 수가 얼마나 되었겠는가는 짐작하고도 남을 것이다. 그렇다면 정보사회인 오늘날에는 이런 상황은 벌어지지 않겠지? 천만의 말씀이다. 아무리 정보사회라 해도 그 사회의 체제와 분위기가 갖추어져 있지 않고, 경쟁이 공정하지 못하다면 이런 봉건적이고 뒤떨어진 현상은 얼마든지 벌어진다. 그리고 그것은 국가 경제와 문화 사업의 발전 및 사회의 진전을 가로막는 결정적 요인이 된다.

드러난 인재를 지원하는 것도 중요하지만, 숨어 있는 인재들이 나타날 수 있는 문을 다방면에 걸쳐 열어놓는 일은 더 중요하다. 자존심을 먹고사는 인재들이 자존심을 다치지 않고 등장할 수 있는 개방된 사회 분위기와 자유, 그리고 여러 통로가 필요하다.

조국으로 돌아온 평원군은 인재를 알아보는 일이 얼마나 어려운 것인가를 실감하고는 "나의 식객이 수천이나 되기에 천하의 인재를 다 거둔 줄 알았는데, 이번에 자칫 잘못했으면 선생을 잃을 뻔했소이다!"라며 한탄했다. 그리고는 모수를 상경으로 우대했다.

'모수자천(毛遂自薦)'의 고사는 자신의 가치를 정확하게 인식하고, 때가 오면 스스로를 과감하게 추천할 줄 알아야 한다는 점을 잘 보여준다. 이런 인재를 알아보고 등용할 줄 아는 사람도 필요하며, 나아가서는 이 둘이 잘 결합되어야만 더 큰 작용을 발휘할 수 있다는 점을 시사하고 있다.

모수는 자천을 타천으로 승화시켰다. 다가온 기회를 놓치지 않는 것은 물론, 자신의 진가를 확실히 드러내야 하는 것, 이는 모든 인재들에게 요구되는 관문 같은 것이다. 자신의 능력을 과신하여 목을 길게 뺀 채 알아주기만을 기다리는 것으로는 부족하다.

사람을 쓰는 용인(用人)의 과정에는 추천과 발탁이란 필연적 과정이 따른다. 추천은 타천이 대부분이지만 모수의 경우에서 보다시피 자천도 있다. 상황에 따라서는 자천이 유효한 경우도 적지 않을 것이다. 오늘날 인재 채용에서 자기만의 특별한 이력서나 포트폴리오를 제출하는 것도 따지고 보면 '자천'의 한 형태라 할 수 있다.

여기서 또 하나 생각해볼 점이 있다. '모수자천'은 보기에는 모수의 성공 스토리다. 그러나 한 꺼풀 더 벗겨보면 모수가 스스로를 추천할 수밖에 없었던 조건과 상황이 드러난다. 모수라는 인재를 진즉 알아보지 못했던 리더의 안목, 같은 식객들의 멸시 등과 같은 인재에 대한 무시와 억압이라는 어두운 면이 도사리고 있다. 인재를 몰라보고 멸시하는 이런 어두운 면은 지금이라 해서 크게 달라진 바 없다는 사실에도 눈을 돌리자.

- 모수자천(毛遂自薦).
- 낭중지추(囊中之錐).

리더십 학습노트

인재를 드러내는 방법과 시스템에 관한 자기만의 구상이 있는가?

■ 사현능이불용(士賢能而不用), 유국자지치(有國者之恥).
유능한 인재가 있는데 기용하지 않는 것은 나라를 가진 자의 수치다. – 사마천(기원전 145년~기원전 90)

제35계명
화려하고 교묘한 수식의 유혹을 거부하라

무문교저(舞文巧詆).

글을 교묘하게 꾸며 죄에 빠뜨리다. ─〈혹리열전〉

영화 〈필라델피아〉의 한 장면으로 기억한다.

A : 어느 날 변호사 3천 명이 한꺼번에 물에 빠져 죽었다. 이게 뭐지?

B : ……?

A : 좋은 세상!

언젠가 한 시민이 법을 다루는 검사, 판사, 변호사의 행태와 각종 비리에 대해 다음과 같이 따끔하게 침을 놓는 것을 들었다.

"없는 사람 등쳐먹고 괴롭히려고 그렇게 많이 배웠나 봐요!"

매년 이른바 '문서(文書)' 때문에 골탕을 먹고 사기를 당하는 어리석고 못난(?) 백성들의 숫자가 얼마나 될까? 각급 관공서와 법원에서 쓰는 용어가 백성들에게는 너무 어렵다고 하소연한 지가 언제부터인지, 의사들의 처방전이 온통 꼬부랑글씨라 주눅이 든다고 볼멘소리를 한 것이 얼마나 되는지, 헌법과 법률 조항이 무슨 소린지 모르겠다고 아우성치기를 얼마나 했는지, 문화재 안내 표지판의 설명이 몇 번을 읽어도 이해가 안 된다고 울상을 얼마나 지었는지….

학문이 깊은 사람은 글을 쉽게 쓴다. 얼치기 사이비들이 논문이나 글을 어렵게 쓴다. 말을 비비 꼬고 이리저리 돌린다. 한 마디면 될 것을 열 마디 스무 마디로 늘려서 듣고 읽는 사람의 판단력을 흐려 놓는다. 이렇게 자기 지식을 자랑하며 뽐내는 것을 현학(衒學)이라 하는데, '현(衒)'이란 글자에는 '팔다'는 뜻도 들어 있어 '현학'은 '배운 것을 파는' 짓이기도 하다.

논문을 좀 쉽게 쓰자, 필요없는 각주를 줄이자, 남의 글 인용은 따옴표를 써서 확실하게 하자, 읽지도 않은 글을 참고문헌에 버젓이 다는 비양심적인 태도는 버리자, 논문의 양을 현실적으로 줄이자, 원전은 번역해서 인용하자…… 이렇게 이야기하면 다들 째려본다. 그러면서 논문 한 편에 각주가 최소한 200개는 넘어야지, 고상하고 어려운 표현을 써야지 다른 것들과 구별이 되지, 참고문헌을 잔뜩 달아야 미리 기를 죽이지, 원전은 나만 알면 됐지…… 이렇게 말도 안 되는 궁색한 소리를 늘어놓는다. 꼴불견이다.

지식인과 공직자, 그리고 조직의 리더가 사람들로부터 존경을 받으려면 우선 말과 글이 쉬워야 한다. 정치가는 더 말할 것 없다. 법령과 정치의 본뜻이 백성들에게 잘 전달되려면 그 말과 글이 분명하고 쉬워야 한다. 말장난과 글 장난은 백성들을 혼란에 빠뜨리며, 결국은 백성들에게 죄를 짓는 꼴이 된다.

사마천은 관리가 법률 지식을 악용하여 법을 자기 입맛이나 권력자의 구미에 맞게 조작함으로써 사사로운 이익을 챙기고 나아가 백성들에게 해를 끼치는 현상을 '무문교저'라 했다. 또 '붓을 놀려 글로 법을 농단한다'는 뜻의 '무문농법(舞文弄法)'이라고도 했다.(〈화식열전〉) 여기서 '무문왕법(舞文枉法)' 또는 '무문농묵(舞文弄墨)'《수서》〈왕충전〉) 등 같은 뜻의 성어들도 잇따라 나왔다.

유방이 항우를 꺾고 천하를 얻은 여러 원인 중 하나가 그의 쉽고 간결한 언어였다. 그는 관중에 들어가 백성들에게 번잡하고 가혹한 진나라 법을 다 폐기하고 살인, 상해, 절도 딱 세 조항만 남기겠다는 저 유명한 '약법삼장(約法三章)'을 발표하여 단번에 민심을 사로잡았다.

주나라의 건국에 큰 공을 세운 무왕의 동생 주공은 건국 후에도 중앙 정부의 일 때문에 자신의 봉국인 노나라로 가지 못하고 아들 백금(伯禽)을 보냈다.

주공은 정치의 요체는 '쉽고 백성에 가까운' '평이근인'에 있다고 명확하게 짚어냈다. 지금으로부터 3천여 년 전이었다.

백금은 3년이 지나서야 중앙 조정으로 돌아와 노나라 상황을 보고 했다. 제나라를 봉국으로 받은 강태공(姜太公)은 다섯 달 만에 돌아와 보고했다. 백금은 노나라의 풍속과 예의를 바꾸느라 3년이 넘어 걸렸고, 강태공은 예를 간소화하고 풍속에 따랐기 때문에 다섯 달이면 충분했다고 했다. 주공은 아들 백금에게 이렇게 말했다.

"무릇 정치란 간소하고 쉽지 않으면 백성이 가까이하기 힘들다. 쉽고 백성에 가까우면 백성들이 모여들 수밖에 없다."

"평이근인(平易近人), 민필귀지(民必歸之)."

그러면서 주공은 장차 노나라가 제나라를 섬기게 될 것이라고 예언했고, 그 예언은 적중했다. 정치가 쉽고 백성에 가까우면, 즉 백성들의 보다 나은 삶을 위해 정치가 한 걸음 더 다가갈수록 백성들(민심)이 모여들기 마련이라는 주공의 말은 지금 우리에게 의미하는 바가 만만치 않다.

'말과 글이 쉬워야 한다'는 명제는 각계각층의 리더에게도 마찬가지다. 자신의 식견을 보여주는 고상한 언어도 필요하다. 그러나 이는 특별한 자리에나 필요하다. 조직 전체를 향한 리더의 언어는 핵심을 놓치지 않는 간결하고 쉬운 경지를 추구해야 한다. 그리고 무엇보다 리더의 모든 언어는 진정(眞情)에 바탕을 두어야 한다.

- 무문교저(舞文巧詆)/무문농법(舞文弄法)/무문왕법(舞文枉法)/무문
  농묵(舞文弄墨).
- 약법삼장(約法三章).
- 평이근인(平易近人), 민필귀지(民必歸之).

리더십 학습노트

공적인 자리의 인사말 등을 직접 작성하는가?
그중 하나를 소개해보자.

■ 즉시 질책하라. 무엇을 잘못했는지 구체적으로 알려주어라. 그들의 잘못에 대
해 당신이 어떻게 생각하는지 알려주어라. 절대 애매모호한 용어를 사용하지 말
라. –《인생을 단순화 하라》의 저자, 켄 블랜차드(1939~) & 스펜서 존슨(1938~2017)

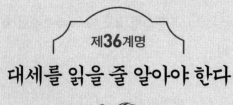

제36계명

대세를 읽을 줄 알아야 한다

물성이쇠(物盛而衰), 시극이전(時極而轉).
사물은 번성하면 쇠퇴하고, 때가 극에 이르면 바뀐다. -〈평준서〉

앞쪽에서 소개한 역사학자 허탁운 선생은 지금 세계를 '이질적 공동체'로 규정하면서 세계가 요구하는 리더와 리더십을 다음과 같이 요약했다.

"이 이질적 공동체의 네트워크는 매 단계마다 지시를 내리는 리더를 떠나서는 생각할 수 없으며, 또 실질적인 감정을 담당하는 관리자를 떠나서 생각할 수도 없다. 오늘날 세계 경제의 질서는 바야흐로 집중에서 분산으로, 그리고 다시 분산에서 새로운 취합으로 진행되고 있다. 이질적 공동체가 수시로 출현했다가 수시로 흩어진다. 이 과정에서 새로운 리더와 리더십은 원대한 그림을 그릴 수 있는 관건이자 중요한 통로가 된다.

그런데 새로운 리더십의 특질은 강력한 명령이 아니라 '계기(契機)를 예견(豫見)하는 능력'이다. 임무를 분배하는 권력이 아니라 소통과 설득의 능력이다. 권위가 아니라 지피지기(知彼知己)의 능력이다.

이질적 공동체는 인류 사회에서 아주 오래전부터 존재해왔던 것이나 오늘날에 와서 가장 새로운 취합 형태로 그 모습을 뚜렷하게 드러내고 있다. 역사상 오래전부터 있었던 리더의 특질도 새로워지고 있다는 점도 충분히 주목해야 할 과제다."

리더는 세상의 변화에 예민해야 한다. 그리고 '변화의 이치'를 알아야 한다. 사마천은 세상사 만물의 변화를 이렇게 진단했다.

"물성이쇠(物盛而衰), 시극이전(時極而轉)."
"사물은 번성하면 쇠퇴하고, 때가 극에 이르면 바뀐다."

사마천은 이 말에 뒤이어 이것이야말로 '변화의 당연한 이치이다'라고 자신의 말에 쐐기를 박았다. 사마천의 사관을 잘 드러내는 명언이다. 세상사 만물은 돌고 돈다는 이 순환론(循環論) 역사관은 자칫 숙명론으로 빠지기 쉽다는 약점을 가지고 있다. 그러나 지나간 역사를 되돌아보면 인간은 참으로 놀랍고 어리석게도 같은 잘못을 되풀이해왔음을 발견하게 된다. 사마천은 이를 통찰하고 인간사 변화의 지극히 당연히 이치로 번성과 쇠퇴의 논리를 내세운 것 아닐까?

사마천의 명언은 경제에 관한 전문적인 이론을 내세운 〈평준서(平準書)〉에 나온다. 경제가 번성하여 동전을 엮은 줄이 썩을 정도로 창고에는 돈이 남아돌고, 너나할 것 없이 사치풍조에 젖어 있는 당대의 상황을 직시한 다음, 준엄한 어조로 '사물은 번성하면 쇠퇴하고, 때가 극에 이르면 바뀐다'라고 경고하고 있다.

흥망성쇠, 성공과 실패는 돌고 돈다. 성공은 무엇을 얻느냐가 중요한 것이 아니라, 무엇을 버림으로써 그것을 얻을 것인가가 더욱 중요하다. 잘살기 위해서는 노력과 절약이라는 대가가 필요하고, 그보다 더 잘살기 위해서는 욕망의 상당 부분을 포기하거나, 기꺼이 버리거나, 다른 가치로 바꾸어 사회에 환원할 줄 아는 남보다 나은 도덕성과 실천력이 요구된다. 그리고 이 모든 것에 앞서 지나온 삶과 한 걸음 더 나아가서는 인간사의 흔적을 냉철하게 되짚어보는 역사의식이 발동되어야 한다. 사마천이 지금 이 시대에 던지는 냉철한 경고이자, 따뜻한 충고다.

"구천인지제(究天人之際), 통고금지변(通古今之變), 성일가지언(成一家之言)."
"천지자연과 인류 사회의 관계를 탐구하고, 과거와 현재의 변화를 꿰뚫어 일가의 문장을 이루고자 했습니다."(〈보임안서〉)

사마천은 자신의 역사 서술 방법과 목적, 그리고 사관을 위의 말로 정리했다. '시간과 공간 속에서 벌어지는 인간의 총체적 활동과 그 변화를 통찰'하는 것이야말로 역사가의 책무이며, 역사가는 '이를 통해 자신의 역사관을 표출'한다. 놀랍게도 이는 리더의 역할과 정확하게 일치한다. 리더가 역사를 공부해야 하는 당위성도 여기에 있다. 사마천의 이 말을 이렇게 바꾸어보면 좀 더 분명해질 것이다. 이는 허탁운 선생이 말한 대로 '계기를 예견하는 능력'이기도 하다.

대세를 읽는 힘은 세상사 변화의 이치를 받아들이는 것으로부터 길러진다. 그리고 이치의 핵심은 해야 할 일과 하지 말아야 할 일의 구별에 있다. 사마천의 깨달음이기도 하다. 사진은 '계기를 예견하는' 리더와 리더십을 제시한 허탁운 선생이다.

"리더는 인간의 총체적 활동과 그 변화를 분석하고 통찰하여 자신의 철학(정치철학, 경영철학 등)을 작게는 자신의 조직, 크게는 사회를 향해 표출하는 존재다."

- 물성이쇠(物盛而衰), 시극이전(時極而轉).
- 구천인지제(究天人之際), 통고금지변(通古今之變), 성일가지언(成一家之言).

리더십 학습노트
나의 철학(처세철학, 경영철학 등)을 정리해보자.

■ 위대한 기업이 되기 위해서는 기업과 경영자가 '그만두어야 할 목록'이 '해야 할 목록'보다 훨씬 더 중요하다. — 미국의 경영 컨설턴트 짐 콜린스(1958~),《좋은 기업을 넘어 위대한 기업으로Good to Great》중에서

제**37**계명

뽐내고 떠벌리기를 조심하라

벌공긍능(伐功矜能),
공을 자랑하고 유능함을 떠벌리다. -〈태사공자서〉

2천 년 전 사마천이 그렸던 바람직한 관리(리더)의 모습은 어땠을까? 사마천은 바람직한 리더의 모습을 〈순리열전(循吏列傳)〉에 소개하고 있다. 그리고 〈순리열전〉을 짓게 된 동기를 자신의 서문인 〈태사공자서〉를 통해 다음과 같이 밝혔다.

"법을 받들고 이치에 따르는 벼슬아치는 '공을 자랑하거나 유능함을 떠벌리지(벌공긍능伐功矜能)' 않는다. 백성들의 입에 오르내리지 않으며 잘못도 범하지 않는다. 그래서 여기 〈순리열전〉을 짓는다."

잘난 척하지 말고, 떠벌리지 않고 자기 직분에 충실하면 된다는 지극히 평범한 논리지만 그 속에 뼈아픈 일침이 있다. 관련하여 노자(老子)의 《도덕경(道德經)》 제24장에 이런 대목이 있다.

"자벌자무공(自伐者無功), 자긍자부장(自矜者不長)."
"자신의 공을 스스로 떠드는 자는 공을 세울 수 없고, 스스로를 크다고 자부하는 자는 오래 발전할 수 없다."

사마천은 이 대목을 '벌공긍능(伐功矜能)'이란 네 글자로 압축하면서 이런 오만함을 버려야만 사람 마음을 얻을 수 있다고 지적했다. 노자도 사마천도 자신의 능력을 떠벌리고 자랑하는 것을 극도로 경계했다.

항우의 실패는 오늘날 리더의 성공과 실패에 대한 원인분석에 많은 시사점을 던진다. 지금도 많은 리더들이 떠벌리고 뽐내다 망하고 있기 때문이다.

기원전 206년부터 기원전 202년까지 약 5년 동안 벌어진 초한쟁패는 5년 대부분이 항우의 압도적 우위였다. 마지막 1년에 전세가 역전되었다. 유방의 극적인 역전승, 항우의 어이없는 역전패에 대해 지난 2천 년 넘게 수많은 분석이 따랐다. 이 과정을 가장 생생한 역사 기록으로 남긴 사마천은 〈항우본기〉 말미에서 항우의 패배 원인을 다음과 같이 지적했다.

"(항우는) '자신의 전공을 자랑하고(자궁공벌自矜功伐)' 개인의 지혜만 앞세워 역사의 경험을 배우지 못했다. 패왕의 대업이라며 힘으로 천하를 정복하고 경영하려 하니 5년 만에 나라를 망치고, 몸은 동성(東城)에서 죽으면서도 여전히 깨닫지 못한 채 자신을 책망할 줄 몰랐으니 이것이 잘못이었다. 그런데도 '하늘이 나를 망하게 하려는 것이지 내가 싸움을 못한 죄가 아니다'며 핑계를 대었으니 어찌 황당하지 않겠는가?"

사마천은 항우가 자기 능력과 공만 자랑하고 지난 역사의 사례에서 교훈을 얻지 못한 것을 패인으로 꼽았다. 이런 자만(自慢)이 죽는 순간까지 계속되었음도 함께 지적했다. 사마천이 말한 역사의 경험이란 불과 몇 년 전 천하순시 도중 급사한 진시황과 진시황 죽음 이후 5년 만에 망한 진나라를 가리킨다. 그 생생한 역사 사례를 직접 보고도 같은 실수를 반복한 항우에 대한 안타까움이 잔뜩 묻어나는 분석이었다.

자랑은 인간의 본능에 가깝다. 자신이 이룬 성과를 많은 사람에게 알리고 싶은 심정을 뭐라 나무랄 수 없다. 때로는 전략적으로 자랑이 필요하다. 그러나 리더는 자랑에 신중해야 한다. 지나친 자랑, 즉 떠벌리고 뽐내는 언행은 아주 경계해야 한다. 역사 사례가 잘 보여주듯이 자신의 능력과 이룬 성과를 지나치게 앞세워 떠벌리다 신세를 망친 경우가 적지 않았다. 지나친 떠벌림은 상대의 견제는 물론 의도치 않게 많은 사람의 시기와 질투를 부른다. 무엇보다 자신의 진정한 능력과 자랑이 어울리지 않을 때는 비판과 비난이 쏟아지고, 심하면 그동안 쌓은 자신의 성과가 모조리 부정당할 수도 있다.

자랑이나 떠벌림은 대부분 어딘가 모자란 사람들의 반응이기도 하다. 그 부족과 단점을 감추고 덮기 위해서다. 리더는 자신의 단점과 부족함을 인정하고 드러낼 줄 알아야 한다. 그래야 단련될 수 있다. 거듭 강조하지만 리더는 태어나는 존재가 아니라 단련되어 나오는 존재다. 작은 성취에 취하여 섣불리 함부로 떠벌리고 자랑하지 말라. 한비자의 말씀을 한 번 더 인용해본다.

"국무상강무상약(國無常强無常弱)."
"늘 강한 나라 없고, 늘 약한 나라 없다."

- 벌공긍능(伐功矜能).
- 자벌자무공(自伐者無功), 자긍자부장(自矜者不長).
- 자긍공벌(自矜功伐).
- 국무상강무상약(國無常强無常弱).

리더십 학습노트
작은 성과에 도취하여 떠벌린 적 있나?
있다면 그때를 성찰해보자.

■ 한신이 도리를 배워 겸손하게 자기의 공로를 자랑하지 않고 자기의 능력을 뻐기지 않았더라면, 한나라에 대한 공적은 주(周)나라의 주공(周公), 소공(召公), 태공(太公)과 견줄 수 있었을 뿐만 아니라 후세까지 나라의 제사를 누렸을 것이다.

− 한신의 멸족에 대한 사마천(기원전 145년~기원전 90)의 탄식

제**38**계명

완벽(完璧)을 포기하지 말라

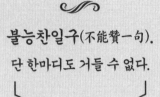

불능찬일구(不能贊一句).
단 한마디도 거들 수 없다.

쓴 글을 고치고 또 고치는 것을 '퇴고(推敲)'라 한다. 퇴고란 '밀고 두드린다'는 뜻이다. 여기에는 재미난 일화가 있다. 당나라 때 시인 가도(賈島, 779~843)가 말을 타고 길을 가다가 문득 좋은 시상이 떠올라서 즉시 정리해보았다. 제목은 〈이응(李凝)이 조용히 거처하는 곳에서 씀〉으로 정하고, 다음과 같이 초안을 잡았다.

한거소린병(閑居少隣幷)

이웃이 드물어 한적한 집

초경입황원(草徑入荒園)

풀이 자란 좁은 길은 거친 뜰로 이어져 있다.

조숙지변수(鳥宿池邊樹)

새는 못 속의 나무에 깃들고

승퇴월하문(僧推月下門)

스님이 달 아래 문을 밀친다.

가도는 마지막 구절의 '밀 퇴(推)'를 그대로 두어야 할지, 아니면 '두드릴 고(敲)'로 해야 할지 몰라 이리저리 궁리하며 가다가 고관의 행차와 부딪혔다. 그 고관은 당송팔대가 중의 한 사람인 한유(韓愈, 768~824)였다. 가도는 먼저 길을 피하지 못한 까닭을 말하고 사과하였다. 한유는 뜻밖에 만난 시인의 말을 듣고는 꾸짖는 것을 잊어버리고 잠시 생각하더니 "내 생각엔 두드리다가 좋을 듯하네"라고 거들었다.

이후 이들은 시를 통해 우정을 나누는 둘도 없는 시우(詩友)가 되었다. 이 일화에서 당초 문장을 다듬는다는 뜻이 전혀 없던 '퇴'와 '고'에 문장을 거듭 고치고 다듬는다는 뜻이 보태져 유명한 '퇴고'라는 단어가 탄생했다.

송나라 때 사람 증조(曾慥, 생졸 미상)가 편찬한 《유설(類說)》에

시인 가도는 끊임없이 자신의 문장을 고치면서 완벽을 기했다. 리더 역시 이런 '퇴고'의 자세로 완벽을 추구할 필요가 있다.

인용된 《묵객휘서(墨客揮犀)》에 보면 당나라 때 시인 백거이(白居易, 772~846)와 관련한 일화가 전한다. 백거이는 시(詩)란 세상 사람들이 이해하고 기억할 수 있어야 한다고 생각했다. 그래서 깊게 들어가서 쉽게 나오도록 평이하고 통속적으로 쓰는 데 주의를 기울였다. 이를 위해 백거이는 시를 쓰면 이웃집 노파에게 보여주어 노파가 이해하면 그대로 쓰고, 이해하지 못하면 이해할 때까지 고쳐 썼다. 여기서 '노파도 이해하다'는 뜻의 '노구능해(老嫗能解)'라는 성어가 탄생했다.

백거이는 또 평범한 사람에게서 항간의 다양한 이야기를 듣고 작품에 반영하기도 했으며, 시를 완성하면 자신이 직접 시를 읊어 주면서 작품에 대한 반응을 보고 들어 적절하게 고치거나 보완하였다고 한다. 공부를 제대로 한 사람은 글을 쉽게 쓴다. 어설프게 공부한 자가 어려운 글과 말로 세상 사람들을 농락한다. 자신의 무지와 남에 대한 무시가 몸에 배어 있기 때문이다. 이런 지적 오만은 자신은 물론 남까지 해친다.

좋은 문장을 보면 흠잡을 데가 없다고 한다. 또는 어디 단 한 글자 손댈 곳이 없다고도 한다. 사마천은 〈공자세가〉에서 공자가 지은 《춘추》의 문장을 두고 학문과 문장이 뛰어난 자하(子夏) 같은 제자들조차 '단 한마디 거들 수 없을' 정도였다고 칭찬하고 있다. 이것이 '불능찬일구(不能贊一句)'라는 명구이다.

《춘추》는 천하를 떠돌며 자신의 사상을 펼쳐보려던 공자가 뜻을 이루지 못하고 고향인 곡부(曲阜)로 돌아와 제자들을 가르치다 세상을 떠나기 얼마 전 노(魯)나라 연대기를 중심으로 춘추시대(기원전 722~기원전 481) 여러 나라들의 정치사 등을 정리한 역사책이다.

공자는 《춘추》를 지으면서 기록해야 할 것은 결단코 기록하고 삭제할 것은 무슨 일이 있어도 삭제했다. 이렇게 '춘추필법(春秋筆法)'이라는 역사서술의 기본자세를 확립했다. 공자 자신도 《춘추》에 상당한 애착을 가졌다. 제자들에게 《춘추》의 뜻을 전수한 뒤 "후세에 나를 알아주는 사람이 있다면 《춘추》 때문일 것이며, 나를 비난하는 사람이 있다면 그 역시 《춘추》 때문일 것이다"라고 말했을 정도다.

'불능찬일구'는 잘된 문장을 칭찬하는 말이지만, 때로는 자신의 능력이 모자라 누군가의 글이나 주장 등에 대해 의견을 제기하지 못하거나 별로 할 말이 없을 경우에 겸손의 말로 인용하곤 한다.

완벽해서 나쁠 것은 없다. 완벽해지려고 노력하는 과정은 더 보기 좋다. 다른 사람이 접근하지 못할 정도로 빈틈이 없는 그런 비인간적인 완벽과는 다른 의미다. 모두에게 좋은 결과를 가져다 줄 수 있는 완벽과 완벽추구라면 얼마든지 환영받는다. 리더는 늘 완벽을 추구하는 자세로 일과 관계에 임해야 한다. 그래야 실수를 줄일 수 있다.

- 불능찬일구(不能贊一句).
- 노구능해(老嫗能解).
- 춘추필법(春秋筆法).

나의 일처리 방식은 어떤가?

■ 사장은 모든 종업원들의 걱정을 자신이 모두 짊어지겠다는 각오를 해야 한다. 걱정하는 것이 사장의 역할이다. 사장이 걱정 없이 여유 있는 모습을 보이는 회사는 존재할 수 없다. 사장은 항상 걱정하고 대책을 강구하는 것에서 보람을 느끼는 존재여야 한다. - 마쓰시타 창업회장, 마쓰시타 고노스케(1894~1989)

제39계명

쉬운 말로 요령 있게 전달하라

비지무심고론(卑之無甚高論),
쉽고 요령 있게 해야지 너무 고상한 논의는 하지 말라. -〈장석지풍당열전〉

　'비지무심고론'은 '지나치게 고상하고 어려운 논의가 아닌' 현실적
으로 실행 가능한 쉬운 말로 하라는 뜻의 명구이다. 자신의 무능함
을 한탄하고 벼슬을 버리고 낙향하려는 장석지(張釋之, 생졸 미상)에
게 한나라 문제(文帝, 기원전 202~기원전 157)가 한 말이다. 백성들에게
는 쉽고도 요령(要領) 있는 말로 설득하고 명령을 내려야 빨리 실행
에 옮겨질 수 있다는 뜻을 전한 것이다.

　장석지는 문제의 지적에 느끼는 바가 있어 나라의 흥망성쇠에 대
해 깊은 대화를 나누었고, 문제는 장석지에게 중책을 맡겼다. 문제
는 공직자가 백성에게 쉽게 다가갈 수 있는 기본자세로 쉬운 언어
를 주문했다. 쉬운 언어로 백성을 설득하려면 자신이 하고 있는 일
의 핵심을 정확하게 인식하고 이를 요령 있게 정리해 두어야 한다.

잘 알려진 우리식 사자성어에 '우이독경(牛耳讀經)'이 있다. 중국은 '대우탄금(對牛彈琴)'이라 한다. '소를 앞에 두고 거문고를 연주한다'는 뜻이다. '소귀에 경 읽기'와 같은 비유이다. 어느 쪽이나 무식한 사람에게 경을 읽어 주거나 고상한 음악을 연주해 봐야 못 알아들으니 소용없다는 뜻이다.

이 성어는 본래의 뜻이 어떠했는지는 모르겠지만, 대체로 유식한 사람이 무식한 사람을 비꼬거나 무시할 때 인용하곤 했다. 그러나 오늘날 중국에서 이 성어는 글깨나 배웠다고 인민 대중이 알아듣지도 못하는 어려운 말만 잔뜩 늘어놓는 사람을 비꼬는 비유로 받아들이고 있다. 가만히 생각해보면 이것이 본래의 뜻 같다.

'요령(要領)'이란 단어가 있다. 사전을 보면 부정적인 뜻으로 '일을 적당히 해서 넘기는 잔꾀'와 '구체적인 행동 방법'의 두 가지 대비되는 풀이가 나온다. '요령'의 원래 뜻은 이렇다. '요령'은 모두 사람 몸의 부위를 가리킨다. '요(要)'는 허리 '요(腰)', '령(領)'은 목 '발(脖)'이다. 원래 뜻은 허리나 목, 즉 몸의 중요 부위가 잘리지 않게 전신을 잘 지킨다는 뜻이다. 또 '요령'은 옷의 허리 부분과 옷깃을 가리키기도 한다. 옷에서 가장 중요한 부분을 가리키는 단어다. 여기로부터 관건이 되는 부분이나 주요 내용과 핵심을 가리키는 뜻으로 의미가 넓어졌다.

사마천은 서역을 개척하는 데 큰 역할을 한 장건(張騫)이 당초 대월지(大月氏)에 도착하여 '뜻한 바를 제대로 이루지 못하고' 되돌아온 사실을 기록하면서 '부득요령(不得要領)'이라는 표현을 썼다. '요령을 얻지 못하다'는 뜻으로 우리 일상에서 자주 사용하는 표현이 기도 하다.

다시 말하지만 제대로 배운 사람의 말이나 글은 쉽다. 또 깊게 생각하기 때문에 요령을 갖추고 핵심을 잘 전달한다. 반면 어쭙잖게 배운 사람들이 자신의 유식함을 뽐내기 위해 어려운 용어와 미사여구(美辭麗句)를 마구 동원하여 학문의 얄팍함을 감추려 한다.

알맹이 없는 리더들의 공통점 가운데 하나가 의전(儀典)에 대한 집착이다. 화려하고 번거로운 의전이 자신의 권위를 지켜준다고 착각한다. 또 자신도 제대로 이해하지 못하는 고상한(?) 말로 사람들을 압도하려고 한다. 속된 말로 있어 보이려고 애를 쓴다. 다 헛짓거리다.

리더의 권위는 자기 자랑을 위한 어려운 언어나 번잡한 격식에서 나오는 것이 아니다. 쉽고 요령 있게 핵심을 찌르는 언어에 설득 당하고 가깝게 다가간다. 이런 리더십을 갖추려면 공부를 많이 해야 한다. 늘 읽고 쓰고 생각해야 한다. 읽기[독讀]와 쓰기[서書], 그리고 깊은 생각[심사深思]가 함께 하는 공부라야 제대로 된 공부다.

'지구는 돈다'와 같은 명제들을 보면 그 탐구과정은 치밀하고 복잡하고 어려웠지만 거기에서 나온

한 문제는 정책이 쉽게 전달되어야 백성이 순순히 받아들인다는 이치를 잘 알고 있는 통치자였다.

진리는 아주 간단명료(簡單明瞭)했다. 넓고 깊은 공부를 통해 나오
는 리더의 언어 역시 간단명료하다.

- 비지무심고론(卑之無甚高論).
- 우이독경(牛耳讀經).
- 부득요령(不得要領).

얼마나 읽고 쓰고 생각하나?
읽고 쓰고 생각한 바를 기록으로 남겼다면 소개해보고,
지금 읽고 있는 책에 대한 생각을 글로 남겨보자.

■ 언위심성(言爲心聲), 서심화야(書心畫也). 성화형(聲畫形), 군자소인현의(君
子小人見矣).
말은 마음의 소리이고, 글은 마음의 그림이다. 소리와 그림이 모습을 갖추면 군자
와 소인이 드러난다. − 양웅(기원전 53~기원후 18), 《법언》

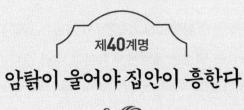

제**40**계명

암탉이 울어야 집안이 흥한다

빈계지신(牝鷄之晨), 유가지색(惟家之索).
암탉이 새벽에 울면 집안이 망한다. -〈주본기〉

이 악명 높은 명언은 주 무왕이 은나라 주임금을 공격하면서 제
후들 앞에서 인용한 옛 속담이다. 적어도 3천 년이 넘은 속담이다.
은나라 말기 주임금이 나랏일에 달기(妲己) 등 아녀자를 끌어들여
나라를 망친 일을 비유해서 한 말이다. 그 뒤 오랫동안 이 말은 여
성들을 천시하는 속담의 대명사로 많은 사람들이 입에 오르내렸
다. 원래 대목을 보면 이렇다.

"옛사람들 말에 '암탉은 새벽에 울지 않는다. 암탉이 새벽에 울면
집안이 망한다'고 하였소. 지금 은왕 주는 오로지 부인의 말만 듣고
선조에 대한 제사와 신령에 대한 답례를 돌보지 않으며 자기 나라
를 멸시하고 저버리고 있소. 또 부모 형제는 내치고 기용하지 않으

면서 사방에서 죄를 많이 짓고 도망쳐온 자들은 존중하여 믿고 기
용하니, 그자들은 백성을 포악하게 대하고 우리 상나라에 온갖 나
쁜 짓을 다 저질렀소. 이에 나, 발(무왕)이 여러분과 함께 삼가 천벌
을 대행할 것이오. (…)"

주 무왕은 나랏일에 달기 등 아녀자가 간섭한 것을 비유해 '암탉
이 울면 집안이 망한다'고 말했다. 사실 이 말은 주임금의 실정을
꾸짖기 위한 것이었다. 그러나 그 뒤 본의 아니게 오랜 세월 여성
들을 천시하는 속담의 대명사로 많은 사람의 입에 오르내리는 기
구한 운명을 겪게 되었다.

무왕의 말을 곰곰이 다시 되씹어보면 여성을 천시하는 뜻이 아님
을 어렵지 않게 이해할 수 있다. 무왕은 주임금이 정치를 보좌하는
신하들의 말은 듣지 않고 부인의 말만 듣고 조상에게 지내는 제사

남존여비의 봉건시대 동양은 철저히 여성을 멸시했고, 심지어 망국의 책임까지 여성에게 떠
미루었다. 이런 찌꺼기를 철저하게 청산해야 한다. 사진은 하나라 망국의 원흉으로 지목된 달
기의 무덤이다.

는 그만두고 나라를 어지럽혔다고 말했다. 그러면서 주임금의 실정을 열거한다. 이는 결국 주임금에 대한 비난이지 여성에 대한 비난이 결코 아니었다.

그런데 훗날 남녀차별을 당연시하는 고지식한 유학자들이 이 대목을 왜곡하여 여성 비하에 악용했다. 그 결과 망국의 책임을 고스란히 여성에게 떠넘기는 것은 물론, 가정의 파탄이나 몰락에 대한 책임까지 모조리 여성들에게 지우는 어처구니없는 상황이 벌어졌다. 그 해악은 무려 2,000년 가까이 동양 사회를 병들게 했다. 우리의 경우는 중국보다 더했다.

이 성어는 망국과 패가의 책임을 여성에게 떠넘긴 비겁하고 비열한 남성우월주의를 대변한다는 불명예를 안고 말았다. 문제의 핵심은 이 말을 아무렇지 않게, 또는 악의적으로 사용해온 우리의 정서와 풍토에 있다. 오랜 세월 관용어처럼 사용하다 보니 마치 그것이 철칙인 양 인식되고, 남자든 여자든 별 거부반응 없이 말하고 듣게 된 것이다. 언제부터 인용되었는지 정확히 알 수는 없지만, 성리학의 말단에만 매몰된 우리의 남존여비 사상 속에서 자연스럽게 이 말이 수용되었을 것이다. 이제 본래의 뜻을 되돌려주어야겠다. 이 고사성어는 누가 뭐라 해도 못난 남자들에 대한 강한 질책의 의미를 담고 있다는 것을.

암탉이 울면 집안이 망하는 것이 아니라 새로운 알, 새로운 생명이 태어난다. 오늘날 사회 모든 분야에서 여성의 역할이 점점 커지고 있을 뿐만 아니라 중요해지고 있다. 그럼에도 여성에 대한 차별과 불이익은 여전히 상당하다. 당연한 말이지만 오늘날 사회에서는 여성이 활기차게 움직이는 조직이라야 성공할 수 있다. 동물학적으로도 입증되었듯이 여러 면에서 남성이 여성보다 열등하지 않은가? 어쩌면 열등감 때문에 여성비하와 차별을 구조화한 것은 아닐까? 문득 이런 생각도 든다. 여성의 장점을 충분히 살리는 기업과 조직이 발전할 수밖에 없다.

• 빈계지신(牝鷄之晨), 유가지색(惟家之索).

리더십 학습노트
내 조직에서 수적으로 여성의 비중은 얼마나 되며, 질적으로 얼마나 큰 비중과 역할을 하고 있나?

■ 사람들은 맹인으로 태어난 것보다 더 불행한 것이 뭐냐고 나에게 물어온다. 그럴 때마다 나는 "시력은 있되 비전이 없는 것"이라고 답한다. – 헬렌 켈러(1880~1968)

제41계명

의리(義理)는 여전히 필요하고 중요하다

사위지기자사(士爲知己者死), 여위열기자용(女爲悅己者容).
선비는 자신을 알아주는 사람을 위해 목숨을 바치고,
여자는 자신을 기쁘게 해주는 사람을 위해 얼굴을 치장한다. -〈자객열전〉

춘추시대 자객 예양(豫讓)이 남긴 절개와 지조로 충만한 명언이다. 이 명언의 근원을 찾아 애틋하고 처연한 스토리를 들어보자.

춘추시대 말기 진(晉)나라의 실권을 좌우하던 지백(知伯, 기원전 506~기원전 453)이 조양자(趙襄子)를 비롯한 연합세력에 잡혀 죽었다. 이 고사의 스토리는 바로 지백의 죽음으로부터 시작된다. 처참하게 살해된 지백의 참모들 중 예양(豫讓)이란 인물이 있었다. 그는 일찍이 범씨(范氏)와 중항씨(中行氏)를 도왔으나 제대로 기용되지 못하고 지백에게까지 흘러들어왔다. 지백은 그를 높이 평가하여 국사(國士)로 우대하며 큰일을 맡겼다. 지백이 죽자 가신들은 놀란 짐승들이 흩어지듯 뿔뿔이 도망쳤다. 예양도 산속으로 숨어야 하는 신세가 되

예양은 자신을 우대했던 지백을 위해 지백을 죽인 조양자에게 복수하려 했다. 그 행위의 옳고 그름을 떠나 오늘날 '의리'의 가치에 대해 새삼 되돌아보게 한다.

었다. 예양은 말없이 하늘을 우러러보더니 이렇게 탄식했다.

"오호라! 뜻있는 선비는 자기를 알아주는 사람을 위해 죽고, 여자는 자기를 기쁘게 해주는 사람을 위해 화장을 한다고 했다. 지백은 나를 알아주었으니, 그를 위해 죽음으로 복수하여 보답하는 것이 내 혼백에게 부끄럽지 않으리!"

예양은 자신의 목청과 얼굴까지 망가뜨려 가며 조양자를 두 차례나 죽이고자 했으나 뜻을 이루지 못하고 잡혔다. 죽음을 눈앞에 두고도 예양은 조양자에게 옷이라도 찔러 지백의 원한을 갚게 해달라고 부탁해 조양자의 옷을 찌른 다음 스스로 목숨을 끊었다.

"조나라의 뜻있는 인물들은 이 이야기를 듣고 모두 눈시울을 적셨다."

사마천은 위와 같은 말로 드라마보다 더 드라마 같은 이 극적인 스토리를 끝맺었다. 지백은 천하의 모든 사람에게 버림을 받았지만, 예양은 그 때문에 은혜와 의리를 저버리지 않고 자신의 생명으로 자신을 알아준 지백의 은혜에 보답했다.

'선비는 자기를 알아주는 사람을 위해 죽고, 여자는 자신을 기쁘게 해주는 사람을 위해 화장을 한다.'

예양이 남긴 이 말은 고대 뜻있는 지사의 충의의 척도이자 미덕이라 할 수 있다. 그러나 도덕은 시대적인 것이다. 봉건시대의 미덕이 오늘날에는 황당한 것이 될 수도 있다. 주인에게 충성을 다하는 것이야 나무랄 것 없지만, 주인이 역사의 흐름에 순응할 줄 아는 사람이냐 아니냐를 가리지 않고 무조건 충성하는 것은 어리석음이다. 이런 점에서 예양의 충절은 새롭게 평가해야 한다. 하지만 배신과 배은망덕이 판을 치는 지금 우리 세태에 비추어보면 의미하는 바가 적지 않다.

의리의 본래 뜻이 많이 퇴색되었다. 하지만 누가 뭐라 해도 의리는 인간관계의 기본이다. 동양의 가치관에서 의리는 한 인간의 품성을 가늠하는 가장 중요한 잣대였다. 맹자(孟子)는 심지어 의리를 목숨보다 소중하게 여겼다. 맹자의 말씀을 한번 들어보자.

"물고기, 내가 갖고 싶다. 곰 발바닥, 역시 갖고 싶다. 그러나 이 둘을 다 가질 수 없다면, 물고기를 버리고 곰 발바닥을 취하리라. 생명, 내가 아끼는 것이다. 의리, 역시 내가 아끼는 것이다. 둘 다를 동시에 취할 수 없다면 생명을 버리고 의리를 취할 것이다."

맹자가 말하는 물고기와 곰 발바닥은 요리를 가리킨다. 맹자는 물고기를 생명에, 곰 발바닥을 의리에 비유하면서 의리가 생명보다 더 귀하다했다. 곰 발바닥 요리가 물고기 요리보다 더 귀하듯이 말이다.

지금 세상에서 의리를 위해 목숨을 바칠 수 있는 사람이 얼마나 될까? 바꾸어 말해 죽을 때까지 나와 함께 생사고락(生死苦樂)을 같이 할 수 있는 '지음(知音)'은 있을까? 모르긴 해도 리더에게 이 물음은 아주 착잡(錯雜)한 물음일 것이다. 참고로 '지음'은 우정의 최고 경지이자 자신을 누구보다 깊게 이해하고 알아주는 친구를 가리키는 단어다.

'의리'는 전통시대의 산물이지만 그 가치는 지금도 여전하다. 어쩌면 이해관계만 작동하는 오늘날 더 필요한 가치가 아닐까? 이런 생각도 든다.

- 사위지기자사(士爲知己者死), 여위열기자용(女爲悅己者容).
- 지음(知音).

214

생사고락을 같이 해온 친구나 동료가 있나?
내가 생각하는 의리란?

■ 살아 보니까 내가 주는 친절과 사랑은 밑지는 적이 없다. 소중한 사람을 만나는 것은 1분이 걸리고 그와 사귀는 것은 한 시간이 걸리고 그를 사랑하게 되는 것은 하루가 걸리지만, 그를 잊어버리는 것은 일생이 걸린다는 말이 있다. 그러니 남의 마음속에 좋은 기억으로 남는 것만큼 보장된 투자는 없다. – 장영희(1952~2009), 《살아온 기적, 살아갈 기적》 중에서

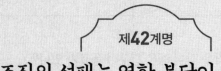

제42계명

조직의 성패는 역할 분담이 관건이다

사평득재천하(使平得宰天下), **역여시육의**(亦如是肉矣).
나 진평으로 하여금 천하의 재상을 시켜도 고기를 나누듯 잘할 터인데.
— 〈진승상세가〉

위 명언은 유방을 도와 천하를 통일하는 데 결정적인 역할을 한
책략가의 한 사람이었던 꾀주머니 진평(陳平, ?~기원전 178)이 젊은
날 자신의 야심을 솔직하게 토로한 것이다.

부잣집 과부와 결혼에 성공한 진평은 마을의 명망가가 되었고,
어느 날 마을 제사를 주관하면서 고기를 아주 공평하게 잘 나누어
어른들로부터 칭찬을 받았다. 진평은 자신의 야심은 천하에 있다면
서 이 말을 내뱉었다. 뜻을 펼치지 못하고 있는 자신의 처지에 대한
안타까움이 배어 있는 말이지만, 그 못지않게 오만에 가까운 자신
감을 느끼게 된다. 진평은 끝내 천하의 재상이 되었다(이 일화에서 '진
평이 고기를 고루 잘 나누다'는 뜻의 '진평분육陳平分肉'이란 사자성어도 나왔다).

진평은 진나라 말기 난세에 유방을 도와 천하를 재통일하는 데 가장 큰 공을 세운 책략가 중의 책략가였다. 그의 자질에서 가장 돋보이는 부분은 균형감각이었는데, 이 구절도 그의 탁월한 균형감각을 은근히 암시하고 있는 것 같아 흥미롭다. 진평은 권력의 본질도 힘의 균형에 있다는 점을 잘 체득하고 있었던 진정한 정치가였다.

조직이 성공하려면 역할 분담이 잘되어 있어야 한다. 역할 분담은 결국 인재를 적재적소에 배치하는 것인데, 이는 리더의 차원 높은 균형감각을 요구한다. 이 방면에서 고조(高祖) 유방(劉邦)은 탁월한 리더였다. 그는 인재의 재능과 그 재능에 맞는 역할이 얼마나 중요한가를 잘 알고 있었다. 항우(項羽)를 물리치고 황제가 된 다음 공신들과 나눈 대화에서 그는 후방의 행정력에서는 소하(蕭何)가, 전략과 전술면에서는 장량(張良)이, 전투력에서는 한신(韓信)이 자신보다는 훨씬 낫다고 인정했다. 그러면서 자신은 천하가 알아주는 인재인 이 세 사람을 얻었기에 항우에게 승리할 수 있었다고 했다. 반면 항우는 범증(范增)이라는 탁월한 참모조차 제대로 활용하지 못했다는 점도 지적했다.

진평은 젊었을 때부터 승상의 역할을 정확하게 알고 있었고, 이런 점은 훗날 문제(文帝) 때의 한 일화가 잘 보여준다. 어느 날 조회에서 문제가 우승상 주발(周勃)에게 "온 나라에 일 년 동안 옥사(獄事)를 판결하는 건수가 얼마요?"라고 물었다. 우승상이 이런 세세한 일까지 알 수가 없었다. 주발은 사죄했다. 문제는 또 나라의 1년 재정을 물었고, 주발은 진땀을 흘리며 얼버무렸다.

문제는 이 질문을 좌승상 진평에게 똑같이 했다. 진평은 조금도 당황하지 않고 "담당 관리가 있습니다"라고 답했다. 문제가 담당 관리가 누구냐고 묻자 진평은 "옥사는 정위(廷尉)가 있고, 재정은 치속내사(治粟內史)가 있으니 그들에게 물으십시오"라고 하였다. 문제는 내친김에 "그렇다면 좌승상이 하는 일은 무엇이오?"라고 물었다. 진평은 절을 하며 이렇게 말했다.

"황공하옵니다! 폐하께서는 신의 아둔함을 알지 못하시고 재상 자리에 임명하셨습니다. 무릇 재상이란 위로는 천자를 보좌하며 음양을 다스려 사시(四時)를 순조롭게 하고, 아래로는 만물(萬物)이 제때에 성장하도록 어루만져주며, 밖으로는 사방 오랑캐와 제후들을 진압하고 다독거리며, 안으로는 백성들을 친밀히 복종하게 하여 경대부(卿大夫)로 하여금 그 직책을 제대로 이행하게 하는 것입니다."

조직이 잘 돌아가려면 역할 분담이 제대로 되어야 한다. 진평은 이 점을 2천 수백 년 전에 정확하게 인식하고 있었다. 그림은 진평이 마을 제사에서 고기를 나누는 '진평분육'의 모습이다.

문제는 진평을 칭찬했다. 우승상 주발은 부끄러워하며 왜 평소 그런 답을 알려주지 않았냐며 진평을 원망했다. 진평은 "그대는 승상의 자리

218

에 있으면서 승상의 임무도 모르시오? 만약 폐하께서 장안의 도적 수를 물으셨다면 억지로 대답하려고 하였소?"라며 웃었다. 주발은 병을 핑계로 우승상 자리에서 물러났고 진평이 우승상 자리까지 겸했다.

인재를 모셔와 그저 높은 자리와 많은 연봉을 주는 것을 우대라고 착각하는 리더가 적지 않다. 자리나 연봉에 앞서 그 인재에게 어떤 일을 맡길 것인가를 잘 헤아려야 한다. 인재를 중용(重用)하란다고 해서 자리와 연봉에만 집착해서는 안 된다. 중용의 진정한 의미는 소중하게 쓰라는 것이다. 소중하게 쓰라는 말은 그 인재가 가장 잘 하는 일을 위임(委任)하라는 뜻이기도 하다. 역사는 잘 보여준다. 믿고 맡기는 중용과 위임을 실천한 위임형(委任型) 리더가 100% 다 성공하지는 않았지만, 이를 실천하지 못한 리더보다는 훨씬 더 많이 성공했고, 모든 것을 직접 챙기는 친정형(親政型) 리더가 100% 다 실패한 것은 아니지만 성공한 사례가 아주 드물었다는 사실을.

- 사평득재천하(使平得宰天下), 역여시육의(亦如是肉矣).
- 진평분육(陳平分肉).

리더십 학습노트
내 조직의 역할 분담이 어떤가를 냉정하게 점검하여
보고서를 써보자.

■ 여러분보다 똑똑한 사람을 채용하라. 최고의 인재를 채용하지 않는 것은 스스로 자기 손발을 묶는 것이다. 언제나 여러분보다 더 작은 사람들만 고용하면 우리 회사는 소인국이 될 것이고, 늘 여러분보다 큰 사람을 채용하면 거인국이 될 것이다. – 광고계의 전설, 데이비드 오길비(1911~1999)

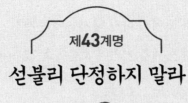

제43계명

섣불리 단정하지 말라

사회부연(死灰復燃).
불 꺼진 재가 다시 타다. —〈한장유열전〉

한나라 초기 오초칠국의 난을 진압하는 데 큰 공을 세운 양(梁) 효왕(孝王)은 천자인 형 경제(景帝) 못지않은 권세를 휘두르며 안팎으로 물의를 일으켰다. 경제는 효왕을 몹시 못마땅하게 생각했고, 형제 사이가 벌어지기 시작했다. 이때 이 두 사람의 관계를 화해시킨 인물이 있었으니 그가 바로 한안국(韓安國, ?~기원전127)이었다. 안국은 이 일로 조정에 발탁되었다.

그러다 안국이 무슨 일로 법을 어겨 죄를 받게 되었는데, 몽현(蒙縣)의 옥리 전갑(田甲)이란 자가 안국에게 모욕을 주었다. '불 꺼진 재가 다시 타다'라는 뜻의 '사회부연'이란 성어는 바로 이때 안국이 옥리 전갑에게 한 말이다. 〈한장유열전〉의 이 대목은 자못 유머러스하다.

안국 : 꺼진 재라고 어찌 다시 타지 않겠는가?

전갑 : 다시 탄다면 내가 거기에 오줌을 누겠소이다.

그 뒤 안국은 풀려나 고위관직으로 복직되었다. 꺼진 재에 다시 불이 붙었다. 안국을 모욕했던 옥리 전갑은 겁을 먹고 도망쳤다. 안국은 "전갑이 직무에 복귀하지 않으면 일족을 모조리 죽여 버리겠다!"고 위협했다. 전갑이 어깨를 드러낸 채 안국에게 사죄했다. 안국은 껄껄 웃으며 이렇게 말했다고 한다.

"오줌을 누라. 내가 너 같은 무리와 더불어 지난날을 따질 수 있겠는가?"

전갑은 꺼진 재가 다시 타오를 수 없다고 확신했다. 그래서 다시 타면 오줌을 누겠다고 큰소리를 쳤다. 다 탄 재가 다시 불붙을 확률은 거의 없지만, 실패와 좌절을 딛고 다시 일어선 사람은 적지 않았다.

기원전 3세기에 활약했던 전국시대 위나라 출신의 유세가 범수(范雎)는 진나라로 건너가 '원교근공(遠交近攻)'이란 외교책략을 제시하여 진나라의 천하통일에 큰 역할을 했다. 그런데 범수는 한때 목숨을 잃을 뻔한 수모와 곤경을 겪었다. 범수는 각국을 떠돌며 유세하다가 활동비가 바닥이 나서 당시 조국 위나라의 중대부 수고(須賈) 밑에서 수행원 비슷한 일을 했다. 수고를 수행하여 제나라로 갔을 때 제나라 양왕(襄王)이 범수가 마음에 들어 황금, 술, 고기 등을 보냈다. 범수는 사양했지만 수고는 이런 범수에 질투를 느껴 귀국 후 실권자 위제(魏齊)에게 범수가 위나라의 기밀을 유출한 것 같다며 모함을 한다.

위제는 전후 사정을 알아볼 생각도 않고 범수에게 매질과 모욕을 가하여 거의 죽기에 이르렀다. 위제는 범수를 측간에 갖다 버리게 하고는 술 취한 자신의 손님과 측근들에게 범수의 몸에 오줌을 갈기게 했다. 범수는 죽은 척하며 기다리다가 간수에게 애걸하여 가까스로 사지에서 빠져나왔다.

시체를 확인하지 않았다는 것을 깨달은 위제가 범수의 시체를 찾게 했지만 범수는 사지를 탈출한 뒤였다. 그 뒤 범수는 정안평(鄭安平)의 도움으로 도망쳐 몸을 숨기고 이름을 장록(張綠)으로 바꾸어 진나라로 건너왔다. 범수가 매를 맞고 오줌 세례를 받으며 변소 간에서 죽은 척할 수밖에 없었던 그 상황은 '다 탄 재'와 같았다.

범수는 초인적 의지로 불 꺼진 재에 다시 불을 붙였다. 범수는 진나라의 외교정책을 비롯한 국정을 주도하는 막강한 권력자가 되었고, 자신에게 해를 입힌 위제 등에게 처절하게 보복했다.

우리 사회는 한 번의 실패로 좌절하여 재기하지 못할 확률이 대

'사회부연'은 실패를 인정하지 않는 우리 풍토에 대해 의미심장한 메시지를 던지고 있다. 그림은 한안국의 모습이다.

단히 높다고 한다. 좀처럼 두 번째 기회를 주지 않는 구조적 문제 때문이라는 분석이 유력하다. 더 심각한 것은 실패를 인정하지 않는 풍조다. 실패하면 바로 루저(luser, 낙오자)로 낙인이 찍히기 때문에 수단과 방법을 가리지 않고 성공에 목을 매고, 이 때문에 작은 실패로 끝날 일도 큰 실패로 이어져 아예 재기하지 못하는 상황에까지 몰린다.

안목 있는 리더라면 섣불리 실패를 단정하지 말고 재도전할 수 있도록 격려하고 실질적인 기회를 주어야 한다. 불 꺼진 재에서 다시 불이 붙을 수 있도록 리더 자신이 불쏘시개가 되거나 불쏘시개 역할을 할 수 있는 물심양면의 도움을 기꺼이 주는 통 큰 리더십을 발휘해야 한다. 역사상 대부분의 큰 성공은 작은 실패의 총합이다. 실패와 좌절을 맛본 인재를 받아들여 재기의 기회를 준 리더가 거둔 성과와 성공이 역사의 진전을 앞당겼다.

• 사회부연(死灰復燃).

리더십 학습노트
실패나 좌절을 겪고 재기한 경험이 있다면 그때를 회고해보자.

■ 리더가 좋아할 것인지 싫어할 것인지에 대해 끊임없이 걱정하는 것만큼 조직을 빨리 퇴보시키는 것은 없다. – 토요타 창업자, 토요타 키이치로(1894~1952)

제44계명

심리적 평형을 유지하는 데 신경을 써라

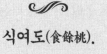

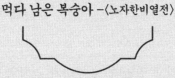

식여도(食餘桃),
먹다 남은 복숭아 -〈노자한비열전〉

'먹다 남은 복숭아'라는 뜻의 '식여도'는 한 인간에 대한 애증의 변질과 평가가 얼마나 무상(無常)한가를 잘 보여주는 고사에서 나온 비유적 표현이다. 이야기를 따라가보자.

춘추시대 위(衛)나라 군주에게 그 미모로 귀여움을 차지하고 있던 미자하(彌子瑕)라는 미소년이 있었다. 젊고 준수한 용모로 위왕의 사랑을 독차지하고 있을 때는 복숭아를 저 먼저 먹고 남은 것을 왕에게 주어도 나무라지 않고 오히려 왕을 위하는 마음이 지극하다고 칭찬을 들었지만, 용모가 시들고 보잘것없어지자 왕은 옛날 일을 꺼내면서 '먹다 남은 복숭아'를 자기에게 주었다며 나무랐다. 이 이야기의 출전은 《한비자(韓非子)》〈세난(說難)〉 편이다. 그 경과를 보자.

옛날 미자하(彌子瑕)라는 미소년이 위나라 임금에게 총애를 받고 있었다. 어느 날 밤, 자하는 어머니가 많이 아프다는 소식을 듣고는 임금의 명이라 속여 임금이 타는 수레를 타고 나가 어머니를 보고 왔다. 위나라 법에 따르면 임금이 타는 수레를 몰래 타는 자는 발이 잘리는 형벌을 받게 되어 있었다. 그러나 왕은 "효성스럽구나! 어머니를 위해 발이 잘리는 형벌을 무릅쓰다니!"라며 되려 미자하를 칭찬했다.

언젠가는 이런 일도 있었다. 미자하가 임금과 함께 과수원을 거닐다가 복숭아 하나를 따서 맛을 보니 너무 달았다. 미자하는 한 입 베물어 먹고 남은 복숭아를 임금에게 건네주었다. 임금은 매우 기분 좋다는 듯이 "나를 몹시 사랑하는구나! 자신의 입맛은 잊고 나를 생각하다니!"라며 미자하를 칭찬했다.

세월은 사람을 봐주지 않는다. 미자하의 용모가 시들어가면서 임금의 귀여움도 점점 시들해졌다. 미자하가 무슨 일로 잘못을 범해 위왕에게 죄를 짓자 임금은 "너는 그 옛날 내 수레를 멋대로 탔고, 또 내게 먹다 남은 복숭아를 주기도 했지"라고 말했다.

한비자는 이 이야기의 말미에다 변덕스러운 인간의 애증을 이렇게 비꼬았다.

"미자하의 행동은 처음이나 나중이나 달라진 것이 없었다. 그런데 처음에는 칭찬을 듣고 나중에는 죄를 얻었으니 무슨 까닭인가? 사랑이 미움으로 변했기 때문이다. 임금에게 귀여움을 받고 있을 때는 하는 언행 모두가 임금 마음에 들고 더 가까워지지만, 일단 임금에게 미움을 사면 아무리 지혜를 짜내서 말을 해도 임금 귀에는 옳은 말로 들리지 않을뿐더러 더욱 멀어진다. 말을 올리거나 논의를 펼칠 때는 군주의 애증을 미리 살핀 다음 행하지 않으면 안 될 것이다."

애증의 감정은 늘 같지 않다. 아니, 한결같을 수 없다. 애증이라는 감정 자체가 지극히 주관적인 것이기 때문에 언제든지 바뀔 수 있다. 겉으로 드러나는 감정을 믿을 것이 아니라, 그 감정의 이면에 숨어 있는 인간의 본성을 감지할 수 있어야 인간관계도 무던하게 오래 지속될 수 있는 것 아닌가 하는 생각이 든다. 그렇게까지 하면서 인간관계를 유지해야 하는 것인지, 왠지 두려운 생각도 든다.

감정의 기복이 심한, 즉 변덕이 심한 리더가 적지 않다. 오죽했으면 '심기경호(心機警護)'라는 말까지 나오겠는가? 조직원이 일보다 리더의 심기를 먼저 헤아리기 시작하면 그 조직은 경색되고, 일은 정확한 방향을 잡지 못하기 일쑤다. 심하면 조직 전체가 망

법가 사상을 총정리한 한비자는 리더십 공부에 도움이 되는 많은 자료와 통찰력을 남겼다.

가진다. 따라서 리더는 자신의 <u>심리적 평형을 유지하기 위해 노력</u>해야 한다. 자신을 가까이서 모시는 사람에게 애증을 쉽게 함부로 드러내지 않도록 각별히 조심해야 한다. 그래야 자신의 심기에만 맞추어 보고를 올리거나 일하는 폐단이 일어나지 않는다.

한비자는 아랫사람의 입장에서 군주의 심기를 잘 헤아려 거기에 맞추어 글을 올리거나 말하라고 했다. 이는 어디까지나 군주의 변덕스러운 심기를 전제로 한 지적임을 알아야 한다. 평정심을 잘 지키는 리더라면 이런 자들은 가차 없이 물리칠 것이다. 간신일 확률이 매우 높기 때문이다.

• 식여도(食餘桃).

리더십 학습노트
자신의 감정을 통제하지 못하고 폭발한 경우가 있나?
어떻게 처리했나?

■ 총명한 사람이든 아둔한 사람이든 인생의 과정에는 늘 취사선택이 따른다. 맑은 마음으로 욕심을 줄인 상태에 있거나 차분하고 편안한 때라면 자신에게 다가오는 화복을 모를 수 없다. 그러나 일단 좋고 나쁜 것에 지배당하고 사치스러운 물건에 유혹당하면 변란이 일어날 수밖에 없다. – 한비자(기원전 281?~기원전 233)

제**45**계명

치명적 실수는 한 번에 일어나는 것이 아니다

실지호리(失之毫厘), 차이천리(差以千里).
단 한 치의 잘못이 천 리만큼이나 큰 차이를 불러온다. −〈태사공자서〉

　처음에는 아주 사소하고 미미한 착각이나 실수였지만 그 결과가 엄청나게 큰 잘못으로 나타날 때 쓰는 명언이 바로 위의 '실지호리, 차이천리'이다. 《예기(禮記)》의 "단 한 치의 착각이 천 리만큼이나 큰 잘못이 될 수 있으므로 군자는 처음부터 신중해야 한다"는 대목에서 나온 것으로 보인다. 사마천은 《주역》을 인용하고 있다. 동한 시대의 역사학자 반고(班固. 32~92)도 《한서(漢書)》〈사마천전〉에서 '차지호리(差之毫厘), 유이천리(謬以千里)'라 했는데, 뜻은 같다.

　사마천은 《사기》의 마지막 편인 〈태사공자서〉에서 어지러운 세상을 다스려서 바른길로 돌아가게 할 수 있는 것으로 《춘추》보다 더 가까운 것은 없다고 하면서, 모든 일은 어느 날 갑자기 터지는 것이 아니라 잘못이 오랫동안 쌓이고 쌓인 결과라고 했다.

작은 실수가 반복되면 큰 실수의 단초가 된다. '실지호리, 차이천리'의 출전인 《예기》의 판본이다.

세상일과 인간관계는 상대적이다. 잣대를 가지고 이를 비유해본다. 한 자의 길이는 30cm로 공인되어 있고, 그렇게 약속했다. 한 치는 한 자의 1/10, 즉 3cm이다. 당연히 한 자가 한 치보다 10배 길다. 하지만 경우와 상황에 따라 이 비교치는 얼마든지 바뀔 수 있다. 어떤 상황에서는 3cm 한 치가 30cm 한 자보다 길(남을) 수도 있고, 그 반대일 수도 있다. 어떤 일에서는 한 치가 너무 너무 아쉬울 수 있고, 또 어떤 일에서는 한 자가 필요 없을 수도 있다. 사마천은 이를 '척단촌장(尺短寸長)'이라는 네 글자로 절묘하게 표현했다. '한 자가 짧고, 한 치가 길다'는 뜻이다.

'척단촌장'은 일이나 상황의 본질을 잘 헤아릴 것을 암시한다. '닭 잡는 데 소 잡는 칼을 쓰는' 멍청한 짓을 하지 말라는 것과도 어느 정도 통한다. 한 치를 다투어야 하는 상황에서 한 자를 들이밀거나, 한 자가 필요한 데 한 치를 들이미는 어리석음은 피해야 한다.

'화근(禍根)'이란 말이 있다. '화(재앙)의 뿌리'란 뜻이다. 재앙을 가져온 원인이다. 모든 일의 결과에는 그 결과를 초래한 과정과 원인이 있기 마련이다. 크든 작든 많은 적든 무엇인가가 쌓인 것이 그 결과다. 과일나무가 숱한 비바람을 맞으며 열매를 맺는 것과 같다.

한순간의 실수나 잘못을 그때그때 바로 잡지 못하고 내버려두면 결국은 엄청난 화를 입게 된다. 원인이나 과정이 생략된 결과는 없는 법이다. 치명적 실수는 그 한 번으로 일어난 것이 아니다. 일과 상황의 본질을 정확하게 헤아려 자를 대듯이, 원인과 과정을 정확하게 분석해야 제대로 된 결과를 얻을 수 있다. 원인 없는 결과 없고, 과정 없이 결과는 나오지 않는다.

리더의 치명적 실수는 작은 실수가 반복된 결과이다. 작은 실수를 바로 잡지 않고 무시하고 그냥 지나쳤기 때문이다. 더 큰 문제는 많은 리더들이 그 작은 실수를 실수로 인정하지 않을 뿐만 아니라 실수라고 생각하지도 않는다는 것이다. 실수를 줄여라. 실수를 인정하라. 실수를 바로바로 잡아라. 줄이고 인정하면 얼마든지 바로잡을 수 있다. 잘못을 하고도 고치지 않으면 어찌해볼 수가 없다. 실수는 누구나 하지만 그 실수를 인정하는 사람은 많지 않다. 그 실수를 바로잡는 사람은 더 적다. 실수가 그냥 실수로 끝나지 않는 까닭이 여기에 있다. 항우가 8:2라는 압도적 우세에도 불구하고 유방에게 역전패한 것도 자신의 실수와 잘못을 인정하지 않았기 때문이라는 사실을 기억하라. 이런 리더가 역사상 수도 없이 많았다는 냉혹한 사실과 함께.

- 실지호리(失之毫釐), 차이천리(差以千里).

- 차지호리(差之毫釐), 유이천리(謬以千里).

- 척단촌장(尺短寸長).

리더십 학습노트
실수를 공개적으로 인정한 적 있는가?

■ 고객 상담을 통해 사고를 분석해 본 결과, 노동 재해가 발생하는 과정에 중상자 한 명이 나오면 그 전에 같은 원인으로 발생한 경상자가 29명, 또 운 좋게 재난은 피했지만 같은 원인으로 부상을 당할 뻔한 잠재적 상해자가 300명이 있었다. 즉 '1대 29대 300'의 법칙(하인리히 법칙)이 발견되었다. - 1930년대 초 미국 한 보험회사 매니저, H.W. 하인리히(1885~1962)

제**46**계명

구멍을 넓히고 파이를 키워라

양서투혈(兩鼠鬪穴).
두 마리의 쥐가 한 구멍에서 싸우다. -〈염파인상여열전〉

작전도 꾀도 통하지 않는 상태나 상황이 있다. 특히 공간이 비좁을 때 싸움은 치열해질 수밖에 없고, 승부는 용감한 쪽으로 기울 것이다. 이렇게 피할 수 없는 상황에서의 싸움이나 경쟁을 '양서투혈', 즉 '두 마리의 쥐가 한 구멍 속에서 싸운다'는 말로 비유한다. 이 성어의 출전은 〈염파인상여열전〉이다. 참고로 이와 같은 뜻의 성어로는 '양호공투(兩虎共鬪)'가 있다. '호랑이 두 마리가 한데 엉켜 싸운다'는 뜻이다. 출처는 〈춘신군열전〉이다. 두 강자가 서로 싸우는 것을 비유하는데, 둘 다 크게 다친다는 점에서 '양서투혈'과 같다.

전국시대 조나라의 막강한 실력자 평원군(平原君, ?~기원전 251)의 탈세를 적발하고 관련 인물 아홉을 가차 없이 처단한 조사(趙奢, ?~기원전 261)라는 말단 세무 공무원이 있었다. 화가 난 평원군은 조사를 잡아들여 죽이려 했다. 조사는 전혀 두려움 없이 평원군 앞에서 당당하게 '공적인 일을 받들고 법을 지키라(봉공수법奉公守法)'라며 노블레스 오블리주를 강조했다. 조사의 당당한 태도와 옳은 말에 감동한 평원군은 조사를 세금 책임자로 발탁했고, 그 뒤 조사는 장수가 되어 나라를 위해 크게 활약했다.

그 무렵 강대국 진나라가 한나라를 공격하여 알여(閼與)라는 곳에 진을 쳤다. 한나라와 조나라는 국경을 접하고 있었고, 진나라는 한나라를 통해 조나라까지 넘보겠다는 속셈이었다. 조나라 왕은 명장 염파(廉頗)에게 알여를 구원할 수 있는 대책을 물었으나 염파는 길이 멀고 험난하여 구출하기 어렵다고 했다. 다른 신하들의 대답도 마찬가지였다.

이때 조사가 나서 "길이 멀고 험난하며 좁은 곳에서는 '두 마리의 쥐가 구멍 속에서 싸우는' 것과 같아서, 용감한 장수와 군사를 가진 쪽이 이깁니다"라고 대답했다. 조왕은 조사를 장수로 삼아 알여를 구원하게 했다. 조사는 적의 간첩을 역으로 이용하여 진의 군대를 물리쳤다. 조사는 조나라 조정의 두 기둥인 염파, 인상여(藺相如)와 같은 대열에 오를 수 있었다.

조사는 '양서투혈'과 같은 피할 수 없는 상황이라면 용감한 쪽이 이긴다고 보았다. 조사의 말에 틀린 곳은 없다. 다만 피할 수 없는 전투의 경우에만 한정될 뿐이다. 현실에서 대부분의 '양서투혈' 상황은 두 쪽 모두 큰 상처를 입고 끝난다. 사회생활이나 기업경쟁에서도 '양서투혈'과 같은 상황이 적지 않게 일어난다. 그러한 상황은 그 자체로 힘겨울 뿐만 아니라 잘 싸워야 서로에게 상처만을 남기고 끝나기 일쑤다.

'양서투혈'이란 성어의 출처인 〈염파인상여열전〉.

안목 있는 리더라면 '양서투혈'과 같은 상황에서 어떤 선택을 할까? 먼저 이 좁은 구멍에서 빠져나갈 수 있는 방법을 찾을 것이다. 이것이 불가능하다면 싸우지 않고 윈-윈할 수 있는 방법을 찾을 것이다. 좀 더 대범한 리더라면 구멍을 키우는 묘수를 찾지 않을까? 좁은 구멍에 집착하지 않고 구멍을 넓힐 방법을 찾는 리더가 현명한 리더다. 파이를 나눌 생각만 하지 말고 파이를 키우라는 말도 있지 않은가?

현실도피자 장자(莊子)는 좁은 곳에서 서로 뒤엉켜 힘겹게 사느니 서로 모르는 넓은 물에서 유유히 노니는 것만 못하다고 했다. 일리 없는 말은 아니지만 현실은 어디까지나 현실, '한 지붕 두 가족'이란 말도 있듯이 한 구멍 속에서도 양보하고 도우며 그 구멍을 빠져나오거나 구멍을 넓힐 수 방법을 찾아야 한다.

- **양서투혈**(兩鼠鬪穴).
- **양호공투**(兩虎共鬪).
- **봉공수법**(奉公守法).

■ 나는 건설적인 갈등을 좋아한다. 그리고 사업상의 현안에 대한 최선의 결정을 도출해내는 개방적이고도 진솔한 토론을 좋아한다. 만일 한 가지 아이디어가 철저히 자유롭게 이루어지는 토론에서 살아남지 못한다면 그것은 시장에서도 살아남지 못할 것이다. – GE 전 회장, 잭 웰치(1935~2020)

제47계명

강자들의 관계를 절묘하게 활용하라

양호공투(兩虎共鬪),
두 마리 호랑이가 한데 엉켜 싸우다. -〈춘신군열전〉

앞서 '양서투혈'을 소개하면서 '양호공투'도 잠깐 언급했다. 둘 모두 내가 그런 상황에 처한다면 되도록 싸움을 피하고 다른 방법을 찾으라는 것이 요점이었다. 그런데 내가 직접 그런 상황에 처한 것이 아니라 다른 두 강자의 싸움이 내게 영향을 미칠 수 있는 경우라면 어떻게 할까? '양호공투'가 나오게 된 배경을 보자.

전국시대에 수천 명의 식객을 거느린 4공자 중 한 사람이었던 초나라 춘신군(春申君, ?~238 기원전)은 성은 황(黃)이고 이름은 헐(歇)이었다. 그는 일찍이 강대국 진나라에 사신으로 갔다가 진나라에 속아 땅을 빼앗기는 수모를 겪었다. 또 그보다 앞서 회왕(懷王)이 진나라의 꾀임에 넘어가 진나라에 입조하였다가 억류되어 돌아오지 못하고 진나라에서 죽은 치욕도 경험했다. 이 때문에 그는 늘 강대국 진나라가 초나라를 공격하지 않을까 걱정이 되어 임금에게 진나라와 정면충돌은 피하라고 충고했다.

'두 마리의 호랑이가 서로 싸운다'는 '양호공투'는 춘신군이 진나라 소왕(昭王)을 찾아가 초나라와의 충돌을 피하라고 간언한 대목에서 나온다. 두 마리의 호랑이란 진나라와 초나라를 가리킨다. 춘신군은 그러면서 《시경》의 "처음이 없는 것은 없으나 끝이 좋은 것은 드물다"는 구절을 인용해가며 초나라를 건드려 좋을 것이 없다는 자신의 논리를 합리화하고 있다. 소왕은 춘신군의 논리에 설득당해 초나라에 대한 공격을 중지했다.

그 뒤 춘신군은 재상이 되어 20년 동안 부귀영화를 누리며 조정을 좌우했으나 늙어서 주영(朱英)의 충고를 듣지 않다가 이원(李園)이 보낸 자객에게 살해당하고 말았다. 집안은 멸문의 화를 당했다.

춘신군은 '양호공투'의 논리로 강국의 공격을 막았으나 정작 자신은 지키지 못했다.

사마천은 춘신군의 옛 성과 궁궐을 직접 답사했다. 그런 다음 춘신군이 처음에는 총명하게 일을 잘 처리했으나 결단해야 할 때 내리지 못하다가 난을 당했다며 아쉬움을 토로했다. 춘신군은 '처음은 좋았으나 끝이 좋지 못했다.'

'양호공투'는 내가 처한 상황에 따라 몇 가지 다른 경우의 수가 발생할 수 있다. 먼저, 내가 호랑이와 같은 강자라면 다른 호랑이(경쟁상대)와 맞붙어 싸우는 경우와 싸움을 피하는 경우가 있을 수 있다. 싸움을 피하는 경우도 서로 협상을 통해 충돌을 피하는 경우와 일방적으로 나나 상대가 피하는, 즉 굴복하는 상황이 있다.

다음으로 두 마리 호랑이, 즉 두 강자의 경쟁이 나에게 영향을 미칠 때 내가 이 두 호랑이 사이에서 어떻게 처신하느냐의 상황이 있다. 이때 내가 나서 두 호랑이의 싸움을 말리거나 관계개선을 중재하는 경우가 있다. 또 두 호랑이의 싸움을 부추겨야 할 상황이 있을 수 있다. 단, 이럴 경우 자칫 잘못하면 두 호랑이의 의심을 사거나 도리어 공격을 받을 수 있다.

두 마리의 호랑이가 서로 싸우면 결과는 모두가 심각한 상처를 입기 십상이다. 쌍방이 힘이 막상막하일 때는 힘의 균형을 유지하면서 서로 견제하는 것이 현명하다. 그러면서 상대의 허점을 찾아내기 위해 각종 정보망을 동원하여 상대를 탐지해야 한다. 이것이 손무가 말하는 이른바 '나를 알고 상대를 알면 백번 싸워도 위태롭지 않다(지피지기知彼知己, 백전불태百戰不殆)'는 것이다. 모든 경쟁의 승패는 결국 나와 상대에 대한 정확한 정보파악에서 결정 난다. '양호상투'는 '용호상박(龍虎相搏)'이란 성어로 바꾸어 써도 무방하다.

- **양호공투(兩虎共鬪).**
- **용호상박(龍虎相搏).**

경쟁상대와의 관계를 어떻게 처리하는가?

■ 훌륭한 경쟁사보다 더 좋은 축복은 없다. UPS와 페덱스의 경쟁 관계에서 볼 수 있듯이 훌륭한 경쟁사는 긴장의 끈을 놓지 않도록 해준다. 누군가 쫓아오는 사람이 없으면 절대 발전할 수 없다. – 현대 경영의 창시자, 톰 피터스(1942~)

제48계명

당당하게 자존심을 지켜야 할 때가 있다

영위계구(寧爲鷄口), 물위우후(勿爲牛後).
닭의 주둥이(대가리)가 될지언정 소꼬리는 되지 말라. -〈소진열전〉

'영위계구, 물위우후'는 전국시대 걸출한 유세가 소진(蘇秦, ?~기원전 약 284)이 인용한 유명한 속담으로, 한나라 혜왕(惠王)을 설득하는 장면에서 나온 비유적 표현이다. 단순하게 말하자면, 큰 지역의 작은 자리를 차지하고 있느니 작은 지방의 우두머리가 낫다는 뜻이다.

소진이 인용한 위 속담은 많은 사람들이 즐겨 인용하는 명언이기도 하다. 소진은 당시 전국 7웅 중에서 가장 강한 대국으로 성장하는 진나라를 견제하기 위해 '합종(合縱)'이라는 6국 연합정책을 제시하여 진의 세력 확장을 일시나마 막을 수 있었다. 위 명언은 한나라 혜왕을 자극하여 진나라를 섬기지 못하도록 설득하는 과정에서 나왔다. 그중 가장 중요한 대목을 한번 들어보자

"속담에 '닭의 주둥이가 될지언정 소꼬리는 되지 말라'는 말이 있습니다. 지금 서쪽의 진을 향해 손을 마주잡고 신하가 되어 진을 섬긴다면 소꼬리와 다를 것이 뭐 있습니까? 도대체 대왕처럼 현명한 군주에 강력한 군대까지 갖고 있으면서 소꼬리 소리를 듣는다면, 오히려 신이 부끄러워 어찌할 바를 모르겠습니다."

상대의 자존심을 건드리는 소진의 선동술이 이만저만한 것이 아니다. 혜왕은 결국 소진의 선동에 넘어갔다.

춘추전국 시대의 산물 가운데 특기할 만한 것이 '책략가(策略家)'들의 등장이다. 책략가들은 다른 말로 모사(謀士), 책사(策士)라 부르며, 특히 '유세객(遊說客)'이란 특수한 용어로 그들의 형상을 묘사하기도 한다. 오늘날의 용어를 빌자면 국제관계 전문 로비스트(lobbyist)들이라 할 수 있다. 이들은 국경을 자유롭게 넘나들며 당시 국제정세를 분석하고 평가하여 자신들을 인정해주는 군주에게 발탁되어 외교권을 장악한 인물들이다.

이들의 활약상과 외교 논리는 오늘날에 있어서도 충분히 참고할 만한 가치가 있다. 우리가 외교에서 죽을 쑤는 것도 진정한 국제관계 전문가로서 로비스트가 없기 때문이라는 지적도 있다. 이런 점에서 일찍이 2천 수백 년 전에 각국을 넘나들며 눈부신 활약을 보였던 국제적인 직업 유세객들의 존재는 연구하고 분석할 값어치가 충분한 대상이라 하지 않을 수 없다. 그중에서도 소진과 장의는 여러 면에서 유세객의 표본이라고 할 수 있다.

외교협상(담판)에서 자존심을 세운 실제 사례 하나를 소개한다. 내용이 다소 길지만 충분히 음미할 만하다.

1945년 7월, 중·미·영·소 4국은 일본의 무조건 항복을 촉구하는 포츠담회담을 열어 극동 국제 군사법정을 설립하고 일본의 수도 도쿄에서 전범(戰犯) 재판을 진행했다. 중국은 접수국의 하나가 되었고, 매여오(梅汝璈, 1904~1973)는 중국의 법관으로 재판에 참가했다.

1946년 봄, 극동 국제 군사법정에 출석할 11국의 법관들이 모두 도쿄에 모였다. 우선 관심사로 떠오른 것은 법정에서 각국의 법관이 앉을 자리의 배열과 순서였다. 연합군의 최고 사령관 맥아더의 지정에 따라 재판장은 오스트레일리아의 명망 높은 법관이 맡게 되었다. 재판장 외에 미·영·중·소·캐나다·프랑스·싱가포르·네덜란드·인도·필리핀의 10국 법관들이 참석했다. 재판장은 당연히 가운데에 앉았고, 재판장 왼쪽 두 번째 자리는 미국 법관으로 결정되었다. 그렇다면 오른쪽 두 번째 자리는 어느 나라 법관에게 배정되어야 하나? 법관들 사이에 열띤 토론이 벌어졌다. 이 재판에 있어서 자리의 순서는 그 법관이 소속된 국가의 지위를 나타낸다는 사실을 모르는 사람은 아무도 없었다.

국가의 체면을 위해 중국 대표 매여오도 두 번째 자리를 차지해야겠다고 마음먹었다. 당시 중국은 '세계 4대 강대국'의 하나로 꼽히고는 있었지만, 국력이 약해 이름뿐이었다. 어떻게 해야 하나?

"개인의 자리를 논하는 것이라면 저는 신경도 쓰지 않겠습니다.

그러나 우리 모두가 이미 각자의 나라를 대변하는 사람이니만치, 저로서는 본국 정부의 지시를 받아야 하겠습니다."

매여오의 이 말에 참석자 모두는 깜짝 놀랐다. 법관들 모두가 본국의 지시를 받는다면 어느 세월에 토론을 벌이고 재판을 진행한단 말인가? 놀라 어쩔 줄 몰라 하는 동료 법관들의 얼굴을 바라보면서 중국 법관 매여오는 계속해서 다음과 같이 말했다.

"그리고 저는 법정의 자리 배열은 일본이 항복했을 때 항복을 받아들인 국가가 서명을 한 순서대로 앉는 것이 가장 합리적이라고 생각합니다. 먼저 지금 일본의 전범들을 심판함에 있어서, 중국은 가장 많은 피해를 입었고, 항전 기간도 가장 길어 희생 또한 가장 컸습니다. 따라서 어느 모로 보나 8년간 피를 흘리며 싸운 중국이 당연히 두 번째 자리를 받아야 합니다. 그런 다음 일본의 무조건 항복이 없었다면 오늘의 이 재판도 없었을 테니, 항복을 받아들인 나라들이 서명을 한 순서대로 자리를 배정하는 것이 순리라 생각합니다."

중국 법관은 여기까지 말한 다음 잠시 한숨을 돌리고 가벼운 미소를 지으며 "물론 각국의 친구들이 이 의견에 찬성하지 않는다면, 체중계를 가져다가 몸무게순으로 앉는 것도 괜찮다고 생각합니다만!"라는 유머까지 곁들였다.

중국 법관의 이 말이 채 끝나기도 전에 각국 법관들은 참지 못하고 폭소를 터뜨렸다. 재판장 웹은 "당신의 건의는 매우 좋습니다만, 그것은 운동 경기에나 적용되는 것 아닙니까?"라고 응수했다. 매여오는 재판장의 이 응수에 "만약 서명한 순서대로 자리를 배열하는 데 반대할 경우에 체중에 따라 정하자는 것이지요. 그렇게 해서 제가 제일 마지막 자리에 앉게 된다 해도 기꺼이 받아들일 것이며, 저의 조국도 저의 의견을 존중할 것입니다. 만약 본국에서 제가 제일 끝자리에 앉는 것이 합당하지 않다고 판단한다면 저보다 뚱뚱한 사람을 제 대신 보낼 것입니다"라고 말해 다시 한 번 좌중을 폭소의 도가니로 몰아넣었다.

웃음은 웃음으로 돌아오는 법, 웃는 낯에 침 뱉으랴! 재판장도 끝내 웃음을 참지 못하고 탁상을 두드리며 파안대소했다. 떠나갈 듯한 웃음의 물결이 한바탕 법정을 쓸고 지나가자, 재판장은 갑자기 입장 순서를 미·영·중·소·프랑스·캐나다…의 순서로 선포했다. 만족할 줄 알았던 중국 대표 매여오는 즉각 이 결정에 대해 단호한 어조로 항의하고 나섰다. 법관을 상징하는 검은 법복을 벗으면서 '리허설' 참여를 거부했다. 그는 "오늘 리허설은 많은 기자들과 영화 제작에 종사하는 사람들이 지켜보고 있습니다. 일단 내일 언론 보도를 통해 사실이 발표될 것입니다. 제 건의에 대해 동지들 사이에 별다른 이의가 없다 해도, 저는 제 건의를 표결에 붙일 것을 요구합니다. 그렇지 않으면 저는 리허설에 참석하지 않고 귀국하여 정부에 사표를 낼 것입니다"라고 말했다.

체면과 명분을 확실히 지켜야 할 때와 장소가 있다. 리더는 이 때와 장소를 분명하게 인식할 줄 알아야 한다. 중국의 외교관 매여오는 이 점을 정확하게 알아 처신했다.

재판장은 법관들을 소집, 이 안건을 표결에 붙였고, 리허설은 예정 시간보다 30분 늦어졌다. 입장 순서는 중국 대표 매여오가 제안한 대로, 미·영·중·소·캐나다·프랑스…의 순서로 정해졌다.

10국 법관들과 벌인 매여오의 설전은 실로 돋보였다. 그는 먼저 법정에 참여하지 못하는 일이 있더라도 자신의 견해를 관철시키고자 했다. 이는 정신적인 면에서 상대를 압도하는 것이었다. 동시에 그는 또 자신의 주장을 뒷받침하는 두 가지 가장 강력한 이유를 여러 사람들에게 환기시켰다. 하나는 이 법정이 일본의 전범들을 재판한다는 것이었고, 또 하나는 중국이 '가장 오래 항전하면서 누구보다도 처참한 희생을 치른' 나라라는 것이었다. 이 두 가지 이유는 너무도 당연한 사실이었고, 따라서 다른 사람들도 달리 할 말이 없었다.

매여오는 '옳은 일은 양보하지 않는다'는 '당인불양(當仁不讓)'의 자세를 견지하여 외교 무대에서 중국의 자존심을 지킨 것은 물론 국제 사회에서의 역할을 당당하게 얻어냈다. 경쟁에서도 자존심을 확실하게 지켜야 할 경우가 얼마든지 있다. 특히 대의명분(大義名分)이 중요한 일이라면 자존심을 꺾어서는 안 된다.

246

- 영위계구(寧爲鷄口), 물위우후(勿爲牛後).
- 당인불양(當仁不讓).

지나치게 자존심을 앞세우다 협상에서 실패한 경험이 있는가?

■ 대부분 리더는 사람들에게 자신이 준 점수에 따라 대한다. 직원을 보통 수준의 5라고 생각해 5점 대우를 한다면 그들은 그에 걸맞게 행동한다. 모든 사람은 인간으로서 가치를 가지고 있다. 존경과 존엄성을 갖고 대우받을 자격이 있다. 낮은 실적을 보상하라는 말이 아니다. 사람들은 당신이 해준 만큼 행동한다. 10점 만점으로 그들을 대우하면 그들은 10점으로 보상할 것이다. – 리더십 이론 전문가, 존 맥스웰(1947~)

제49계명

내게도 돌아올 화살이 진짜 화살이다

위법지폐(爲法之敝), **일지차재**(一至此哉)!
법 집행의 폐해가 마침내 여기에게까지 이르렀구나! -⟨상군열전⟩

'법 집행의 폐해가 마침내 여기에까지 이르렀구나'라는 이 명구는 '내가 만든 법에 내가 당했다'는 묘한 뜻을 담고 있는 성어이기도 하다. 전국시대 말기 진나라로 건너가 국정 전반에 걸쳐 개혁을 단행한 중국 역사상 최고의 개혁가 상앙(商鞅, 기원전 약 390~기원전 338)의 입에서 나왔다. 상앙은 진나라 효공(孝公)에게 발탁된 뒤 두 차례 변법(變法) 개혁정치를 실행하여 진나라를 사회경제적으로 전면 변혁시키는 등 부국강병을 이룩하고, 나아가 천하통일의 주춧돌을 놓는 데 결정적인 역할을 했다.

그는 호적을 정리하여 세금징수의 원천을 확보하고, 연좌제(連坐制)를 실시하여 법 집행을 강화했다. 부모와 장성한 자식이 한집에 살지 못하게 함으로써 호구를 늘려 생산과 군대에 필요한 인구를 확보하는 등 다양하고 혁신적인 정책을 수행했다. 이와 동시에 귀족과 제후의 개인 권력을 약화시키기 위해 권력을 중앙으로 집중시켰다. 법 집행에는 아무리 귀한 신분이라도 봐주지 않았다. 태자조차 봐주지 않을 정도였다. 이 때문에 태자와 사이가 크게 벌어지기도 했다. 상앙은 지금까지 법이 지켜지지 않았던 가장 중요한 까닭은 귀한 신분일수록 법을 지키지 않기 때문이라는 점을 정확하게 인식했고, 이런 인식을 바탕으로 가혹할 정도로 철저하게 법을 집행했다.

효공 12년인 기원전 350년 함양(咸陽)으로 도읍을 옮긴 다음에는 가족제도와 행정구역을 바꾸고, 도량형을 통일했다. 농업 생산의 실적에 따라 상벌을 내리고, 전쟁에서 적의 머리를 베어오는 사람에게는 큰상을 내리는 등 능력과 능률에 따른 상벌제도를 엄격하게 실천했다. 상앙은 이를 뒷받침하는 가혹한 법률을 많이 제정했다. 이 때문에 적지 않은 사람, 특히 수구 기득권 세력의 원망을 사기도 했지만, 백성들은 이런 법 집행에 환호를 보냈다.

그러나 자신을 전적으로 지지하던 효공이 죽고 태자가 즉위하자 상앙은 세력을 잃고 쫓겨 다니는 신세가 되었다. 쫓겨 다니던 상앙이 여관에 투숙하려고 했다. 여관 주인은 "상군(商君, 상앙)의 법에 따르면 여행권이 없는 자를 투숙시키면 처벌을 받습니다"라며 상앙의 투숙을 거절했다. 자신의 손으로 만든 법이 자신을 구속하는 어처구니없는 상황에서 상앙은 한숨을 내쉬며, "법 집행의 폐해가 마침내 여기에까지 이르렀구나!"라며 한탄했다고 한다(이 명구는 훗날 줄여서 '위법자폐爲法自斃' 또는 '작법자폐作法自斃'로 많이 인용한다).

상앙의 법은 엄격했다. 무엇보다 기득권 세력과 힘 있는 사람이 앞장서서 지켜야 한다고 인식했다. 그리고 그가 만든 법은 고스란히 자신에게 적용되어 사지가 잘리는 혹형을 받고 죽었다. '위법지폐, 일지차재'는 상앙이 붙잡히기 전에 내뱉은 탄식이었다.

상앙의 사례는 원칙과 법이 엄격해야 하는가, 아니면 너그러워야 하는가를 놓고 역대로 많은 논쟁을 불러일으켰다. 이 문제의 핵심은 법 조항의 엄격함 여부가 아니라 법 집행의 엄격함이다. 법 조항이 엄격하든 느슨하든 그 집행은 정확하고 엄정해야 한다. 귀천을 가려가며 차별적으로 집행한다면 그 법 조항이 아무리 훌륭하고 완전해도 죽은 조항이나 다름없기 때문이다.

조직을 이끄는 데 있어서 리더에게는 자기 나름의 원칙 내지 철학이 있어야 한다. 그 자체가 리더십이다. 이 원칙은 자신은 물론 모든 사람 내지 모든 경우에 똑같이 적용되어야 한다. 상앙이 만든 법의 화살은 결국 자신에게로 날아들었다. 상앙은 그 화살을 맞으며 안타까운 조로 탄식했다. 그의 탄식이 갖는 정확한 의미를 알 수는 없다. 하지만 제대로 된 리더십을 갖춘 리더라면 그 화살을 기꺼이 맞으며 회심의 미소를 흘릴 것이

자신이 만든 법에 걸려 죽은 상앙의 사례는 리더에게 적지 않은 울림을 준다. 법과 원칙은 누구에게나 공정하고 공평하게 적용되어야 하고, 그것을 기꺼이 받아들이는 리더가 제대로 된 리더라는 점을.

다. 내가 만든 그 화살이 정확하게 과녁을 꿰뚫을 수 있는 진짜 화살이었으니 말이다. 물론 그 화살에 맞는 일이 없어야겠지만.

원칙이나 법이 만고불변(萬古不變)일 수는 없다. '만고불변'이어서도 안 된다. 그러나 어느 시점, 어떤 일에 꼭 필요해서 만든 원칙과 법이라면 반드시 지켜야 한다. 거기에 사심이 개입되거나 사람에 따라 달리 적용되어서는 더더욱 안 된다. 실수와 잘못이 있다면 리더 또한 이 원칙과 법에 따라 처분을 받아야 한다. 제갈량의 '읍참마속(泣斬馬謖)'이 우리 리더들에게 남긴 메시지가 바로 이것이었다.

- **위법지폐(爲法之敝), 일지차재(一至此哉)!**
- **위법자폐(爲法自敝).**
- **작법자폐(作法自斃).**

리더십 학습노트
나의 실수와 잘못을 덮고 넘어간 적이 있는가?
지금 그 당시를 돌아보면 어떤 생각이 드는가?

■ 내 몸이 바르면 명령하지 않아도 따르고, 내 몸이 바르지 못하면 명령해도 따르지 않는다(기신정其身正, 불령이행不令而行 ; 기신부정其身不正, 수령부종雖令不從). – 공자(기원전 551~기원전 479)
■ 복숭아나무와 자두나무는 말이 없지만 그 아래로 절로 큰길이 난다(도리불언하자성혜桃李不言下自成蹊). – 사마천(기원전 145년~기원전 90)

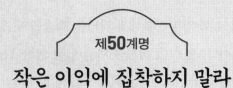

제50계명

작은 이익에 집착하지 말라

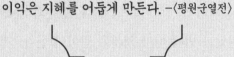

이령지혼(利令智昏),
이익은 지혜를 어둡게 만든다. -〈평원군열전〉

'이익에 눈이 멀었다'는 말을 한다. 눈앞의 사소한 이익에 많은 사람들이 뜻을 꺾었고, 많은 인간들이 의리에 등을 돌렸다. 그래서 사마천은 '이익은 지혜를 어둡게 만든다'라고 말한다.

'利'라는 글자는 '禾'(벼, 재물)와 '刀'(칼, 싸움)가 합쳐진 글자다. 뜻이 의미심장하다. 재물을 칼로 나눈다고 해석할 수도 있지만, 아무래도 어색하다. 재물을 눈앞에 두고 칼을 들고 싸우게 만드는 것이 '利'라고 해석하는 것이 그럴듯해 보인다.

비슷한 뜻의 사자성어로 '소탐대실(小貪大失)'이 있다. 어법상 '탐소실대'가 맞고, 실제로 출전인《여씨춘추(呂氏春秋)》에는 '탐소실대'로 나오지만 어감으로는 '소탐대실'이 무난하다. 관련한 사례 하나를 보자.

전국시대 말기 연나라와 제나라가 크게 싸웠다. 연나라 소왕(昭王, ~기원전 279)은 인재들을 잘 대우하여 악의(樂毅)라는 명장을 얻었고, 악의는 연나라의 숙적 제나라를 대파했다. 제나라 민왕(閔王)은 거듭된 패배에도 불구하고 장병들을 다그치기만 했다.

민왕은 사령관 촉자(蜀子)에게 승리하지 못하면 가족들을 모조리 죽이고, 조상들 무덤까지 파헤치겠다고 협박했다. 촉자는 은근히 제나라의 패배를 바랐고, 결국 악의에게 패하여 달아났다. 그는 행방불명이 되어 아무도 그의 행방을 알 수 없었다.

촉자에 이어 달자(達子)가 군대를 이끌게 되었는데 병사들의 사기를 올리기 위해 민왕에게 상금을 요청했다. 민왕은 욕을 하며 이를 매몰차게 거절했다. 달자는 전투에서 죽고 민왕도 도망칠 수밖에 없었다. 연나라 장수 악의가 제나라 도성에 들어가 보니 금은보화가 산더미처럼 많았다.

《여씨춘추》는 이런 이야기를 전하면서 끝머리에 '작은 이득을 탐함으로써 큰 이득을 잃은 예이다'라고 평했다. 뉘앙스는 조금 다르지만 '빈대 잡으려다 초가삼간을 태운다'는 우리 속담이 이 성어와 뜻이 비슷하다.

북제시대 유주(劉晝, 514~565)의 《신론(新論)》에도 이런 이야기가 나온다. 전국시대 진나라 혜왕이 촉나라를 공격하기 위해 계략을 짰다. 혜왕은 욕심이 많은 촉후(蜀侯)를 이용해 지혜로 촉을 공략하기로 했다. 그래서 신하들로 하여금 소를 조각하게 해서 그 속에 황금과 비단을 채워 넣고 '쇠똥의 금'이라 칭한 뒤 촉후에 대한 우호의 예물을 보낸다고 소문을 퍼뜨렸다. 이 소문을 들은 촉후는 신하들의 간언을 듣지 않고 진나라 사신을 접견했다.

진의 사신이 올린 헌상품의 목록을 본 촉후는 눈이 어두워져 백성들을 징발하여 보석으로 치장한 소를 맞이할 길을 만들었다. 혜왕은 보석의 소와 함께 장병 수만 명을 촉나라로 보냈다. 촉후는 문무백관을 거느리고 도성의 교외까지 몸소 나와서 이를 맞이했다. 이 순간 진나라 병사들은 숨겨 두었던 무기를 꺼내 벼락같이

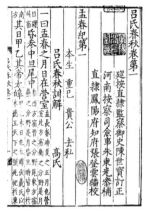

눈앞의 작은 이익에 집착하다가 망한 사례는 역사뿐만 아니라 기업을 비롯한 거의 모든 조직에서 다 일어난다. 그 이익이 가져다 줄 결과에 대한 깊은 성찰이 요구되는 것이 이 때문이다. '소탐대실'이란 성어의 출처인 《여씨춘추》 판본이다.

촉을 공격하였고, 촉후는 사로잡혔다. 촉은 망하고 '보석 소'는 촉의 치욕의 상징으로 남았다. 촉후의 소탐대실이 나라를 잃게 만든 것이다. '소탐대실'은 이처럼 작은 것에 눈이 어두워져 큰 것을 잃는다는 뜻으로 쓰이는 말이다. '눈앞의 이익 때문에 의리를 잃는다'는 뜻의 '견리망의(見利忘義)'와 일맥상통한다.

작은 이익 때문에 큰 것을 놓치거나 잃은 경험이 있는가? 눈앞에 보이는 이익에 흔들리는 것은 인지상정(人之常情)에 가깝다. 바로 그 '인성의 약점'에 흔들리지 않아야만 큰 것을 잃지 않을 수 있다. 그래서 공자는 '견리사의(見利思義)'라 잘라 말했다. '이익을 보면 그것이 의로운 것인가를 생각하라'는 뜻이다.

프랑스의 작가·사상가인 루소(1712~1778)는 "우리 손안에 있는 돈은 자유를 유지하는 일종의 도구지만, 우리가 뒤쫓는 금전은 자신을 노예로 만드는 도구다"라고 하여 금전에 대한 맹목적 추구가 가져올 결과에 대해 경고한 바 있다. 우리가 맹목적으로 금전을 뒤쫓는다면 실패와 몰락이 우리 등 뒤에서 회심의 미소를 흘리고 있을 것이다. '이익이 우리의 지혜를 흐리게 만든다'는 사마천의 경고를 예사롭게 흘려듣지 말라.

- **이령지혼(利令智昏).**
- **견리사의(見利思義).**
- **견리망의(見利忘義).**

리더십 학습노트
어려운 상황에서 눈앞에 작지만 작지 않은 도움이 될 이익이 있을 때 나는 어떤 선택을 할까?

■ 인건비는 행복을 얻고자 회사에 들어와 열심히 일한 직원의 노동에 대한 대가다. 회사의 목적은 직원을 행복하게 만드는 것, 그런 의미에서 직원을 행복하게 만드는 인건비를 지불하는 일은 기업 활동의 진정한 목적이기도 하다. 우리 회사에서는 직원을 가족으로 생각한다. 인건비 총액이 많을수록 좋은 일이라고 여긴다. 인건비를 절감의 대상인 비용으로 여기지 않는 것이다. – 이나식품공업 회장, 츠카코시 히로시(1937~)

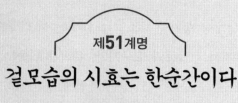

제51계명

겉모습의 시효는 한순간이다

이색사인자(以色事人者), 색쇠이애이(色衰而愛弛).
얼굴로 사람을 섬기는 자는 얼굴이 시들면 사랑을 잃는다. -〈여불위열전〉

전국시대 국제적인 거상 여불위(呂不韋, 기원전 292~기원전 235)는
자신이 포섭하고 투자한 자초(子楚)를 진나라의 왕으로 만들기 위
해 위와 같은 말로 자식이 없는 화양부인(華陽夫人)을 설득하여 자
초를 양자로 삼게 하는 데 성공했다. 이에 대해서는 제24계명 '장기
투자가치에 주목하라'에서 상세히 살펴보았지만 한 번 더 간략하게
이야기해본다.

당시 진나라의 유력한 왕위 계승자인 안국군(安國君)에게는 20명
이 넘는 아들이 있었다. 그 가운데 자초는 안국군의 첩들 가운데
한 사람인 하희(夏姬)의 몸에서 태어나 조나라에 인질로 보내졌다.
조나라는 자초를 아주 형편없이 대접했고, 자초는 밥을 굶을 정도
로 생활이 말이 아니었다. 사업차 조나라에 온 장사꾼 여불위는 마

침 자초를 발견하고는 '귀한 물건은 미리 차지해두자'(기화가거奇貨可居라는 성어가 이 대목에서 나왔다)고 판단했다. 여불위는 자초를 경제적으로 보살펴 주는 한편, 그에게 막대한 자금을 지원하여 조나라 수도 한단에 와 있는 각국 유명인사들과 사귀게 했다.

이어 여불위는 자초를 안국군이 가장 아끼는 화양부인의 양아들로 만들기 위해 진나라로 건너가 화양부인과 그 친인척들을 설득했다. 여불위의 지극한 정성에 넘어간 화양부인은 안국군에게 자초를 칭찬하며 양아들로 삼자고 청하여 마침내 허락을 받아낸다.

안국군은 소왕(昭王)의 뒤를 이어 왕위에 올랐으나 1년 만에 죽고, 자초가 왕으로 즉위하게 되었다. 이가 장양왕(莊襄王)이자 진시황의 아버지다(진시황의 진짜 아버지는 자초가 아니라 여불위라는 설이 유력하다).

여불위는 자초를 왕위에 앉히는 데 결정적인 공을 세웠다. 이 과정에서 여불위가 보여준 처세와 상대를 설득하는 말솜씨는 타의 추종을 불허한다. 화양부인의 마음을 얻기 위해 여불위는 먼저 그 언니를 설득했다. 여불위는, 지금은 아름다운 얼굴로 안국군의 총애를 받고 있지만 나이가 들어 늙으면 사랑도 시들기 마련이니 그때는 뭐니 뭐니 해도 든든한 아들이 있어야 한다고 했다.

역사상 뛰어난 유세가들이나 처세술에 능했던 사람들은 어김없이 여불위처럼 인성(人性)의 약점을 교묘하게 파고들어 자신의 논리를 합리화하고 상대를 설득했다.

일시적으로 성공한 사람, 특히 갑자기 성공한 리더들에게서 발견되는 공통된 현상 중 하나는 겉모습을 꾸미는데 신경과 돈을 많이

들이는 것이다. 상대를 평가할 때도 그 사람의 내면이 아닌 겉모습에 치중한다. 심지어 함께 일하는 사람, 특히 여성 비서를 뽑을 때도 미모를 우선 본다. 심지어 스캔들까지 일으켜 조직을 한순간 엉망으로 만드는 일도 있다.

사람이 나이가 들어 늙는 것은 자연의 섭리다. 누구도 거스를 수 없다. 리더의 외모는 당연히 중요하다. 깨끗한 차림과 말끔한 얼굴은 기본이다. 외모에서 비호감을 사면 협상과 대화에 도움이 되지 않는다. 하지만 지나친 치장 역시 호감을 줄 수 없다. 같은 부류의 상대가 아니라면 말이다. 지나치게 꾸민 외모와 요란한 치장의 시효는 한순간이다. 이런 사람은 몇 마디 대화만 나누어도 금세 그 진면목을 간파할 수 있다.

여불위는 미모로 권력자를 섬긴 사람은 그 미모가 시들면 당연히

여불위는 '외모의 유효기간'에 관해 절묘한 비유로 상대를 설득했다. 사진은 낙양 교외에 남아 있는 여불위의 무덤이다. 여불위는 거상임에도 장례는 간소한 '박장(薄葬)'을 주장했다.

사랑도 식는다고 했다. 하지만 겉모습이 아닌 내면의 아름다움과 진정한 실력으로 인정받는 사람이라면 아무리 늙어도 그에 대한 사랑과 존중이 식을 리 없지 않은가? 여불위가 말한 미모, 즉 겉모습을 순수한 내면과 실력으로 바꾸어보면 된다. 그런 리더라면 함께하는 사람 역시 겉모습이 아닌 좋은 품성의 실력을 갖춘 인재일 것이다. 《한비자》에 이런 이야기가 있다.

춘추시대 노나라의 세력가 맹손(孟孫)이 사냥을 나가 새끼 사슴 한 마리를 잡았다. 맹손은 진서파(秦西巴)를 시켜 새끼 사슴을 수레에 잘 싣고 오라고 했다. 진서파가 새끼 사슴을 챙겨 돌아오는데 어미 사슴이 계속 따라오며 슬프게 울었다. 진서파는 어미 사슴의 애처로운 모습에 마음이 움직여 새끼 사슴을 그냥 놓아주었다. 집으로 돌아온 맹손이 진서파에게 새끼 사슴의 행방을 묻자 진서파는 차마 잡아 올 수 없어 어미 사슴에게 돌려주었다고 답했다. 화가 난 맹손은 그 자리에서 진서파를 내쫓았다.

그로부터 몇 달 뒤 맹손은 다시 진서파를 불러들여 자기 아들의 선생에 임명했다. 맹손의 수레를 담당하는 자가 벌을 받은 사람을 어째서 그렇게 중요한 자리에 앉히냐고 물었다. 맹손은 "새끼 사슴 하나도 해치지 못하는 마음을 가진 사람인데 하물며 사람에게야 오죽하겠느냐!"고 말했다. 맹손은 진서파가 갖춘 내면의 품성을 정확하게 인식했던 것이다.

• 이색사인자(以色事人者), 색쇠이애이(色衰而愛弛).

리더십 학습노트
나는 사람의 겉모습에 대해 얼마나 신경을 쓰는가?

■ "세상에서 가장 어려운 일이 뭔지 아니?"

"흠…글쎄요, 돈 버는 일? 밥 먹는 일?"

"세상에서 가장 어려운 일은 사람이 사람의 마음을 얻는 일이란다. 각각의 얼굴
만큼 다양한 각양각색의 마음은 순간에도 수만 가지의 생각이 떠오르는데 그 바
람 같은 마음이 머물게 한다는 건 정말 어려운 거란다."

– 생텍쥐페리(1900~1944), 《어린왕자》 중에서

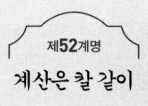

제**52**계명

계산은 칼 같이

이석추호(利析秋毫).
추호의 어긋남 없이 이익의 소재를 분석하다. -〈평준서〉

한나라 무제(武帝, 기원전 156~기원전 87) 통치기에 재정에 아주 밝았던 인물이 몇 있었다. 그중에서도 곡물과 화폐를 비롯하여 국영 전매사업이었던 소금과 철을 관장한 공근(孔僅), 재정문제에 깊이 관여한 상홍양(桑弘羊, 기원전 약 155~기원전 80), 그리고 이들을 천자에게 추천한 정당시(鄭當時) 등이 대표적이었다. 상홍양은 낙양 상인의 아들로 태어나 암산(暗算)에 뛰어났다. 그 재능 때문에 열세 살에 이미 예비 관료인 시중(侍中)으로 발탁되었다. 이 세 사람은 모두 '손익을 논할 때는 털끝 하나까지 놓치지 않을' 정도로 치밀하고 철저했다고 한다.

사마천은 이들이 재정을 관리하고, 특히 손익을 분석하는 모습을 '이석추호(利析秋毫)'라는 절묘한 표현으로 비유했다. 우리가 흔

경제와 재정 문제에서 상홍양이 남긴 '이석추호'는 기본 원칙의 하나로 받들 필요가 있다.

히 말하는 '추호(秋毫)의 어긋남이 없다'는 말이 바로 여기서 나왔다. '이석'은 글자 그대로 이익(손해를 포함한)을 분석한다는 뜻이고, '추호'는 가을철 짐승의 털을 가리킨다. 가을은 짐승의 털이 가장 많이 자라는 철이다. 그 많은 털을 한 올도 놓치지 않고 헤아린다는 비유이다. 이들이 재정 문제에 있어서 그만큼 철두철미했기 때문이다. 쉽게 말해 돈 계산에 있어서는 지독할 정도로 철저했고, 그것이 지나쳐 세금징수도 가혹했다.

기업과 조직에 있어서 경제와 재정, 그리고 연봉 문제는 대단히 복합적이고 미묘한 분야다. 나와 조직원의 생활이 직결되기 때문에 관련 분야 어느 하나 소홀히 할 수 없다. 당연히 손익에 대한 엄밀한 계산이 필요하다. 한나라가 천하를 재통일한 뒤 빠른 시일 안에 국가를 태평성세에 올려놓을 수 있었던 것도 경제 분야에 대한 전문가들을 대거 발탁하여 실무를 처리했기 때문이다. 그중에서도 위 세 사람의 손익에 대한 분석은 말 그대로 추호의 어긋남이 없었으니, 이들의 일은 비록 비천하나 그 역할과 기능은 막중했다고 하겠다.

상홍양은 지난날 진나라의 경제정책을 비판하고 한나라 경제정책의 기조를 결정하는 데 결정적인 역할을 한 인물로 꼽힌다. 이 과정에서 그가 조정 대신들과 벌인 '염철논쟁(鹽鐵論爭)'과 그것을 기록한《염철론(鹽鐵論)》은 중국 경제사를 이해하는 데 아주 귀중한 자료로 남아 있다. '염철논쟁'은 한나라 초기 국가 경제와 재정 전반에 걸쳐 치열하게 전개된 세계사적으로도 보기 드문 대토론이자 논쟁이었다.

기업의 재정문제는 사마천의 말대로 '추호'도 어긋남이 있어서는 안 된다. 지난 여러 해의 재정 관련 통계치를 분석하여 그 데이터를 기초로 기업의 재정상황을 정확하게 점검해야 한다. 또 국내외 경제상황을 잘 살펴서 기업의 성장목표와 투자 여부 등을 제대로 세워야 한다. 나아가 동서양의 역사를 시간을 내서 공부하며 세계사의 큰 흐름, 즉 메가트렌드(Megatrend)를 파악하는 일도 필요하다.

리더는 계산이 칼 같아야 한다. 인색하게 굴라는 말이 결코 아니다. 쓸데없는 곳에 낭비하지 말고 함께 하는 조직원의 보다 나은 삶의 질을 위해 재정을 튼튼히 하고, 이를 위해 '추호'의 어긋남이 없도록 재정을 관리하라는 것이다. 리더와 함께하는 사람의 풍요로운 삶이 곧 기업의 밑천이자 성장의 원동력이라는 사실을 잊어서는 안 된다. 성공한 리더들 대부분이 근검과 절약을 평생 실천한 사람들이었다.

• 이석추호(利析秋毫).

한 해의 목표를 세울 때 몇 해의 자료를 분석하는가?
국내외 경제동향도 파악하는가?

■ 사업하면서 억만장자를 만날 기회가 많았는데, 이런 공통점이 있었다. 그것은 주는 능력이 탁월하다는 것이다. 그들은 내게도 귀에 못이 박히도록 얘기한다. "성공하려면 줘야 해요. 결국 주는 사람이 성공합니다!"라고. – 바하 프레쉬 회장, 데이비드 김(1972~)

제53계명
이해관계의 본질을 인정하라

이진교소(利盡交疏).
이익이 다하면 관계는 멀어진다. -〈정세가〉

인간은 저마다 이익집단을 이루며 산다. 사회가 건전하면 이익집단은 서로 이익을 주고받으며 윈윈(win-win)하면서 균형을 이룬다. 다시 말해 이익이 적절히 분배되기만 한다면 많은 이익집단이 큰 문제없이 공존할 수 있다. 그러나 세상이 어지럽고 삶이 팍팍해지면 이익집단은 개인의 이익을 대변한다는 명분을 앞세워 집단이기주의를 서슴없이 드러낸다. 개개인의 이기주의가 단체를 빌려거기에 기대어 사회의 역기능으로 작동한다. 나누어야 할 것이 적어졌기 때문이다. 집단끼리 싸우고 관계는 멀어진다. 이익이 없어졌기 때문에. 이를 '님비(NIMBY, Not In My Back Yard) 현상'이라 한다.

묵자(墨子)로 불리는 춘추 말기의 평화 사상가 묵적(墨翟, 기원전 약 468~기원전 376)은 인간관계에서 발생하는 가장 중요한 요소로 '이해

(利害)'를 들었다. 그러면서 다음과 같이 말했다.

"이지중취대(利之中取大), 해지중취소(害之中取小)."
"이익이 맞물리면 무거운 쪽을, 손해가 맞물리면 가벼운 쪽을 택
하라."

묵적의 저서 《묵자(墨子)》의 관련 대목을 함께 인용하면 다음과
같다.

"손가락을 잘라 팔을 보존하듯 이익을 두고는 큰 쪽을 취하고, 손
해를 두고는 작은 쪽을 취해라. 손해를 두고 작은 것을 취하는 것
은 손해를 취하는 것이 아니라 이익을 취하는 것이다."

경쟁 상황에 있는 쌍방이라면 어느 쪽이든 이익을 위해 싸우고
이익을 위해 빼앗지 않을 수 없다. 정치에서 틈을 타서 이익을 취
하고 전기를 포착하는 일은 모든 리더들이 공유하는 주관적 희망
이다. 그런데 이익은 손해와 긴밀하게 연관을 맺고 있다. '새옹지
마(塞翁之馬)'라는 유명한 고사에 나오는 그 '새옹'이 말을 잃은 것이
복이 될 줄 어찌 알았겠는가? 이런 점에서 손무(孫武, 기원전 약 545~
기원전 약 470)가 말한 "따라서 지혜 있는 자가 일을 생각할 때는 반
드시 이로운 점과 해로운 점을 아울러 참작한다."(《손자병법孫子兵法》
〈구변九變〉편)는 대목은 모든 행동에 있어서 이익과 손해 두 방면을

266

아울러 참작해야 한다는 지적이다. 이로울 때 손해를 생각하고, 손해라고 판단될 때 이익을 고려해야만 맹목성에서 벗어날 수 있다.

현명한 리더는 전체 국면을 가슴에 품고 여러 경우를 고려하여 이해를 잘 저울질하면서 이익은 쫓고 손해는 피함으로써 작은 이익 때문에 큰 해를 입지 않도록 한다. 한 숟갈 먹자고 밥그릇 전체를 뒤엎는 어리석음은 범하지 않는다.

반면에 아둔한 리더들은 공리(功利)에만 눈이 어둡고 전략적 두뇌는 결핍되어 있어, 승리만 따지고 패배는 생각지 않는다. 이익만 알고 손해는 모르며, 얻는 것만 보고 잃는 것은 보지 않으며, 작은 것만 보고 큰 것은 보지 못하며, 현재에만 밝고 장래에는 어두우며, 눈에 보이는 것만 쫓고 무형의 것은 보지 못한다.

사마천은 춘추시대 정나라의 살벌한 정쟁을 기록하면서 "권력과 이익 때문에 합쳐진 자들은 권세와 이익이 다하면 멀어지기 마련이다"라는 속담을 빌어 정나라 내분의 근본적인 원인이 권세와 이해 때문임을 꼬집었다.

인간관계도 궁극적으로는 이해 관계라고 할 수 있다. 씁쓸하지만 인정하지 않을 수 없는 말이다. 이해관계가 해체되면 인간관계도 멀어질 수밖에 없다. 삭막하다. 분명

이해관계의 미묘함을 통찰하고 서로에게 이익이 될 수 있는 '교상리'의 지혜를 내라고 주장한 묵적.

한 사실은 인간관계에는 이해관계를 넘어선 차원의 인간관계도 있다는 것이다. 삭막하지만 우리가 그래도 희망을 갖고 사는 것도 이해관계를 넘어선 곳에서 우리를 향해 따스한 미소와 손길을 뻗치고 있는 또 다른 차원의 인간관계 때문이다.

이익이 다하면 관계는 멀어진다. 이 점을 인정하고 시인해야 한다. 그래야만 문제를 발견하고 해결할 수 있다. 환자가 자신의 병을 인정하지 않으면 치료할 수 없는 것과 같은 이치다. 리더는 이해관계라는 문제에 있어서 누구보다 냉정해야 한다. '이익과 손해는 한데 섞여 있는(잡우이해雜于利害)' 관계다. 묵자는 이를 통찰한 다음 '서로에게 이익이 될 수 있는' '교상리(交相利)', 즉 윈윈을 고민하라고 했다(이해관계의 문제에 대해서는 저 앞쪽 제11계명 '어려울 때 도와줄 사람이 있는가' 부분을 함께 참조하라).

- 이진교소(利盡交疏).
- 잡우이해(雜于利害).
- 이지중취대(利之中取大), 해지중취소(害之中取小).

리더십 학습노트

손익(損益)이 충돌할 때 대체로 어느 쪽을 먼저 따져보는 편인가?
좋은 관계에 있는 파트너와의 사이에 이해관계가 충돌할 때
양보하는 편인가, 아니면 이익을 놓치지 않는 편인가?

■ 관계란 자신이 한 만큼 돌아오는 것이네. 먼저 관심을 가져주고, 먼저 다가가고, 먼저 공감하고, 먼저 칭찬하고, 먼저 웃으면, 그 따뜻한 것들이 나에게 돌아오지. – 《관계의 힘》의 저자이자 문화 콘텐츠 작가, 레이먼드 조

제54계명

위임(委任)은 신임(信任)과 불신(不信)의 경계선에 있다

장재군(將在軍), 군명유소불수(君命有所不受).
장수가 군에 있을 때에는 임금의 명이라도 받지 않을 수 있다.
-〈사마양저열전〉

위는 전투에 나간 장수의 지휘권은 절대적이어야 한다는 점을 강조할 때 쓰는 명언이다. 리더의 입장에서 이를 달리 말하자면 권한을 주었으면 간섭하지 말고 확실하게 맡기라는 뜻이다. 《사기》에 이 말은 두 군데 보인다. 〈강후주발세가〉에는 "하늘에서는 천자의 명을 듣지만, 군대에서는 장군의 명령을 들어야 한다"는 거의 같은 뜻의 대목이 나온다.

이 명언은 기원전 6세기 말에서 5세기 초에 걸쳐 활약한 춘추시대의 군사 전문가로 《사마병법(司馬兵法)》이란 군사 전문서를 남긴 전양저(田穰苴, 또는 사마양저)가 한 말로 기록되어 있다. 그와 거의 동시대 사람인 《손자병법》이라는 탁월한 군사서를 남긴 손무도 이 말을 함으로써 전양저보다 더욱 유명해졌고, 이 때문에 손자가 처음 한 말인 것처럼 많이 알려져 있다(누가 먼저인지는 알 수 없다. 어쩌면 이전부터 전해오는 격언일 수도 있겠다).

손자는 자신을 군사고문으로 발탁한 오나라 왕 합려(闔閭) 앞에서 군사 시범을 보이게 되었다. 합려가 아끼는 궁녀가 명령을 제대로 듣지 않자 손무는 가차 없이 목을 자른 다음, 안타까워하는 합려에게 이 말을 남기고 있어 극적인 효과를 더해준다.(〈사마양저열전〉, 〈손자오기열전〉)

그 뒤 이 명언은 군사 지휘권에만 한정되지 않고 왕과 신하, 상관과 부하, 윗사람과 아랫사람 등 인간관계 전반에 걸쳐 **권력과 권한의 범위 및 한계라는 문제**를 부각시키고자 할 때 많이 인용되었다. 일을 맡겼으면 그에 걸맞는 권력(권한)도 주어야 하고, 권력(권한)을 주었으면 그것을 무시하거나 침범해서는 안 된다는 요지이다. 일과 그에 따른 권력(권한)을 부여받는 자는 그 권력(권한) 내에서는 누구의 명령도 받지 않을 수 있으며, 특히 전시와 같은 비상시에는 왕의 명령이라도 받거나 듣지 않을 수 있다.

관중을 재상으로 임명하는 자리에서 제나라 환공은 어떻게 하면 천하의 패주가 될 수 있겠냐고 물었다. 관중은 인재를 알아보는 지인(知人), 알았으면 그 인재를 쓰는 용인(用人), 인재를 쓰되 소중하게 쓰는 중용(重用)을 이야기한 다음 믿고 맡기라는 '위임(委任)'을 덧붙였다.

한 경제 때의 명장 주아부(周亞夫)는 군대에 있어서 권한의 위임이 승패를 가를 수 있음을 확고하게 인식하고 있었고, 이런 확고한 원칙으로 '오초칠국의 난'을 진압할 수 있었다.

이런 사례들이 뜻하는 핵심을 현대사회 조직과 기업의 실정에 맞게 이해하면 이 정도가 될 것 같다. 리더가 잘 알지 못하는 전문 분야의 일에 대해서는 어설픈 논리로 접근하거나 처리하려 하지 말고 전문가에게 맡겨라! 정치를 예로 들면, 통치자가 모든 일을 혼자 처리하려 하지 않고 유능한 전문가들에게 대폭 권한을 위임할 수 있느냐 하는 정치행위와 관계된다.

좋은 인재를 스카우트하여 우대하면서도 위임하지 못하는 리더들이 주위에 적지 않다. 알아서 하라고 해놓고 사사건건 챙기고 간여하는 리더를 많이 보았다. 외국 여행을 와서도 시도 때도 없이 아주 사소한 일까지 신경질적으로 체크 하는 리더도 있었다.

역사를 훑어보면 모든 일을 직접 챙기는 이른바 친정형(親政形) 리더로서 성공한 경우가 없지는 않았지만 실패한 경우가 훨씬 많았다. 상대적으로 권한을 대폭 위임하는 위임형(委任形) 리더로서 실패한 사례가 없는 것은 아니지만 성공한 경우가 절대적으로 많았다. <u>유능하고 성공한 리더는 대부분 유능한 인재들에게 권한을 대폭 위임했다는 사실</u>을 잊어서는 안 될 것이다. 중국 인재론에 있어서 아주 중요한 명제 가운데 하나로 '의인불용(疑人不用), 용인불의(用人不疑)'라는 것이 있다. '의심스러우면 쓰지 말고, 썼으면 의심하지 말라'는 뜻이다. 또, '인재는 데려다 쓰는 사람이 아니라 모셔와서 그 말에 따라야 자원이다'는 말도 있다. <u>위임의 본질은 '신임(信任)과 불신(不信)의 경계선'에 있다.</u>

- 장재군(將在軍), 군명유소불수(君命有所不受).
- 의인불용(疑人不用), 용인불의(用人不疑).

리더십 학습노트
사람을 의심하는 편인가?
아니면 신뢰하고 위임하는 편인가?
그 이유를 써보자.

■ 위임은 효과적인 의사결정을 할 수 있는 열쇠다. 리더는 아랫사람들에게 의사결정을 위임해야 하며, 결정을 윗사람에게 미루려는 아랫사람들의 자연스러운 성향을 거부해야 한다. 우리는 상호보완의 원칙을 따라야 하며, 다른 사람의 의사결정권리 혹은 그 능력을 빼앗는 것은 죄라는 사실을 알아야 한다. – 서비스마스터 전 회장, 윌리엄 폴라드(1941~)

제55계명
유언비어(流言蜚語)를 방치하지 마라

적훼소골(積毀銷骨),
헐뜯음이 쌓이면 뼈도 깎는다. -〈장의열전〉

《사기》가 탁월한 역사서로서 뿐만 아니라 풍부한 문학성을 가진 위대한 고전으로 꼽히는 이유들 중 하나가 바로 위에 든 '적훼소골'과 같은 절묘한 성어들 때문이다. 《사기》의 많은 격언이나 성어는 사람들의 심금을 울리는 매력을 갖고 있다. '언어의 소금'이라 불러도 손색이 없다.

'적훼소골'이란 이 성어는 불세출의 유세가 장의(張儀)가 위나라 왕을 설득하는 과정에서 사용하고 있다. 잠시 장의의 말을 한번 들어보자.

"신이 듣기에 가벼운 깃털도 많이 쌓이면 배를 가라앉히고, 가벼운 사람도 떼를 지어 타면 수레의 축이 부러집니다. 여러 사람의

274

입은 쇠를 녹이고, 여러 사람의 헐뜯음은 뼈를 깎는다고 합니다."

얼마나 절묘한 비유들인가?

"여러 사람의 입은 쇠를 녹이고, 여러 사람의 헐뜯음은 뼈를 깎는다."

근거 없는 이야기라도 하고 또 하면 사실처럼 되어 사람들의 마음속으로 파고든다. 이것이 유언비어의 힘이고, 여론몰이의 변치 않는 고전적 방식이기도 하다. 효자로 이름난 증자(曾子)의 어머니가 아들이 사람을 죽였다는 이야기를 세 번 거푸 듣고는 결국은 믿었다는 고사도 있지 않은가?[여기서 '세 사람이 (잇따라) 의심하자 그(증자) 어머니가 두려워했다'는 '삼인의지(三人疑之), 기모구의(其母懼矣)'라는 성어가 나왔다. 출처는 〈저리자감무열전〉]

위 장의의 말은 《국어(國語)》라는 책에 인용된 "여러 사람의 마음이 모이면 성(城)을 만들고, 여러 사람의 입은 쇠를 녹인다(중구연금 衆口鍊金)"는 속담에서 나온 것 같다. 《전국책(戰國策)》에도 같은 성어가 보인다. 그리고 '적훼소골'은 이처럼 '중구연금'과 같이 쓰이는데, 거의 같은 뜻으로 '적훼소금(積毁銷金, 헐뜯음이 쌓이면 쇠를 깎는다)'이나 '적참마골(積讒磨骨, 헐뜯음이 쌓이면 뼈를 간다)'이란 성어도 파생시켰다.

유언비어는 출처가 분명치 않고 반복되면서 의미가 변한다는 특징도 있다. 유언비어는 반복되고 주위로 퍼지면서 그 의미가 확대되어 끝내는 쇠를 녹이는 위력을 갖는다. 유언비어는 백성들의 분노를 정치적으로 이용할 때 쓰는 수법이기도 하고, 역으로 백성들이 권력과 권력자에 대한 불만을 표출하는 방식이기도 하다.

'적훼소골' 등과 같은 유언비어의 위력을 실감 나게 전하고 있는 기록 《전국책》.

조직에서 근거 없는 유언비어가 도는 것은 여간 심각한 문제가 아니다. 조직원의 마음을 흩어놓고, 심하면 조직을 병들게 하는 치명적인 부작용을 낳기 때문이다. 유언비어는 대부분 '뒷담화'로 표현되는 조직의 풍토와 연관이 있다. '뒷담화'는 조직이나 리더에 대한 개인의 불만을 술자리 등을 빌려 표출함으로써 나름 불만을 해소하는 작용을 하기도 한다. 그러나 이것이 지나쳐 사실을 왜곡하고 과장하고, 심하면 거짓말까지 보태어 표출될 경우 그 후유증은 매우 심각해질 수 있다. 이를 이용하여 음모술수로 조직을 흔들어 사사로운 득을 보려는 자들이 생겨날 가능성이 크기 때문이다.

이 때문에 명군 순(舜)임금은 신하들에게 공개적으로 '면유퇴방(面諛退謗)'하지 말라고 경고한 바 있다. 즉, '보는 앞에서는 아첨하고, 물러나 뒤에서는 비방하는' 행태를 극히 경계한 것이다. 그러자 고요(皋陶)라는 신하는 "임금이 자잘하여 큰 뜻이 없으면 신하들도 게을러집니다"라며 통 큰 리더십을 주문했다.

조직에 유언비어나 뒷담화 같은 불량한 현상이 나타나는 데는 리더의 리더십과도 뗄 수 없는 관계에 있다. 리더가 결단해야 할 일에 머뭇거리며 우유부단(優柔不斷)한 모습을 보이거나, 특정한 부서나 특정한 인물만을 편드는 편애(偏愛)를 보이면 거의 틀림없이 뒷담화나 유언비어가 나타난다. 그래서 예로부터 리더는 '불편부당(不偏不黨)'해야 한다고 강조한 것이다. '어느 한쪽으로 치우치지 말 것이며, 어느 편을 들지도 말라'는 뜻이다.

'여러 사람의 입이 쇠를 녹이고, 헐뜯음이 쌓이면 뼈를 간다'는 장의의 섬뜩한 경고를 잘 새겨들을 필요가 있다. 이는 말의 위력을 실감나게 나타내고 있음과 동시에 말조심, 특히 리더의 말조심을 당부하는 경고이기도 하다.

참고로 '뒷담화'는 등 뒤, 즉 안 보는 곳에서 다른 사람을 헐뜯는다는 뜻이다. 일본식 당구 용어인 '뒷다마'에서 나왔고, 여기서 '뒷다마 깐다'는 비속어도 나왔다. 이를 변형한 것이 '뒷담화'이다.

- 적훼소골(積毀銷骨).
- 중구연금(衆口鍊金).
- 적훼소금(積毀銷金).
- 적참마골(積讒磨骨).
- 불편부당(不偏不黨).

■ 말은 생각을 담는 그릇이다. 생각이 맑고 고요하면 말도 맑고 고요하게 나온다. 생각이 야비하거나 거칠면 말 또한 야비하고 거칠게 마련이다. 그러므로 그가 하는 말로써 그의 인품을 엿 볼 수 있다. 그래서 말을 존재의 집이라 한다. – 법정 스님(1932~2010)

제56계명

'전화위복(轉禍爲福)'의 참뜻

전화위복(轉禍爲福), 인패성공(因敗成功).
화를 복으로 바꾸고, 실패를 바탕으로 성공을 이끌어낸다. -〈소진열전〉

요즈음처럼 어려운 시절에 사람들에게 용기를 줄 수 있는 성어로 '전화위복'이 꼽힐 법하다. 용기와 희망이 절실한 시절이기 때문이다. '전화위복'은 무한경쟁으로 상징되는 전국시대의 걸출한 유세가 소진(蘇秦)이 제나라 왕을 설득하는 과정에서 나오는 오래된 격언이다.

서쪽에서 세력을 뻗쳐오는 진나라를 막기 위해 소진이 제안한 6국 동맹책인 합종(合縱)이 받아들여짐으로써 15년 동안 진나라는 함곡관(函谷關) 동쪽을 넘보지 못했다. 진나라는 소진의 맞수 장의(張儀)의 연횡(連橫) 정책과 범수의 원교근공(遠交近攻)을 기조로 삼아 6국을 각개 격파하고 나섰다. 그 결과 느슨해진 합종 동맹은 서서히 무너지기 시작했다.

진나라의 미끼를 물은 제나라와 위나라가 먼저 조나라를 공격하고 나섰다. 조나라 왕은 '합종'을 제안했던 소진을 원망했다. 얼마 뒤 진나라의 부마국이 된 연나라의 국상(國喪)을 틈타 제나라가 연나라를 공격했다. 합종은 사실상 와해되었다. 사태가 여의치 않자 소진은 마지막으로 사태 수습에 나섰다. 연나라가 잃은 땅을 찾아주기 위해 제나라를 방문했다. 소진은 제나라 선왕(宣王)에게 두 번 절로 축하한 다음, 곧바로 불행을 조문(弔問)했다. 축하와 조문을 동시에 받은 제나라 왕은 어리둥절해하며 그 까닭을 물었다.

소진은 진나라의 부마국이 된 연나라를 '아무리 배가 고파도 먹어서는 안 되는 독초'에 비유하면서, 연에게 빼앗은 성을 돌려주면 연나라와 진나라를 동시에 만족시키는 것은 물론 두 나라와 튼튼한 동맹을 맺어 천하를 호령할 수 있으니 이것이 바로 '화를 복으로 바꾸고, 실패를 바탕으로 성공을 이끌어내는 일'이라고 설득한다.

'전화위복'의 논리로 유세를 성공으로 이끈 소진의 모습으로 유세가의 행색을 잘 보여준다.

사마천은 〈남월열전〉의 논평에서 "성패지전(成敗之轉), 비약규묵(譬若糾墨)"이라고 했다. "성공과 실패는 마치 먹줄을 긋는 것처럼 바뀐다"는 뜻으로, 자신이 자로 먹줄을 어떻게 긋느냐에 따라 바뀔 수 있다는 것이다. 당시 남월 원정에 참전했던 한나라 장수들의 부침에 대한 언급인데, 누선장군(樓船將軍) 양복(楊僕)은 욕심과 태만, 그리고 오만 때문에 몸을 망치고, 복파장군(伏波將軍) 노박덕(路博德)은 곤궁한 상황에서도 지혜를 발휘하여 '전화위복'했다면서 '성패지전, 비약규묵'으로 서로 달랐던 처지를 비유했다.

어려움에 처하면 대개는 멀리 보지 않거나 멀리 보지 못하고 일단 어려움에서 벗어나고 싶어 한다. 그러나 그렇게 잠시 어려움에서 벗어나는 것은 오래가지 못하고 더 큰 어려움에 직면하기 일쑤다. 마땅히 감당해야 할 시련을 회피하고 편법이나 얄팍한 요령으로 그 어려움을 한순간 벗어났다 해도 그 뒤의 결과는 더욱 심각해질 수 있다.

'동족방뇨(凍足放尿)'란 성어가 있다. '언 발에 오줌 누기'라는 우리 속담을 한자로 바꾼 것으로 홍만종의 문집 《순오지》에 실려 있다. 추운 겨울날 꽁꽁 얼어붙은 발을 녹이려고 오줌을 누면 잠시 언 발이 녹을지는 몰라도 이내 더 꽝꽝 얼어붙을 수밖에 없다. 시간이 걸리고 돌아가더라도 근본적인 해결 방법을 찾아야 한다.

'실패는 성공의 어머니다'라는 격언도 있듯이 인생에 있어서 성공은 실패라는 쓰라린 경험이 보약이다. 실패를 통해 문제의 핵심을 파악하고, 나아가 문제 해결의 방법을 찾는 것이다. 리더의 리더십은 많은 부분이 실패라는 경험, 즉 시련 속에서 단련되어 나온다. 이때 실패를 직면하고, 실패를 인정하고, 실패를 성공으로 바꿀 수 있다는 자신과 용기를 확실하게 장착할 수 있느냐가 리더십 발휘의 관건이다. 무엇보다 정확한 방법을 찾는 일이 중요하다. 솔직한 충고, 좋은 의견, 정확한 해결책 등을 귀담아듣는 일도 필요하다. 어려움을 당하면 바로 눈과 귀를 닫아 버리는 리더들이 적지 않다. 어려움에 처했을 때 그것을 회피하는 리더야말로 최악이다. '전화위복'의 참뜻은 닥친 화에 정면으로 맞서야 한다는 것을 전제로 한다.

- 전화위복(轉禍爲福), 인패성공(因敗成功).
- 성패지전(成敗之轉), 비약규묵(譬若糾墨).

리더십 학습노트

어려움에 처한 적이 있는가?
당시 그 어려움에 어떻게 극복했나?

■ 고난은 잠자던 용기와 지혜를 깨운다. 사실, 고난은 우리에게 없던 용기와 지혜를 창조해 내기도 한다. 우리는 오직 고난을 통해 정신적으로나 영적으로 성숙할 수 있다. – 정신과 의사, 모건 스콧 펙(1936~2005)

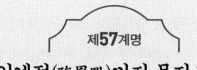

제57계명

임계점(臨界點)까지 몰지 말라

중노여수화(衆怒如水火), 불가구야(不可救也).
대중의 분노는 물·불과 같아 일단 폭발하면 수습할 길이 없다. -〈초세가〉

초나라 영왕(靈王, ?~기원전 529)은 자질이 크게 떨어지는 어리석은 군주로 백성들의 원망을 사고 있었다. 한번은 도성을 비운 사이 국내에서 정변이 발생했고, 백성들은 더 이상 영왕을 받들지 않았다. 영왕은 혼자 산속을 헤매다 굶어 죽었다.

초나라 조정은 공자 비(比)를 왕으로 추대했으나, 영왕이 죽은 것을 몰라 이제나저제나 영왕이 살아 돌아올까 두려워했다. 공자 기질(棄疾)은 자신이 왕이 되기 위해 자신의 부하 만성연(曼成然)을 도성으로 보내 신임 초왕 등에게 영왕이 돌아오고 있고 성 안의 사람들이 초왕을 죽이려 한다면서, "대중의 분노는 물이나 불과 같아 한 번 터지면 수습할 수 없다"는 말로 초왕을 자살하게 만든 다음 자신이 왕이 되니 이가 바로 초나라 평왕(平王, ?~기원전 516)이다.

'민원국위(民怨國危)'란 성어가 있다. 《한비자(韓非子)》에서 나오는 구절로 '민원즉국위(民怨則國危)'의 줄임이다. '백성이 원망하면 나라가 위태로워진다'는 뜻이다. 다소 길지만 《한비자》의 해당 대목을 먼저 보자. 잘 읽으면 오늘날 조직 내에서도 이와 비슷한 일이 일어나고 있음을 알 수 있다.

미계산(靡笄山, 또는 마계산磨笄山)전투에서 한헌자(韓獻子, 한궐韓厥)가 한 사람의 목을 베려 한다는 소식을 극헌자(郤獻子, 극극郤克)가 듣고는 황급히 달려와 구하려 달려왔으나 그 사람은 이미 목이 잘린 뒤였다. 극헌자는 "어째서 그자의 시신을 조리돌리지 않았는가?"라고 했다. 그 시종이 "그자를 구하려고 급히 오신 것 아니었습니까?"라고 되물었다. 극헌자는 "내 어찌 (그와) 비난을 함께 나누지 않을 수 있으랴!"라고 했다. 그러자 어떤 사람이 이렇게 말했다.

"극헌자의 말은 잘 살펴야 한다. 비난을 함께 나누겠다는 뜻이 아니다. 한헌자가 그자의 목을 베었는데, 그자가 죄인이라면 구할 수 없는 것 아닌가? 죄인을 구했다가는 법이 엉망이 되고 법이 엉망이 되면 나라가 어지러워진다. 그자가 죄인이 아닌 데도, 조리를 돌리라고 권한 것은 무고한 사람의 죄만 더 크게 만든 것이다. 무고한 사람의 죄가 무거워지면 백성들의 원망이 일어난다. '백성이 원망하면 나라가 위태로워진다(민원즉국위民怨則国危).' 따라서 극헌자의 말은 나라를 어지럽히거나 위태롭게 하는 것이어서 잘 살피지 않으면 안 된다. 한헌자가 목을 벤 자가 정말 죄인이라면 극헌자가 무엇을 나누겠다는 말인가? 죄인이 아니라 해도 이미 목이 잘린 뒤에 왔으니 비난이 한헌자에게 쏟아진 다음 극헌자가 달려온 꼴이 아닌가. 또 극헌자가 조리를 돌리라고 했는데, 이는 목이 잘린 자와 비난을 나누겠다기보다는 시신을 공개한 데 대한 비난만 따를 뿐이다. (중략) 무릇 윗사람에 대한 백성들의 기대는 크기 마련인데 한헌자가 그에 부응하지 못했으니 다시 극헌자에게 희망을 걸었던 것이고, 극헌자도 부응하지 못해 백성들이 윗사람들에게 절망하게 된 것이다.”

이 대목의 핵심은 이렇다. 진짜 문제가 어디에 있는지 모른 채 자신의 명성 지키기에만 급급한 지도층에 대해 백성들은 걸었던 기대만큼 절망할 수밖에 없다는 지적이다. 한비자는 죽은 자의 시신을 이용하여 인기를 얻으려 했던 극헌자의 얄팍한 술수에 대해 극헌자가 비방을 나누어 가지겠다고 인기 발언을 한 것이 오히려 백성들의 비난을 가중시킨 것이라고 꼬집고, 한 걸음 더 나아가 극헌자가 죄인을 구하러 달려왔다는 것은 한헌자가 죄 없는 자를 죽이려 했다는 뜻인데, 그렇다면 한헌자의 잘못을 지적하면 될 일을 시신을 왜 조리돌리지 않냐고 한 것은 결과적으로 한헌자의 잘못조차 덮어버리게 되는 결과를 가져온 것이라고 간파한다. 지도층들이 이런 작태를 보이면 백성들은 절망하여 점점 원망이 커질 것이고, 그러면 나라가 위태로워진다고 경고한 것이다.

예로부터 민심을 얻지 못한 권력은 모래 위에 쌓은 누각과 같다. 그렇기에 '민심은 천심이다'라고 하지 않는가? 역사를 보면 백성은 참기도 잘한다. 못난 리더들은 민중의 이 무던한 참을성을 어리석음으로 안다. 참고 참던 백성의 분노가 터진 다음에 후회해도 소용없다. 백성은 무던히 참고 또 참는다. 그러나 눈은 이미 분노로 이글이글 타오르고 있다. 분노한 민심은 언제 터질지 모르는 활화산과 같다.

기질은 '백성의 분노'를 이용하여 왕위를 빼앗았다. 그림은 당시 초나라 정변을 나타낸 《동주열국지》의 삽화이다.

기업이나 조직도 마찬가지다. **밀어붙이면 된다는 사고방식을 가진 리더가 의외로 많다.** 성과와 실적을 위해 밀어붙여야 할 때도 있다. 하지만 '임계점'을 넘어서는 밀어붙이기는 결국 반발을 초래할 뿐이다. 그 결과는 밀어붙인 것보다 훨씬 더 심각한 후유증을 남기기 마련이다. 리더는 조직원의 여론을 잘 살피고 헤아릴 줄 알아야 한다. '정무감각(政務感覺)'이 필요하다. **'정무감각'은 정치하는 사람에게만 필요한 것이 결코 아니다.**

- 중노여수화(衆怒如水火), 불가구야(不可救也).
- 민원즉국위(民怨則國危).

리더십 학습노트
성과에 급급해 지나치게 조직원을 밀어붙인 적 있는가?
있다면 그 과정과 결과는 어땠나?

■ 주요 대기업의 직원들을 조사해본 결과 가장 중요한 동기요소가 '급여'라고 대답한 직원보다 '인정'이라고 대답한 직원들이 네 배나 많았다. 냉정한 기업세계에서 인정이라는 말이 얼마나 자주 등장하는지 살펴보면 재미있다. 직장을 그만둔 다섯 사람 중 넷이 '자신을 인정해주지 않아서' 그만두었다고 말한다. – 댄 베이커(1957~),《잘되는 회사의 사람들》중에서

선수(先手)는 창의력이 뒷받침되어야 성공한다

질족선득(疾足先得).

빠른 발로 먼저 얻다. -〈회음후열전〉

기원전 210년, 진시황이 갑자기 죽은 뒤 진승(陳勝)과 오광(吳廣)으로 대표되는 농민봉기가 일어났다(기원전 209년). 진승과 오광은 역부족으로 불과 1년만인 기원전 208년 진나라 군대에 패해 죽었다. 이어 귀족 세력을 대변하는 항우와 평민의 이익을 대변하는 유방의 세력이 팽팽하는 맞서는 상황이 펼쳐졌다. 초기에는 항우가 주도권을 장악했으나 장량, 한신 등 뛰어난 인재들을 얻은 유방이 항우와 필적할만한 힘을 키워가고 있었다. 두 세력이 아슬아슬하게 균형을 이룬 상황에서 막강한 군대를 가진 한신이 천하의 대세를 좌우할 수 있는 변수로 등장했다.

한신의 핵심 책사(策士) 괴통(蒯通)은 이 과정에서 한신에게 적극적으로 독립을 권했다. 그는 한신의 역량이면 얼마든지 항우, 유방과 더불어 천하를 삼분하여 이른바 '정족지세(鼎足之勢)'를 이룰 수 있다고 건의했다. 한신은 유방과의 의리 때문에 괴통의 고언을 차마 받아들이지 못했고, 끝내는 유방에 의해 '토사구팽(兎死狗烹)' 당했다.

한신을 제거한 유방은 한신에게 천하를 삼분하라고 부추긴 괴통에 대한 체포령을 내렸다. 오래지 않아 괴통은 붙잡혀 유방 앞에 끌려 나왔다. 유방은 괴통을 처형하라고 명령했고, 괴통은 처형을 당하기 직전 "아아, 원통하구나! 이렇게 삶기다니!"라며 억울함을 토로했다. 유방은 한신을 부추겨 배반하게 하려 한 자가 무엇이 원통하냐며 다그쳤다. 괴통은 기다렸다는 듯이 교묘한 말로 유방의 마음을 사로잡는다. 위 성어는 바로 이 대목에 보인다. 괴통의 말을 한번 들어보자.

"진나라가 사슴을 잃으니 천하가 모두 그것을 뒤쫓았습니다. 이런 때는 키 크고 '발이 빠른 자가 먼저 얻게' 되어 있습니다. 도척(盜跖)의 개가 요(堯)임금을 향해 짖은 것은 요임금이 어질지 않아서가 아닙니다. 개란 동물은 본래 주인이 아니면 짖게 되어 있기 때문입니다. 당시 신은 한신만을 알았을 뿐 폐하는 알지 못했습니다. 더욱이 당시 천하에는 날카로운 칼을 잡고 폐하가 지금 이렇게 하신 일을 자기도 해보려는 사람이 많았습니다. 돌이켜보면 그들은 그렇게 할 힘이 없었습니다. 폐하께서 그들을 모두 삶아 죽여야 하시겠습니까?"

괴통은 자신의 주인을 위해 충성을 다했을 뿐이라는 논리로 유방

한신의 책사 괴통은 특정 상황에서는 발 빠른 자가 원하는 바를 얻을 수 있다는 점을 강조하면서 '질족선득'이라 했다. 한신은 괴통의 말을 받아들이지 못했고, 그 결과 비참한 결말을 맞이했다.

을 설득하여 목숨을 부지할 수 있었다.

경영과 경쟁에서 상황에 따라 취해야 할 행동은 여러 가지일 수 있지만 대체로 보아 남보다 한 발 앞서 치고 나가 주도권을 잡느냐 아니면 상황을 지켜보다 늦게 출발해서 상대를 추월하느냐 두 가지로 요약된다. 군사행동에 있어서 선제적으로 공격하거나 방어 후 역공하는 것과 비슷하다. 이를 '선발제인(先發制人)'과 '후발제인(後發制人)'이라는 성어로 표현한다. '선발제인'은 '앞서 출발하여 상대를 제압한다'는 뜻이고, '후발제인'은 '늦게 출발하여 상대를 제압한다'는 뜻이다.

'선발제인'은 선수를 쳐서 주도권을 잡는 것에 중점을 두는 전술이다. '후발제인'은 나서지 않고 상황을 잘 살펴서 상대의 약점을 잡은 다음 제압하는 전술이다. 괴통이 말한 '질족선득'은 '선발제인'과 비슷한 뜻이다.

'선발제인'과 '질족선득'의 성공은 창의력이 관건이다. 상대가 단박에 알아채는 수를 가지고 상대를 제압할 수 없기 때문이다. 상대의 허를 찌르거나 상대가 전혀 예상하지 못한 방식으로 기습적으로 치고 들어가야 한다.

기업경영에서 경쟁의 흐름을 보면 지금까지는 누군가 새로운 제품이나 아이디어를 내면 낼름 그것을 모방하는 2등 전략으로 성공하는 것도 나름대로의 전략이었고, 또 성공을 거둔 경우도 적지 않았다. 앞으로는 이런 2등 전략으로는 생존하기 어려울 것으로 보인다. 세계사의 흐름이 단순히 성능 좋은 기계를 원하는 것이 아니라 그것들을 조합하는 새로운 개념과 철학을 누가 먼저 정립하느냐로 바뀌고 있기 때문이다. 창의력이 경쟁을 좌우한다. 창의력을 장착한 '질족선득'이면 불패의 자리에 설 수 있다.

- 질족선득(疾足先得).
- 선발제인(先發制人).
- 후발제인(後發制人).

리더십 학습노트
나의 경영 스타일은 어느 쪽인가?
선수를 쳐서 주도권을 잡는 스타일인가, 아니면 상황을
면밀히 살핀 다음 한 걸음 늦게 나서는 쪽인가? 그 까닭은?

■ 새로운 일은 대개 애매하고, 길 또한 꼬불꼬불해 목적지조차 알 수 없는 경우가 허다하다. 그렇다고 정보가 확실해질 때까지 기다리는 겁쟁이가 되었다가는 새로운 것을 할 수도 없을 뿐더러 다른 사람들에게 뒤쳐질 수밖에 없다. 일에 대한 확신이 서지 않을 경우 나는 그 일의 성공 확률이 6할에서 7할 정도이면 주저하지 않고 앞으로 나간다. – 다카하라 게이치로(1931~2018), 《현장이 답이다》 중에서

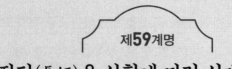

제59계명

장단(長短)은 상황에 따라 상대적이다

척단촌장(尺短寸長).

한 자가 짧을 때도 있고, 한 치가 길 때도 있다. -〈백기왕전열전〉

'초사(楚辭)'라는 새로운 시가(詩歌) 문체를 만들어낸 전국시대 초(楚)나라의 애국시인 굴원(屈原, 기원전 약 343~기원전 277)은 〈복거(卜居)〉라는 글에서 "무릇 한 자가 짧을 때도 있고, 한 치가 길 때도 있다"라는 유명한 말을 남긴 바 있는데, 오래전부터 내려오는 격언의 하나로 보인다. 원칙이나 기준도 상황에 따라 다르게 적용될 수 있고, 사람의 장단점도 상황에 따라 다르게 나타나거나 달리 쓰일 수 있다는 묘한 비유다. 앞서 제45계명 '치명적 실수는 한 번에 일어나는 것이 아니다'에서 잠깐 소개한 바 있지만 그 함축된 의미를 좀 더 알아보자.

사마천은 진나라 때의 장수 백기(白起)와 왕전(王翦)을 논평한 〈백기왕전열전〉에서 속담으로 이 말을 인용하고 있다. 사마천의 말을 좀 더 들어보자.

"속담에 '한 자가 짧을 때도 있고, 한 치가 길 때도 있다'고 했다. 백기는 적을 잘 헤아리고 임기응변에 능하여 기발한 꾀를 무궁무진하게 내니 그 명성이 천하를 울렸다. 그러나 응후(應侯, 범수范睢)라는 인물에 제대로 대처하지 못했다(백기는 응후 때문에 진왕으로부터 자결을 강요받아 죽었다).

왕전은 진나라 장수가 되어 6국을 평정하였으며, 노장이 되자 진시황이 스승으로 모셨다. 그런데 진왕을 잘 보필하여 덕을 세워 그 근본을 튼튼하게 하지 못하고 그저 평생 왕의 뜻에 아부하여 자신이 받아들여지기를 꾀하였을 따름이다. 손자 왕리(王離)에 이르러 항우의 포로가 되었으니 당연한 일이 아니겠는가? 저들(백기와 왕전)은 각각 '그 나름대로의 단점'이 있었던 것이다."

'척단촌장', 이 성어의 묘미가 참으로 기가 막히다. 한 치(약 3cm)와 한 자(약 30cm)를 같이 놓고 볼 때는 비교가 안 되지만, 그것들이 각각 다른 곳에 쓰일 때는 한 치보다 열 배나 긴 한 자가 짧을 때가 있고, 한 자보다 열 배나 짧은 한 치가 길 때가 있으니 인간과 사물의 관계가 얼마나 상대적인가를 잘 보여주는 말이다. 이 성어는 간혹 척과 촌 자를 바꾸어 '촌장척단(寸長尺短)'으로 쓰기도 한다.

'개똥도 약에 쓰려면 없다'거나 '굼벵이도 구부리는 재주가 있다'는 우리 속담이 있다. 앞의 속담은 아무리 보잘것없고 흔해 빠진 것이라도 정작 꼭 쓸 데가 있어 찾으면 드물고 귀하다는 뜻이다. 뒤의 것은 아무리 미련하고 못난 사람이라도 한 가지 재주는 있을 것이라는 말이다.

평소 우리가 무시하거나 그냥 보아 넘기는 것들이 어떤 상황에서는 아주 절박하게 필요해질 수 있다. 누구나 나름대로의 장·단점을 갖기 마련이다. 우리가 그 사람의 어떤 점을 중점적으로 보느냐에 따라 평가는 전혀 다르게 나타날 수 있다. 가능한 한 장점을 드러내어 유용한 곳에 쓸 수 있는 지혜가 필요할 것이다.

여기서 주의할 점이 있다. **짧다고 함부로 마구 늘리거나, 길다고 무턱대고 잘라서는 결코 안 된다. 사람이든 사물이든 원래 그 장단(길이)만큼의 쓰임새가 있다.** 어떤 일과 상황에서는 장점(한 자)이 단점(한 치)이 될 수 있고, 또 단점(한 치)이 장점(한 자)이 될 수 있기 때문이다. 이것이 세상사와 인간관계의 오묘한 이치이다. 리더는 '무조건 단정(斷定)'이라는 오류에 빠져서는 안 된다. 리더십과 관련하여 이 상대성은 명분을 내세울 때도 주의해야 한다. 관련한 역사 사례 하나를 보자.

춘추시대 남방 초나라의 장왕(莊王, ?~기원전 591)은 소국 진(陳)나라의 내분에 개입하여 사태를 단숨에 수습했다. 장왕은 높다란 보좌에 앉아 무문 대신으로부터 한 사람 한 사람씩 축하의 인사말을 듣고 있었다. 장왕은 이 말들에 도취했다. 그러다 한순간 불쾌한 기분이 들었다. 남방 속국의 군주와 여러 작은 부족의 수령들까지 모두 와서 축하를 올리는데 어째서 대부 신숙시(申叔時)가 안 보이는 걸까?

이때 마침 신숙시가 들어왔다. 제나라에 사신으로 갔다가 이제 막 돌아오는 길이었다. 신숙시는 제나라에 다녀온 일을 보고했다. 그러나 신숙시는 축하의 말은 한마디도 꺼내지 않았다. 장왕은 은근히 부아가 치밀어 "진나라의 하징서(夏徵舒)가 자신의 군주인 영공(靈公)

리더는 인간관계와 사물을 대하는 관점이 평범해서는 안 된다. 관계의 '상대성'을 제대로 인식하고 있어야 한다. 그래야 지나치거나 모자라는 실수를 범하지 않는다. 또 한순간 실수했더라도 즉시 바로잡을 수 있다. 장왕이 그런 리더였다. 그림은 하징서를 징벌하는 장왕을 그린 《동주열국지》 삽화이다.

을 죽이는 천인공노할 죄를 저질렀다. 중원의 제후들 누구도 나서지 않길래 내가 정의의 기치를 들고 하징서를 죽였다. 우리 땅도 훨씬 넓어졌다. 대신들은 물론 이웃 나라 우두머리들이 다 와서 축하를 올렸다. 그런데 그대는 그에 대해 입도 뻥긋하지 않으니 내가 뭐 잘못이라도 했단 말인가?"라고 다그쳤다.

신숙시는 황망히 절을 하며 "아닙니다, 아닙니다. 신이 풀지 못하는 문제가 있어 마침 그 생각을 하던 참이라서 그렇습니다"라고 했다. 화를 누그러뜨린 장왕은 호기심 어린 표정을 지으며 "무슨 문제이길래?"라고 물었다. 신숙시는 이렇게 말했다.

"어떤 사람이 남의 밭에 들어간 소를 끌고 나왔습니다. 그런데 소가 밭을 밟아 곡식이 제법 쓰러졌습니다. 밭 주인은 화가 나서 소를 끌고 가서는 소 주인에게 돌려주려 하질 않았습니다. 이 문제를 대왕께서는 어떻게 처리하시렵니까?"

잠시 생각하던 장왕은 "당연히 소 주인에게 돌려줘야지"라고 했다. 신숙시는 왜 그렇게 생각하냐고 물었다. 장왕은 "소가 남의 밭으로 들어가 곡식을 밟은 일은 물론 잘못된 일이다. 하지만 그렇다고 소를 빼앗아서는 돌려주지 않겠다는 것은 너무 지나친 것 아닌가?"라고 되물었다. 말을 마친 장왕은 순간 무엇인가를 느꼈는지 신숙시를 물끄러미 쳐다보다가 "어허, 뭔가 했더니 돌려서 내게 전하고 싶은 말이 있었던 게로군. 내가 그 소를 주인에게 돌려주도록 하겠소"라고 말했다. 장왕은 멸망한 진나라를 다시 회복시켰고, 진나라는 새로운 군주 성공(成公)이 즉위했다.

무슨 행동을 하던 행동의 당위성을 뒷받침하는 명분은 필요하고 또 중요하다. 명분은 최소한의 도덕적 범주를 담보하고 있고, 또 담보해야 하기 때문이다. 하지만 명분을 과도하게 내세우거나 명분을 관철시키는 과정이 지나치면 명분의 정당성마저 훼손당한다. 또 명분에 대한 지나친 집착이나 과정에서의 지나침은 일쑤 사사로운 욕심으로 변질될 수밖에 없다. 이것이 명분의 상대성이다.

• 척단촌장(尺短寸長).

장단점으로 사람을 평가하는가?
아니면 나름의 평가 기준이 있는가?

■ 상사의 비판만큼 의욕을 꺾는 일도 없다. 그래서 나는 비판하기보다 칭찬하는 것을 좋아한다. 나는 지금껏, 아무리 일하는 것을 즐거워하더라도 인정받기보다 비판을 받을 때 일을 더 잘하거나, 더 열심히 노력하는 사람은 본 적이 없다. – 미국 최대 금융서비스 회사 '찰스슈왑 코러페이션' 창립자, 찰스 슈왑(1862~1939)

문제(問題)를 발견하고 핵심(核心)을 간파하라

통견증결(洞見症結),

뱃속에 뭉친 병 덩어리를 꿰뚫어 보다. -〈편작창공열전〉

엉켜 있거나 풀기 어려운 문제, 또는 사소한 것에서 핵심을 꿰뚫어 보는 것을 비유할 때 '통견증결'이란 성어를 쓴다. '통견(洞見)'은 통찰(洞察)과 같은 뜻이고, '증결(症結)'은 속에 뭉친 병이나 증상을 뜻하는 단어다.

편작(扁鵲, 기원전 407~기원전 310)은 전국시대 초기의 명의로 화타(華佗, 약 145~208)와 함께 신의(神醫)로 이름을 남기고 있다. 편작이 의사로 평생을 보내게 된 데에는 특별한 인연이 있었다. 편작의 인물됨과 재능을 잘 알고 있던 장상군(長桑君)이란 신비한 기인이 준약을 30일 동안 마신 뒤 편작은 "담장 너머 저편에 있는 사람을 볼 수 있고, 아픈 사람을 보면 오장육부에 뭉친 병상을 죄다 볼 수 있게 되었다."

'통견증결'은 원래 용한 의사의 뛰어난 진단을 가리키는 것이었지만, 후에는 어려운 문제의 핵심을 꿰뚫어 보는 능력이나 그런 능력을 가진 사람을 가리키는 보편적인 뜻으로 적용 범위가 넓어졌다.

 '통견증결'과 반대되는 '격화소양(隔靴搔癢)'이란 재미난 성어가 있다. 주로 불교 관련 옛 책에 나오는 성어로 '가죽신을 신고 가려운 곳을 긁는다'는 뜻이다. 노력하지만 성과는 없거나, 일이 철저하지 못해 성에 차지 않음을 비유하는 성어다. '신 신고 발바닥 긁기'와 같은 뜻의 우리 속담도 있다. 무엇인가를 하기는 하는데 시원스럽지 못할 때를 이르는 말이다.

 '격화소양'은 원래 선종의 용어로 불교의 교리에 투철하지 못하거나 깨우침의 경지에 이르지 못함을 비유했는데, 그 뒤 말이나 문장이 주제를 제대로 파악하지 못하는 것을 비유하고 있다. 나아가 일을 처리함에 있어서 핵심이나 관건을 장악하지 못하거나 문제를 해결하지 못함을 비유하기도 한다.

 '격화소양'과 비슷한 성어로 '부득요령(不得要領)'이 있다(《사기》 〈대완열전〉). 무언가 핵심을 제대로 잡지 못하고 있는 상태나 사물의 요점 또는 관건을 파악하지 못하고 있는 것을 비유할 때 '부득요령', 즉 '요령을 얻지 못하고 있다'고 한다. 요(要)는 허리를 뜻하는 요(腰)와 같은 뜻으로, 요령은 옷의 허리 부분과 옷깃을 말한다. 옷에서 가장 중요한 부분을 가리키는 단어다. 이 말은 비단길을 개척한 한나라 때 사람 장건(張騫)이 대월지(大月氏)에 도착하여 뜻한 바를 제대로 이루지 못하고 되돌아온 사실을 서술한 대목에서 나온다.

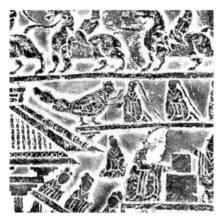

편작이 지녔던 '통견증결'의 능력은 오늘날 리더에게도 꼭 필요한 리더십의 하나이다. 민간에서 편작의 시술은 까치 모습으로 많이 묘사된다. 이 벽돌 그림도 그중 하나이다.

리더의 일처리를 보면 '격화소양'이나 '부득요령' 방식을 취하는 경우가 적지 않다. 늘 해오던 관성(慣性)에 젖어 그 일에 잠재되어 있을지도 모르는 문제를 파악하려 하지 않는다. 이것이 쌓이면 자신도 모르는 사이에 큰 화근이 된다. 리더는 사소한 것에서 문제를 발견할 줄 아는 식견과 직관을 갖추어야 한다.

핵심을 꿰뚫어 볼 수 있는 능력은 어쩌다 타고날 수는 있지만, 지루하리만큼 오랜 훈련을 필요로 한다. '생명의 신비'를 훔치는 의사와 같은 직업은 더욱 그렇다. 수많은 진단(診斷)과 임상(臨床), 그리고 집도(執刀)를 통해 '통견증결'의 경지에 이른다. 나아가 그렇게 해서 얻어진 능력을 인류를 위해 기꺼이 베풀 때 훌륭한 의사로 거듭난다. 화타도 편작도 슈바이처도 모두 그렇게 했기 때문에 신의라는 칭송이 아깝지 않다. 리더 역시 마찬가지다. 앞서 말한 대로 리더는 '훈련(訓鍊)', '단련(鍛鍊)', '시련(試鍊)'의 '삼련(三鍊)'을 통해 단단해지는 존재이기 때문이다.

- 통견증결(洞見症結).
- 격화소양(隔靴搔癢).
- 부득요령(不得要領).

나의 일처리 방식에 '격화소양'과 같은 경우는 없었는가?

■ 좋은 최고경영자는 일상적 업무까지 일일이 통제하지 않는다. 경영자의 직무는 발전적인 업무체계를 수립하고 유능한 직원을 배치하며, 일이 제대로 진행되도록 정확한 방향을 설정하는 것이다. 만일 직원이 최선을 다하도록 하기 위해 경영자가 나서서 감독해야 한다면, 이는 직원을 잘못 뽑았거나 업무체계에 문제가 있는 것이다. – 철강왕, 앤드류 카네기(1835~1919)

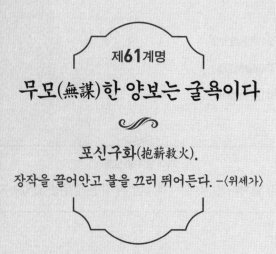

제61계명

무모(無謀)한 양보는 굴욕이다

포신구화(抱薪救火),
장작을 끌어안고 불을 끄러 뛰어든다. -〈위세가〉

'포신구화'란 해로움이나 문제를 제거하려다 오히려 그 기세를 살리거나 문제를 키우는 경우를 비유하는 말이다. '섶을 지고 불로 들어가려 한다'는 우리 속담과 같은 뜻이다. 이 성어의 핵심은 무모하게 무작정 문제 해결에 뛰어드는 어리석음을 지적하는 데 있다. '포신구화'라는 성어의 원형은 《한비자》, 《회남자(淮南子)》 등에 보인다. 역사 사례를 한번 보자.

기원전 3세기 무렵 위나라 안리왕(安釐王) 때에 진나라가 위나라의 여러 성을 빼앗아 위나라를 위급한 상황으로 몰아넣었다. 위나라 장수 단간자(段干子)는 진나라에 남양(南陽)을 주고 휴전하자고 했다. 이때 유세가 소대(蘇代)가 나서, "땅을 바쳐 진나라를 섬기는 것은 마치 '장작을 안고 불을 끄러 가는' 것과 같아 장작이 모두 타

버리기 전에는 불은 꺼지지 않을 것입니다"라며 위나라 땅을 다 빼앗기 전에는 진나라의 요구가 그치지 않을 것임을 지적했다. 안리왕은 소대의 말을 받아들이지 않고 남양 땅을 떼 주었다. 위나라는 결국 진나라에 망했다.

《삼국연의》에도 비슷한 대목이 나온다. 조조(曹操)가 번성(樊

어떤 상황에서도 무모(無謀)한 공격과 무모한 양보(讓步)는 피해야 한다. 리더에게 '무모'란 치명적인 독이나 마찬가지다. 시대의 간웅 조조도 이 '무모' 때문에 패했다.

城)을 구원하기 위해 관우(關羽)와 싸울 선봉에 설 사람을 찾자 방덕(龐德)이 자원했다. 이를 알게 된 동형(董衡)은 방덕을 선봉으로 삼는 것은 "기름을 뿌리면서 불을 끄려는 격"이라며 극구 반대했다. 혈기만 앞세우는 무모한 용기만 갖춘 방덕을 선봉에 세우는 것은 온몸에 '기름을 뿌린 채 불로 달려드는' '발유구화(潑油救火)'와 같은 짓이라는 지적이었다. 조조는 동형의 말을 듣지 않고 관우를 공격했고, 결과는 동형의 예상대로 패배로 끝났다. 이 과정에서 동형은 방덕에게 항복을 권하다가 오히려 방덕에게 죽임을 당했고, 다른 군사들은 관우에게 항복했다. 방덕도 주창(周昌)에게 사로잡혀 목이 잘렸다.

생각 없는 무모한 용기는 용기가 아니라 만용(蠻勇)이다. 무모함에 대해서는 제20계명 '리더의 무모함이 조직을 망친다' 항목에서 살펴본 바 있다.

한 번 굽히게 되면 계속 굽혀야 할 때가 있다. 상대가 강력하게 나오면 때로는 물러서서 몸을 굽혀야 한다. 이럴 때도 상대방의 의도를 정확하게 간파해야 한다. 상대의 요구나 욕심이 한 번의 양보나 굽힘으로 결코 끝나지 않을 때는 양보와 굽힘은 마치 '장작을 안고 불길에 뛰어드는' '포신구화'와 마찬가지로 위험하다. 무모한 용기는 용기가 아닌 만용이듯, 무모한 양보 역시 양보가 아니라 굴욕이다. 양보를 하더라도, 굽히더라도 앞을 내다본 다음 양보하고 굽혀야 한다. 양보가 아닌 강경 대응이 옳을 때가 있다. 어느 경우에나 문제는 상대방의 의중을 정확하게 간파할 줄 아느냐 하는 데 있다.

- **포신구화**(抱薪救火).
- **발유구화**(潑油救火).

리더십 학습노트
무작정 양보하거나 굽혀 본 적 있나?

■ '노NO'라고 할 줄 모르는 커뮤니케이션 결여가 1등 회사의 약점이다. '이견(異見)의 부재'(the absence of dissent), 특히 최고 경영진 앞에서 다른 의견이 개진되지 못하는 것이 1등 기업의 문제다. 대다수 의견을 따르는 것이 꼭 현명한 결과를 낳는 것이 아니다. – 하버드 경영대학원 교수, 마이클 로베르토(1965~)

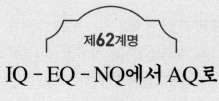

제**62**계명

IQ - EQ - NQ에서 AQ로

호색불음(好色不淫).
미색을 좋아하되 음탕하지 않다. -〈굴원가생열전〉

"중인개취(衆人皆醉), 유아독성(唯我獨醒)!"
"세상이 다 취했는데 나 혼자만 깨어 있구나!"

전국시대 초나라의 비운의 애국 시인 굴원(屈原)이 약 2,300년 전 내뱉었던 고독자의 독백이다. 위기를 향해 달려가는 조국의 운명을 되돌리기 위해 굴원은 죽음을 무릅쓰고 왕에게 바른말을 올렸다. 어리석은 왕은 나약한 기득권 수구파와 간신들의 입에 놀아났다. 소외당한 굴원은 깊은 수심에 잠겨 천하의 절창(絶唱) 〈이소(離騷)〉를 지었다. '이소'는 근심에 빠졌다는 뜻으로 나라를 걱정하는 굴원의 심경을 대변하고 있다.

사마천은 《사기》에서 굴원과 한나라 초기 천재 정치가 가의(賈誼)

를 〈굴원가생열전〉에 같이 싣고 이 두 사람에 대한 각별한 애정을 숨기지 않았다. 위 '호색불음'이란 성어는 사마천이 굴원의 〈이소〉를 평가하는 대목에서 나왔는데, 글이나 사람의 언행이 열정적이면서도 정도를 벗어나지 않은 채 품위와 격조를 지키고 있을 때 이 성어를 인용하면 더할 나위 없이 좋다. 굴원의 〈이소〉에 대한 사마천의 논평은 명문 중에서도 명문에 속하는데 다소 길지만 빼놓을 수 없는 명문이어서 아래에 소개한다.

"굴평(屈平, 평은 굴원의 이름)은 원망의 마음으로 〈이소〉를 지었을 것이다. 《시경》의 〈국풍(國風)〉에서는 호색을 읊었으나 음란하지 않았으며, 〈소아(小雅)〉에서는 원망함이 있었으나 혼란스럽지 않았다. 〈이소〉의 글은 이들의 뛰어난 점을 아울러 가지고 있다고 할 것이다. (중략) 도덕의 넓고 높음과 치세와 난세의 상호관계를 조목조목 명백하게 밝혀 드러내지 않은 바가 없었다. 글은 간략하지만 미묘하며, 그 뜻은 조촐하지만 행동은 청렴하다. 그 말의 양은 적지만 그 뜻하는 바는 지극히 크다. 예는 쉬운 것을 들었다. 그 뜻이 보여주려는 것은 원대하다. 그

굴원의 인품과 그 문장에 대한 사마천의 평가에는 인문정신이 흘러넘친다. 리더들이 새길 대목들이 적지 않다. 굴원의 작품인 《초사(楚辭)》 판본이다.

306

뜻이 조촐하기에 인용한 사물에서 향기가 난다. 그 행동이 청렴했기 때문에 죽어서도 받아들여지지 않고 절로 멀어졌다. 더러운 진흙 구덩이에서 더러운 것을 씻고, 혼탁과 더러움에서 매미가 껍질을 벗듯 벗어났으며, 먼지 날리는 세상 밖에서 떠다니며 세상의 더러운 때에 물들지 않았다. 깨끗하기에 진흙 속에 있어도 더럽혀지지 않은 사람이다. 이런 그의 지조는 해와 달과 더불어 그 빛을 다툰다고 말해도 좋을 정도다."

아름다운 것을 좋아하되 음란하지 않는 경지, 그것이 바로 예술이다. 굴원의 삶 자체가 격조 높은 예술의 경지에 있었다. 굴원은 망해가는 조국과 간신에게 휘둘리는 왕을 보다 못해 돌을 품고 멱라수(汨羅水)에 스스로 걸어 들어가 몸을 가라앉혀 자결했다. 초나라는 굴원의 충정을 받아들이지 못했을 뿐만 아니라 그의 고고한 지조와 예술의 경지를 이해하지 못했다. 아니 이해할 수 없었다.

오늘날 리더에게 요구하는 리더십으로 인문학과 문화적 소양이 빠지지 않는다. 전통적으로 리더에 대해서 높은 지능지수(IQ, Intelligence Quotient)를 요구해왔다. 그러던 것이 정서적 지성인 감성지수(EQ, Emotional Quotient)를 강조하는가 하면, 사람들과 공감대를 형성하며 잘 살아갈 수 있는 능력을 나타내는 연결지수(NQ, Network Quotient)가 리더십의 주요한 항목으로 떠올랐다. 최근에는 리더의 인문과 문화적 수준을 나타내는 예술지수(AQ, Art Quotient)까지 거론되고 있는 모양이다.

리더가 문화·예술적 감각과 음악, 미술 등에 대한 수준 높은 감상 능력을 갖춘다면 말 그대로 세련된 리더로 발전할 수 있다. 이런 자질은 자기 기업의 질 높은 문화를 형성하는 데 큰 도움이 된다. 문화가 없는 기업은 삭막하고 비인간적인, 죽은 덩어리에 지나지 않기 때문이다. 삶의 질은 결국 문화가 결정하고, 기업과 리더의 수준 역시 마찬가지다.

- 호색불음(好色不淫).
- 중인개취(衆人皆醉), 유아독성(唯我獨醒).

리더십 학습노트
나의 문화생활은 어떤가?
특별히 좋아하는 분야가 있다면 무엇인가?

■ 경영자의 성공 요인과 실패 요인에 대한 조사 결과 중 가장 큰 실패 요인은 다음과 같이 나타났다. 첫째는, 다른 사람들에 대한 둔감함, 마찰, 협박, 괴롭힘이고 둘째는, 다른 사람들에 대한 냉담함, 무관심, 거만함이었다. – 70(경험), 20(관계), 10(교육) 학습모델의 공동 창안자 모건 맥콜 & 마이클 롬바드

제63계명
조직을 대변하는 문화로 정착시켜야 할 '회식'

회식(會食).

모여서 밥 먹자. -〈회음후열전〉

'회식'은 별 다른 설명이 필요 없는 단순한 단어이다. 말 그대로 모여서 밥 먹자는 뜻이다. 조직 사회에서 하나의 문화현상으로 정착할 정도로 이 단어는 친숙하다. 하지만 이 간단한 단어가 《사기》에서 나왔다는 사실을 아는 사람은 많지 않다.

항우(項羽)와의 치열한 경쟁 끝에 절대 열세를 극복하고 극적인 역전승을 거둔 유방(劉邦)은 불과 7년 만에 건달에서 황제가 된 입지전적인 인물이다. 훗날 유방은 자신이 항우를 꺾을 수 있었던 것은 군사 방면의 한신(韓信), 전략 수립의 장량(張良), 후방 지원을 책임진 소하(蕭何)가 있었기 때문이라고 분석했다. 이 세 사람을 '서한삼걸(西漢三傑)'이라 부른다.

세 사람 중에서도 한신은 가장 늦게 유방 진영에 합류했는데, 당초 그는 항우 밑에 있다가 자신을 알아주지 못하는 것에 불만을 품고 유방에게도 건너왔다. 한신이 유방에게로 귀의함으로써 천하의 형세는 항우에게서 유방 쪽으로 기울기 시작했다. 아니나 다를까, 한신은 승승장구(乘勝長驅) 급기야 천하를 삼분할 정도의 세력을 갖기에 이르렀다.

한신의 눈부신 전과들 중에서도 압권은 너무나 유명한 '배수진(背水陣)'이란 전술로 조나라 군대를 대파한 정형(井陘)전투다(기원전 204). 이 전투에서 한신은 2만의 군대로 20만 대군을 격파했는데, 기민한 첩보를 바탕으로 상대를 방심하게 만든 다음 허를 찌르는 '배수진'으로 대승을 거두었다.

전투가 있던 날 새벽 한신은 부장들을 시켜 가벼운 음식을 모든 군사들에게 나누어주게 하면서 "오늘 조나라 군대를 깨부순 다음 회식하자!"라고 큰소리를 쳤다. 승리한 다음 다 함께 모여서 잔치라도 하자는 말이었다. 장수들은 아무도 이 말을 믿지 않았지만 한신의 작전에 따라 일사불란하게 움직인 결과 자신들의 눈을 의심할 정도의 큰 승리를 거둘 수 있었다.

한신이 '조나라를 격파하고 잔치를 벌였다'는 '파조회식(破趙會食)'의 고사성어는 이렇게 해서 탄생했다. 회식 자리에서 장수들은 한신에게 도대체 무슨 전술을 구사한 것이냐며 감탄을 금치 못했다. 한신은 정규 훈련을 받지 못한 병사들의 특성을 감안하여 고의로 '사지(死地)'에 몰아 죽을 각오로 싸우게 만든 것이라고 했다.

조직의 회식문화가 갈수록 달라지고 있다. 젊은 세대는 회식을 기피하기까지 하는 모양이다. 그럼에도 회식은 필요하고, 조직과 내부단결 등을 위해 중요한 작용을 할 수 있다. 단순히 먹고 마시는 자리가 아닌 조직의 단합과 발전, 조직원의 소통과 상호 격려를 위한 자리로서 회식의 의미는 예나 지금이나 하나 달라지지 않았다. 다만 그 형식

'회식'은 어떤 성과를 전제로 한다. 일없이 그냥 모여서 밥 먹는 것이 아니다. 한신이 조나라를 깨부순 다음 모여서 밥 먹자고 했듯이. 사진은 약 100년 전 발견된 '배수지진' 기념비의 모습이다.

과 내용을 시대에 맞게 바꿀 필요가 있을 뿐이다.

　나아가 회식이 내 조직의 특성을 대변하는 하나의 문화로 자리잡을 수 있게 리더가 세심하게 배려할 필요가 있다. 이를테면, 장소와 음식의 다양화를 비롯하여 조직원의 자발적 참여를 이끌 수 있는 이벤트 마련, 여유가 있다면 선진기업 견학을 겸한 해외 문화탐방 등과 같은 프로그램을 마련하는 것도 좋을 것이다. 리더의 문화적 식견과 앞서 말한 예술지수(AQ)가 뒷받침되면 금상첨화(錦上添花)일 것이다. 좋은 공연 관람 등을 회식 프로그램에 넣는 것을 말한다.

　어쨌거나 회식의 진정한 의의는 2200년 전 한신의 경우나 지금이나 다 마찬가지로 리더와 조직원이 한 마음으로 노력한 대가를 나누는 그런 자리여야 한다는 데 있을 것이다.

- 회식(會食).
- 파조회식(破趨會食).

내 조직의 회식문화는 어떤 성격인가?
개선할 점이 있다면 무엇인가?

■ 인간은 즐거운 상태가 되면, 그 기쁨은 단순히 고단한 일상을 견디게 하는 정도가 아니라, 활기차게 살도록 해주며 행복하다는 느낌을 준다. 이 상태에서 창의적 사고와 지각력, 정보처리 능력이 향상되고 신체 기능도 좋아진다. 이 상태에서 일을 하면 훨씬 더 빠르게 일을 처리할 뿐만 아니라 결과물도 더 우수해진다. – 서던 캘리포니아대학 신경학과 교수, 안토니오 다마시오(1944~)

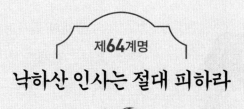

제64계명
낙하산 인사는 절대 피하라

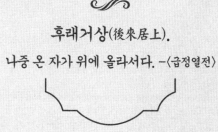

후래거상(後來居上).
나중 온 자가 위에 올라서다. -〈급정열전〉

공공기관이나 일부 기업이 청산하지 못하고 있는 고질적 폐단 가운데 하나로 인사정책에 있어서 '낙하산 인사'라는 것이 있다. 한 부서나 기관의 책임자로 그 내부에서 전문적인 경험과 단계를 거쳐 검증 받은 인물이 발탁되는 것이 아니라 알지도 못하는 곳에서 느닷없이 낙하산을 타고 하늘에서 내려오듯 떨어지는 불합리한 상황을 자조적으로 표현한 사회용어였다.

이런 낙하산식 인사와 비슷한 옛날 성어가 바로 '후래거상'이다. 이야기는 한나라 초기의 유능한 관리였던 급암(汲黯, ?~기원전 112)에게서 비롯되었다. 황제 앞에서도 바른말을 서슴지 않았던 급암은 초기에는 승승장구 높은 벼슬에까지 올랐으나 갈수록 황제로부터 멀어져 후배들이 속속 자신과 같은 반열에 오르게 되었다. 급암

'낙하산 인사'는 조직의 분위기를 망치는 것은 물론 일하고자 하는 의욕을 떨어뜨리는 아주 나쁜 일이다. 급암은 '후래거상'이란 말로 이런 인사 문제를 지적한 바 있다.

은 황제의 인사정책에 불만을 품고는 황제를 찾아 다음과 같이 말했다고 한다.

"폐하께서 신하들을 등용하시는 것이 마치 땔나무를 쌓는 것과 같습니다. 뒤에 온 자가 위에 올라가니 말입니다."

급암이 말한 '후래거상'과 '낙하산 인사'가 정확하게 같은 뜻은 아니다. 급암은 후배들이 서열이나 과정을 뛰어넘어 승진하는 것을 지적했다. 하지만 능력이나 성과를 무시하고 인사권자의 마음에 따라 파격적으로 승진한다는 점에서는 '낙하산 인사'와 본질적으로 같다.

능력사회에서는 서열이나 밥그릇 수가 무슨 문제가 되겠는가? 전문성을 필요로 하는 현대사회에서 일과 그다지 관련도 없고 또 능력도 검증 받지 못한 사람이 느닷없이 윗자리를 차지하고 들어오는 낙하산 인사는 여간 큰 문제가 아닐 수 없다. 이렇게 되면 정상적인 인사의 길이 막히고 만다.

부정부패도 정당한 승진의 길이 막힌 데서 오는 불만의 한 표출 방식이라는 지적에 유의할 필요가 있다. 막히면 언 수도관 터지듯

옆구리가 터지는 법이다. 흐름이 비정상이 되고 많은 것이 새어나가 손실이 이만저만이 아니다.

예로부터 재상은 지방에서, 장수는 병사에서 나와야 한다고 했다. 실전 경험과 그를 통해 쌓은 지혜를 중시한 옳은 말이 아닐 수 없다. 이는 앞서 몇 차례 강조했듯이 진정한 리더는 훈련, 단련, 시련이라는 '삼련'을 거쳐야 한다는 것과 같은 맥락이다.

'낙하산 인사'나 '후래거상'에는 인사권자의 사사로움이 개입되어 있다. 이 때문에 역대로 많은 사람들이 **사사로운 감정과 사적인 개입을 경계하는 말들을** 남겼다. 《여씨춘추》의 '사사로움을 제거하라'는 뜻을 가진 〈거사(去私)〉 편의 다음 대목은 그중 대표적이다.

"사구불급공(私仇不及公), 호불폐과(好不廢過), 오불거선(惡不去善)."

"사적 원한이 공적인 일에 개입되어서는 안 되는 바, 좋아한다고 해서 잘못을 감출 수 없고, 미워한다고 해서 잘한 행동을 없앨 수 없다."

'인사(人事)가 만사(萬事)'라는 말을 흔히 한다. **조직에서 인사는 그 조직의 흥망성쇠를 결정하는 알파요 오메가라는 뜻이다.** 이를 달리 말하자면 '인사가 만사(萬事)가 아닌 망사(亡事)'가 될 수도 있다는 것이다. 잘못된 인사는 조직을 뿌리째 흔들고, 심하면 그 조직을 망가뜨린다. 인사권을 가진 리더는 무엇보다 인사에 신중해야 하되, 무엇보다 사사로움이 개입되지 않게 조심하고 또 조심해야 한다.

- 후래거상(後來居上).

- 사구불급공(私仇不及公), 호불폐과(好不廢過), 오불거선(惡不去善).

리더십 학습노트

인사에 있어서 가장 중요 기준은 무엇인가?

그리고 그 기준을 정한 까닭은?

■ 사람들은 뛰어난 인재들은 사람들과 함께 일하는 걸 싫어할 거라고 말한다. 하지만 나는 A급 선수들은 A급 선수들과 함께 일하는 걸 좋아한다는 사실을 깨달았다. 그들은 단지 C급 선수들과 일하는 걸 싫어할 뿐이다. – 스티브 잡스(1955~2011)

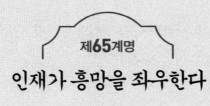

제65계명

인재가 흥망을 좌우한다

안위재출령(安危在出令), 존망재소임(存亡在所任).
나라의 안정과 위기는 어떤 정책을 내느냐에 달려 있고,
나라의 존속과 멸망은 어떤 사람을 쓰느냐에 달려 있다.
—〈초원왕세가〉, 〈평진후주보열전〉

조직이나 나라의 경영이 얼마나 잘되고 있느냐 여부를 따지는 여러 가지 잣대들 중에서 가장 중요한 것이 인재에 대한 처우다. 사마천은 인재를 흥망의 거의 절대 조건으로 보았다. 사마천은 이 문제와 관련하여 똑같은 말을 두 군데서 하고 있다. 조금 길지만 원문과 함께 소개한다.

"나라가 흥하려면 반드시 조짐이 나타나니 군자는 기용되고 소인은 쫓겨난다. 나라가 망하려면 어진 이는 숨고 난신들이 귀하신 몸이 된다. 정말 중요하구나! '나라의 안정과 위기는 어떤 정책을 내

느냐에 달려 있고, 나라의 존속과 멸망은 어떤 사람을 쓰느냐에 달려 있다'는 이 말이 정말 옳구나!"

"국지장망(國之將興), 필유정상(必有禎祥), 군자용이소인퇴(君子用而小人退), 국지장망(國之將亡), 현인은(賢人隱), 난신귀(亂臣貴), 심의(甚矣), '안위재출령(安危在出令), 존망재소임(存亡在所任)', 성재시언야(誠哉是言也)!"

사마천이 같은 말을 두 번이나 인용한 까닭은 무엇보다 인재의 중요성을 강조하기 위해서였다. 이를 달리 말하자면 제대로 인정받지 못하거나 억압받은 인재, 심지어는 평생 한을 품고 사라져간 불우한 인재들의 억울한 목소리를 대변하는 것이기도 하다. 사마천 역시 이릉(李陵)이란 젊고 뜻있는 장수를 변호하다가 억울한 변을 당하지 않았던가?

인재가 경쟁력인 시대다. 이는 **수천 년 동안 변치 않은 진리에 가까운 명제**였다. 그럼에도 불구하고 수많은 인재들이 기회도 갖지 못한 채 사라졌다. 인재를 시기하고 질투하고 모함한 못난 권력자나 그에 기생한 소인배나 간신배 때문이었다. 지금 우리 사회는 어떤가? 되돌아볼 일이다.

인재를 이유 없이 탄압하거나 말도 안 되는 조건들을 내세우며 그들의 기회를 박탈할 경우 돌아오는 후환은 상상을 초월한다. 그들이 자신의 능력을 세상을 밝고 좋게 만드는 쪽으로 발휘하지 않고 그 반대쪽을 향해 발산시킬 때 사회는 혼란에 빠지고 세상은 어두워진다. 지금 이 순간에도 자신의 주체할 수 없는 능력을 어느 쪽으로 써야 할지를 놓고 갈등하는 인재들의 한숨 소리가 들리는 것 같아 몸과 마음이 절로 떨린다.

인재를 모시려면 무엇보다 인재를 알아보는 것이 중요하다. 사마천은 정치의 요체를 묻는 질문에 '재지인(在知人)'이란 세 글자로 잘라 말했다. '사람을 아는 데 있다'는 뜻이다. 제갈량은 "나라를 다스리는 길은 인재를 추천하기 위해 힘을 쓰는 데 있다"(치국지도治國之道, 무재거현務在擧賢)고 했

다. 제갈량이 말한 인재란 자기와 가까운 인재를 말하는 것이 결코 아니다. 백성과 나라를 위해 제대로 일할 수 있는 인재를 가리킨다. 내 친구, 내 동창, 내 후배, 내 동네 사람, 나와 같은 종교를 가진 사람…… 이런 기준으로 사람을 쓰려고 하니까 인사에서 일쑤 사고가 터진다.

관중은 죽으면서 자신의 후임으로 자신에게 재상 자리를 양보한 포숙을 추천하지 않았

사마천은 황제의 심기를 건드렸다는 말도 안 되는 이유로 사형 선고를 받고 자신의 성기를 자르는 수모를 겪었다. 이 때문에 그는 억울하게 억압받은 인재들의 처지에 눈을 돌렸고, 그 결과 인재에 대한 인식과 대우가 크게는 나라의 흥망까지 좌우한다는 결론을 얻었다.

다. 이런저런 일을 원만하게 처리해야 하는 재상 자리와 포숙의 인품이 맞지 않았기 때문이다. 포숙은 고귀한 인품의 소유자였다. 말하자면 흠결이 없는 인재였다. 이 때문에 관중은 포숙을 추천하지 않았다. 이런 엄격한 공사분별의 자세가 무엇보다 훌륭한 인재를 추천하는 기본이 되어야 한다. 그러려면 무엇보다 사람을 제대로 알아야 한다. 그런 다음 맞는 자리에 허심탄회하게 추천하고 위임하여 권한을 갖고 마음 놓고 능력을 발휘할 수 있게 해야 한다.

최근 중국 인재학에서는 '인재는 데려다 쓰는 존재가 아니라 모셔와 그의 말을 따라야 존재다'라는 말까지 나왔다. 그렇다! 인재는 예나 지금이나 조직과 기업 나아가 나라의 흥망성쇠를 좌우하는 열쇠였고, 그 소중한 열쇠를 찾기 위해 리더는 물론 사회 전체가 온 힘을 다해야 한다. 사람 하나 잘못 쓰거나 잘못 뽑으면 나라가 어떻게 되는지 이미 겪었고, 또 지금도 절감하고 있지 않은가!

• 국지장흥(國之將興), 필유정상(必有禎祥), 군자용이소인퇴(君子用而小人退). 국지장망(國之將亡), 현인은(賢人隱), 난신귀(亂臣貴). 심의(甚矣), '안위재출령(安危在出令), 존망재소임(存亡在所任)', 성재시언야(誠哉是言也)!

320

인재의 중요성을 얼마나 인식하고 있나?
솔직하게 자신의 생각을 밝혀보자.

■ 그 사람이 어떤 사람인지 모르겠거든 그가 사귀는 친구를 보고, 그 군주(리더)가 어떤 사람인지 모르겠거든 그가 쓰는 사람을 보라. – 사마천(기원전 145~기원전 90)

제**66**계명

당황하지 않는 리더십

오녕투지(吾寧鬪智), 불능투력(不能鬪力).
나는 꾀로 다투지 힘으로 다투지 않는다. -〈항우본기〉

항우와 유방의 초한쟁패가 소강상태에 빠지자 제풀에 지친 항우
는 유방과 일대일로 만나 부하들 힘들게 하지 말고 둘이서만 결판
을 내자고 제안한다. 유방은 "나는 꾀로 다투지 힘으로 다투지 않
는다"며 항우를 자극했다. 화가 난 항우는 감추고 있던 석궁을 쏘
아 유방의 가슴을 맞추었다. 위기의 순간이었다.

유방은 바로 몸을 돌려 발가락을 만지며 항우에게 욕을 하면서
"쏘려면 제대로 쏘지 발가락이 뭐냐!"고 둘러댔다. 그리고는 바로
자기 군영으로 돌아왔다. 유방은 항우가 자신이 쏜 화살이 어디를
맞추었는지 확인할 틈을 주지 않으려고 몸을 돌리고는 발가락을
만지며 욕을 함으로써 항우를 속였다.

순간적인 기지로 위기를 넘겼지만 가슴에 부상을 입은 유방과 한

나라 군영은 큰 위기를 맞이했다. 군영으로 돌아온 유방은 몸져누웠다. 장량은 유방에게 다시 갑옷을 입고 말에 올라 아무 일 없다는 듯이 군영을 한 바퀴 돌게 했다.

항우는 자신이 쏜 석궁이 가슴 쪽에 명중한 것 같다는 생각이 들어 척후병을 보내 유방 군영을 살피게 했다. 장량이 예상한 대로였다. 척후병은 유방이 태연히 군영을 순시하는 모습을 보고는 돌아가 그대로 보고했고, 항우는 께름칙했지만 상황을 그대로 받아들일 수밖에 없었다.

또 이런 일도 있었다. 유방의 아버지와 가족이 항우의 포로가 된 적이 있었다. 결판나지 않는 승부에 지친 항우는 유방의 아버지를 끌고 나와 그 옆에다 큰 가마솥을 준비시켰다. 그리고는 유방을 향해 항복하지 않으면 가마솥에 아버지를 던져 삶아 죽이겠다고 협박했다. 유방은 조금도 당황(唐惶)하지 않고 이렇게 받아쳤다.

"당초 너와 내가 회왕 앞에서 형제가 되기로 결의했다. 그러니 내 아버지를 삶아 죽이는 일은 네 아버지를 죽이는 것이다. 다 삶거든 나한테도 한 그릇 보내라!"

항우는 유방의 이 능청과 뻔뻔함(?)에 기가 질려 유방의 아버지를 죽이지 못하고 체면만 구겼다. 초한쟁패의 승부를 가른 중요한 요인의 하나는 항우와 유방의 리더십 차이였다. 심각하고 어려운 상황에서 두 리더가 보여준 대처방식은 거의 결정적인 작용을 했다.

리더는 어떠한 상황에서도 당황하는 모습을 보이지 않아야 한다. 리더가 당황하면 조직이 흔들리기 때문이다. 이런 점에서 유방은 남다른 리더였다. 사진은 유방(중앙)과 공신 소하와 한신(오른쪽)의 석상이다.

유방은 본격적인 초한쟁패 5년 내내 항우에게 밀렸다. 팽성전투에서는 전멸의 위기까지 몰렸다. 그러나 유방은 임기응변과 어떤 상황에서도 당황하지 않는 특유의 배짱으로 위기를 돌파했다. 물론 그 이면에는 장량, 진평 등과 같은 인재들의 조언이 크게 작용했다.

반면 항우는 해하에서 단 한 번의 패배를 견디지 못했다. 재기를 바라는 주위의 간곡한 권유에도 불구하고 그는 체면(體面)을 내세우며 스스로 목을 그어 자결했다. 치열했던 초한쟁패의 과정에 비하면 항우의 결말은 너무 어이없고 싱겁기까지 하다. 아무튼 승부는 속된 말로 리더의 '뻔뻔함' 정도에서 갈라졌다.

《예기》〈대학〉 편에 다음과 같은 대목이 있다.

"차분해야 안정될 수 있고, 안정되어야 생각할 수 있고, 생각한 다음 얻을 수 있다."

"정이후능안(靜而後能安), 안이후능려(安而後能慮), 여이후능득(慮而後能得)."

그 앞 대목을 마저 소개하면 이렇다.

"크게 배우는 길은 공명정대한 덕을 밝히고, 백성을 가까이하고, 최선에 머무는 데 있다. 목표가 어디 있는 줄 알아야 뜻이 자리를 잡을 수 있고, 뜻이 자리를 잡아야 차분할 수 있다."
"지지이후유정(知止而後有定), 정이후능정(定而後能靜)."

이 대목은 止 – 定 – 靜 – 安 – 慮 – 得으로 이어지는 완전한 사유 단계와 상호 연관성 및 상호 영향성을 보여주는데, 각 분야의 리더들이 갖추어야 자질과도 연계시켜 볼 수 있다.

이 단계에서 리더에게 가장 필요한 것은 '차분함(靜)'과 '안정(安)'이다. 이 두 요소는 조직과 조직원 전체의 분위기에 큰 영향을 미치기 때문이다. '차분함'과 '안정'의 반대말은 초초와 조급함이다. 옛사람들은 "마음이 들떠 있으면 조급해질 수밖에 없고, 조급하면 정신이 하나로 모이기 어렵다"라고 했다. 리더의 초조나 조급은 겉으로 불안한 상태로 나타나고, 이것이 조직 내부의 불안정으로 바로 이어진다.

아무리 목표가 뚜렷하고 의지가 굳세더라도 리더의 심리 상태가 불안하면 일을 서두르는 것은 물론 이해득실에 지나치게 집착하게 된다. 일이 제대로 진행되지 않으면 자신이 가진 권력을 마구 휘두르기 일쑤다. 그 결과는 심하면 거의 재앙 수준으로 나타난다. 경영에서 큰 투자나 합작에 직면하여 리더가 이런 상태라면 더더욱 큰일이 아닐 수 없다. 따라서 리더의 차분함과 안정은 기업의 목표 달성과 조직의 안정에 절대적인 요소가 아닐 수 없다.

리더는 어떤 상황에서도 당황하는 모습을 공개적으로 드러내서는 안 된다. 중국 근대의 걸출한 학자인 이종오(李宗吾, 1879~1943)는 이런 리더십을 '후면흑심(厚面黑心, Thick Face and Black Heart)'으로 정리했다. 그리고 자신의 생각과 논리를 '후흑학(厚黑學)'으로 종합 정리했다. 이종오는 중국이 근대에 들어와 서양 열강에 속수무책으로 당하는 원인의 하나로 리더가 '후흑'의 리더십을 갖추지 못했기 때문으로 진단했다. 물론 이종오의 '후면흑심'을 지금 그대로 적용해서는 안 될 일이다.

조직의 성과에 가장 크게 영향을 미치는 요인은 심리적 안정이라는 연구가 있다. 이 연구 결과는 모든 조직뿐만 아니라 스포츠에도 그대로 적용된다는 보고도 있다. 이 연구가 말하는 심리적 안정이란 조직원의 심리적 안정은 물론 리더의 심리적 안정을 가리킨다. 이것이 위에서 말한 '당황하지 않는 리더십'이다. 유방은 그런 리더십의 모범적인 역사 사례를 잘 보여주고 있다.

• 오녕투지(吾寧鬪智), 불능투력(不能鬪力).

크게 당황한 경험이 있는가?
있다면 어떤 상황이었고 어떻게 대처했으며 어떤 결과를 낳았나?

■ 프랑스 철학자 몽테뉴가 남미의 인디안 추장 일행을 만났을 때 일화다. 그가 "추장님, 당신의 특권은 무엇입니까?"라고 묻자 추장은 이렇게 답했다.

"전쟁이 일어났을 때 맨 앞에 서는 것이지요." – 《명사들이 말하는 101가지 성공 비결》 중에서

여운(餘韻)

온 나라와 국민들이 엄청난 '시련'을 겪었다. 리더 한 사람을 잘못 뽑은 탓이었다. 이번 '시련'은 우리 모두에게 리더와 리더십에 관해 또 한 번 깊은 성찰의 기회를 주었다. 나아가 많은 사람들을 대오 각성(大悟覺醒)하게 했다. 우리 모두가 '단련'되었다고 할 수 있겠다. 이 엄혹한 '시련'을 겪으면서 또 한 번 절감한 것은 평소 '훈련'의 필요성이었다. 달리 말해 진지하고 지속적인 공부의 필요성이었다. 꾸준한 '훈련'이 있어야만 '시련'이 닥쳤을 때 그 '시련'을 슬기롭게 극복하고 보다 단단히 '단련'될 수 있기 때문이다. 이번 우리가 겪은 가혹한 '시련'은 사실 평소의 '훈련' 부족 때문이기도 했다.

지식과 정보가 활짝 개방된 세상이다. 유튜브를 비롯한 온갖 SNS가 일상을 거의 지배하다시피 하고 있다. 사람들은 책을 읽지 않는다. SNS를 통한 정보도 질 높고 진지한 것이 아닌 자극적이고 말초적인 것에 집착한다. 정보는 왜곡되고 지식은 더욱 더 천박해지고 있다. 이런 현상이 결국은 제대로 된 리더를 선택하지 않고 사리사욕에 사로잡힌 자를 리더로 받들게 한다. 조금만 이성적으로 정보를 비교하고, 한 번 더 생각하면 금세 알 수 있는 사실(事實)도 외면한다. 이런 현상은 향후 우리 사회의 가장 크고 심각한 문제가 될 것이다.

사마천은 "앞일을 잊지 않으면 뒷일의 스승이 될 수 있다"는 명언을 남겼다. 또 "지난 일을 기술하여 앞날을 안다"고도 했다. 모두 과거, 즉 겪은 경험의 중요성을 지적하고 있다. 과거를 제대로 반추하고 성찰해야만 현재의 상황을 정확하게 진단할 수 있고, 나아가 보다 바람직한 미래를 설계할 수 있다. 그러기 위해서는 거듭 말하지만 평소의 꾸준한 '훈련', 즉 공부가 요구된다. 그렇다면 이런 공부가 어떤 공부가 되어야 하는가? 이 질문에 대한 해답도 사마천이 준다.

"배우길 좋아하고 깊게 생각하면 마음으로 그 뜻을 알게 된다."
"호학심사(好學深思), 심지기의(心知其意)."

사마천의 말대로 차분하게 생각해보자. 왜 우리에게 이런 일이 일어났는가를. 또 이런 일을 겪지 않으려면 무엇이 필요하고 무엇을 어떻게 해야 할까? 깊게 이성적(理性的)으로 생각해보자. 그리고 그 이성이 내린 판단에 굴복하자. 이성에 굴복하는 사람이 용감한 사람이다. SNS 대신 진지하게 책 한 권 들어보자. 지하철에서, 버스에서, 기차에서 책을 읽고 있는 시민들을 보고 싶다.

처음 스마트폰이 나왔을 때 나는 이 스마트폰을 이용하는 사람은 크게 두 부류로 나눠질 것으로 예견했다. 게임, 도박, 만화, 배타적 단체방 대화에 몰두하여 시간을 낭비하고 결국 사회적 부진아가 되는 한 부류와 사전, 책, 신문 등을 뒤져 찾던 단순 정보를 빠르게 검색하여 시간을 절약하고 그 남는 시간을 자기계발과 성장에 투자하여 시대를 이끌거나 앞서가는 부류로 나뉠 것이라 했다.

지금 나는 과연 어느 부류에 속하는가를 생각해보자. 다시 한 번 강조하지만 리더는 타고나는 존재가 아니라, 끊임없이 훈련하고 시련을 겪으면서 단련되어야 하는 존재다. 우리 모두 자기 시대에 대한 강렬한 책임감으로 무장하여 시대를 이끄는 리더가 되자!

2023년 6월 5일 08시 25분 1차 마무리
2023년 9월 3일 2차 마무리
2024년 2월 29일 3차 마무리
2024년 11월 3일 4차 마무리
2025년 1월 20일 마지막 마무리

사마천과 《사기(史記)》 전문가

김영수 교수의

리더십 3부작

──── 성공하는 리더의 역사 공부 ────

왜, 역사공부하는 리더가 성공하는가?
역사는 현재를 비추는 거울이고, 미래의 길을 제시하는 나침반이다.

──────── 리더의 망치 ────────

리더 · 인재 · 조직을 단단하게 만드는 20개의 망치
역사에서 배우는 리더십 20단계의 현대적 해석!

── 리더와 인재, 제대로 감별해야 한다 ──

누가 진정한 리더이며, 제대로 된 인재인가?
우리는 어떤 리더와 인재를 선택해야 하나?

김영수 지음 | 신국판 | 전3권 | 1,200쪽 | 61,600원

삼십육계
(개정증보판)

최고의 실용서 《삼십육계》,
병법과 경영이 만나다!

《삼국지》 관련 사례 36가지와 (경영 사례) 72가지 사례들은
기업경영과 사회생활에 폭넓고 깊게 활용할 수 있다.

김영수 편저 | 신국판 | 2도 인쇄 | 512쪽 | 28,000원

백전백승 경쟁전략
백전기략

《백전기략》은
《손자병법》으로 대표되는 고전 군사 사상을
계승한 기초 위에서 역대 전쟁 실천 경험을 통해 확인된
풍부한 군사 원칙을 종합한 책이다!

유기 지음 | 김영수 편역 | 신국판 | 2도 인쇄 | 576쪽 | 값 28,000원

한 번만 읽으면 여한이 없을
한비자

난세의 기재(奇才), 한비자 리더십!
최고들만 보는 책 《한비자》,
최고가 되고자 하는 이는 《한비자》를 읽어라!

《한비자》는 각계각층의 리더들이
매우 유용한 리더십을 장착하는 데 상당한 도움을 준다.

김영수 편저 | 신국판 | 2도 인쇄 | 312쪽 | 20,000원

알고 쓰자 고사성어
(개정증보판)

고사성어는 '스토리텔링의 보물창고!'
고사성어 공부를 통해 얻는 자기주도 학습,
리더십 훈련, 경영지혜!

리더와 리더십의 필수 조건 '고사성어!' 제대로 알고 써야 한다.
《교과서 속의 고사성어》로 배우는 학습능력 향상과 인생처세술!

김영수 지음 | 신국판 | 2도 인쇄 | 704쪽 | 값 35,000원

새우와 고래가 함께 숨 쉬는 바다

리더십 학습노트 66계명
─리더십 훈련을 위한 66개의 키워드

지은이 | 김영수
펴낸이 | 황인원
펴낸곳 | 도서출판 창해

신고번호 | 제2019-000317호

초판 1쇄 인쇄 | 2025년 04월 22일
초판 1쇄 발행 | 2025년 04월 29일

우편번호 | 04037
주소 | 서울특별시 마포구 양화로 59, 601호(서교동)
전화 | (02)322-3333(代)
팩스 | (02)333-5678
E-mail | dachawon@daum.net

ISBN 979-11-7174-035-2 (03320)

값 · 20,000원

ⓒ 김영수, 2025, Printed in Korea

※ 잘못 만들어진 책은 구입하신 곳에서 교환해드립니다.

Publishing Club Dachawon(多次元)
창해·다차원북스·나마스테